原 始 富 足
布须曼人的生活之道

Affluence without Abundance:
the Disappearing World of the Bushmen

〔英〕詹姆斯·苏兹曼 (James Suzman)　著
赵　宏　译

中国出版集团
中译出版社

Affluence Without Abundance: The Disappearing World of the Bushmen
©James Suzman, 2017 together with the following acknowledgment: 'This translation of AFFLUENCE WITHOUT ABUNDANCE: The Disappearing World of the Bushmen is published by China Translation & Publishing House by arrangement with Bloomsbury Publishing Plc.' All rights reserved.

著作权合同登记号：图字 01-2023-0417 号

图书在版编目（CIP）数据

原始富足：布须曼人的生活之道 / （英）詹姆斯·苏兹曼（James Suzman）著；赵宏译. -- 北京：中译出版社，2024.2
书名原文：Affluence Without Abundance: The Disappearing World of the Bushmen
ISBN 978-7-5001-7377-9

Ⅰ. ①原… Ⅱ. ①詹… ②赵… Ⅲ. ①原始群－部落－文化史－研究－南非 Ⅳ. ①K470.3

中国国家版本馆CIP数据核字(2023)第059011号

原始富足：布须曼人的生活之道
YUANSHI FUZU: BUXUMANREN DE SHENGHUO ZHIDAO

出版发行	中译出版社
地　　址	北京市西城区新街口外大街 28 号普天德胜大厦主楼 4 层
电　　话	(010) 68005858，68359827（发行部）68357328（编辑部）
邮　　编	100088
电子邮箱	book@ctph.com.cn
网　　址	http://www.ctph.com.cn
出 版 人	乔卫兵
总 策 划	刘永淳
策划编辑	郭宇佳　李　坤
责任编辑	黄亚超　孙秀丽
文字编辑	郭宇佳　赵　青
封面设计	崔延慧
排　　版	北京竹页文化传媒有限公司
印　　刷	北京盛通印刷股份有限公司
经　　销	新华书店
规　　格	880 毫米 ×1230 毫米　1/32
印　　张	12.875
字　　数	228 千字
版　　次	2024 年 2 月第 1 版
印　　次	2024 年 2 月第 1 次

ISBN 978-7-5001-7377-9　定价：79.00 元

版权所有　侵权必究
中 译 出 版 社

享受当下,
不焦虑地依赖未来,
不以希望或恐惧自娱,
满足于已有的一切,
别无所求。
这就是真正的幸福。

——塞内卡(Seneca)

作者的话

本书是我20余年研究南部非洲桑人（San）的成果。在此期间，我与很多人建立了亲密的友谊，采访了很多人，了解了很多我本不甚了解的事。出于保护隐私的考虑，本书部分段落使用他们的化名。

另有不少人的思想和生活对本书产生了影响，但他们的故事并未在书中体现，尤其是我的朋友兼导师克阿克艾·弗雷德里克·朗曼（!A/ae "Frederik" Langman）。1994年，我对奥马海凯（Omaheke）的朱特瓦人（Ju/'hoansi）尚不熟悉，甚至有些恐惧，克阿克艾却使我顺利接触到这个群体。现在，他是政府承认的奥马海凯朱特瓦人首领。我可以自豪地说，我们仍把彼此当作家人。谨以本书献给克阿克艾，以及我在纳米比亚奥马海凯地区斯昆海德安置营（Skoonheid Resettlement Camp）的朋友们。

前　言
命名与啧音

命　名

　　1904年春，德国动物学家、语言学家、解剖学家和哲学家伦纳德·舒尔茨（Leonard Schultze）经历了一场令他毕生难忘的冒险。他花费了几个月时间，探访了德属西南非洲（German South-West Africa，即今纳米比亚）。此行目的有二：一来，他代表德国殖民地管理部门，评估纳米比亚沿海水域的渔业资源；二来，他希望收集一些动物标本并带回德国。但当年爆发的一场战争打乱了舒尔茨的计划。德国殖民当局试图征服并灭绝纳米比亚中部两个最强大的民族：纳马人（Nama）和赫雷罗人（Herero）。纳马人的祖先是当地牧民，世代放牧牛羊，生活在非洲南端的好望角。1904年时，他们已经穿上西式服装，用上西洋武器，接受了西方宗教。赫雷罗人也以放牧为生，从18世纪起就占领了纳米比亚中部的大部分地区。1904年的这场战争非常惨烈，后来演变成了20世纪最残酷的殖民种族灭绝。但舒尔茨不想因此放弃行程。

舒尔茨注意到，南部非洲有两个截然不同的"种族"：其一身材较小，肤色较浅，语言带有大量喷音，如纳马人和布须曼人；其二则身材较高，皮肤较黑，讲中非语言，如赫雷罗人。舒尔茨创造了"科伊桑人"（Khoisan）一词，用于指代前者。现在，"科伊桑人"已成为常用术语，指白人殖民者和其他非洲农耕民族到来之前便长期生活在南部非洲的土著人。

Khoisan 是个复合词，来自科伊桑语系中使用人数最多的一种语言。Khoi 指"人"，San 指"狩猎采集者"或"流浪者"。科伊人（Khoi，有时也拼作 Khoe）是科伊桑人的少数群体，主要分布在今南非的北开普省，早在欧洲殖民时期就以放牧为生。San 指的是布须曼人，欧洲殖民者到来时，他们仍以狩猎采集为生。

过去，科伊桑人有种种不同的称呼，其中大部分都是贬义的，使用最广的是"布须曼人"，用来指以狩猎采集为生的科伊桑人。英语 Bushman 源于荷兰语 boschjesman，boschjesman 也指荷兰东印度公司在马来西亚属地的猩猩。以放牧为生的科伊桑人是"霍屯督人"（Hottentot）。Hottentot 是个拟声词，模仿科伊桑语系中独特的喷音。这两个词都不是该民族的自称，且都带有贬义。

无论现在还是过去，不同地方的科伊桑方言都差别极大，每个现存的方言群体都有不同的名字来称呼自己，比如"朱特瓦人"（Ju/'hoansi）、"郭克韦克霍伊人"（G/wikhoe）

和"海阔姆人"（Hai//om）。这些族群一般不会使用"科伊桑人"这个名称。

现在有少数桑族人涉猎政治，在联合国的各种论坛、原住民权利组织的活动等场合发声。除此之外，很少有人关心别人用什么名称称呼他们，就连原住民也觉得如何称呼自己并不重要，重要的是如何对待他们。

几乎所有接触过布须曼人的人，都对这个族群抱有巨大偏见，这也是全球所有狩猎采集社群的共同遭遇。茨瓦纳语（Tswana）称布须曼人为 Basarwa，带有许多粗暴的种族刻板印象，大多数布须曼人都认为这个名称颇有贬义。纳米比亚农村的大多数人也把自己称为"布须曼人"，也就是 Bushmen 或南非荷兰语的 Boesman。可他们并不认为这是个贬称，有些人甚至觉得这个称呼有积极的含义，暗示他们是第一个与这片土地建立联系的族群。从全球来看，人们普遍认为"布须曼"一词具有正面含义，能唤起一系列对这个群体积极而浪漫的共同认识。正是出于这个原因，"布须曼"这个术语仍被国际非政府组织和国际文献广泛采用，本书也采用了这个名称。

但我们也要注意，有些科伊桑政治组织和团体认为"桑人"才是最恰当的统称。南部非洲大部分地区的日常用语和官方用语中，"桑人"正逐渐取代"布须曼人"，成为用来指称使用科伊桑语系族群的最合适的术语。值得注意的是，桑人的祖先直到非常近的时期都还保持着狩猎采集生活。

喷　　音

科伊桑语系有许多独特之处，从音调使用到音位复杂性就可见一斑，但最为人所知的还是频繁而富有表现力的喷音。科伊桑语系有4个基本喷音，分别由符号 ≠、!、// 和 / 表示。本书的主角是朱特瓦人，他们经常使用这些符号表示主要的喷辅音。对大多数读者来说，最简单的做法就是忽略这些符号，或用强辅音代替它们。在纳米比亚和博茨瓦纳，许多发不出喷音的人就是这么做的。不少纳米比亚人将海阔姆（Hai//om）布须曼人称为 Haikom，将朱特瓦人（Ju/'hoansi）称为 Jukwasi。

/ 齿喷音　　将舌头从门牙后面轻轻向下滑，同时吸吮，就像母亲骂孩子时发出的"啧、啧、啧"声。

≠ 腭龈喷音　　爆破音，将舌尖顺着牙槽脊快速带到前部而发出。

! 龈喷音　　有力的喷音，将舌头推入上腭，快速向前、向下移动，发出的声音像从酒瓶中拔出软木塞的"啵"声一样。

// 龈边喷音　　将舌头放在硬腭上并向内吸气产生，像骑马者鼓励马匹时发出的声音。

如果你想知道这些喷音和名称怎么念，请访问本书网站：www.fromthebush.com。

目　录

第一部分　旧时代

1　劳作的回报　　　　　　　　　003
2　母亲山　　　　　　　　　　　031
3　海边的冲突　　　　　　　　　049
4　殖民者　　　　　　　　　　　063
5　活在当下　　　　　　　　　　091
6　通往楚姆奎的路　　　　　　　109

第二部分　环境的馈赠

7　空心树　　　　　　　　　　　135
8　食物　　　　　　　　　　　　151
9　猎象行动　　　　　　　　　　161
10　尖峰角　　　　　　　　　　185

11 神明的礼物 199
  12 狩猎与共情 221
  13 肉食和平等 239

第三部分　新时代

  14 狮子的危机 263
  15 恐惧与农业 279
  16 牧牛之乡 293
  17 上帝也疯狂 311
  18 应许之地 331

延伸阅读 351
致谢 373
注释 375
译后记 383

第一部分

旧 时 代
OLD TIMES

1

劳作的回报

纳米比亚①斯昆海德安置营（Skoonheid Resettlement Camp），1995年春

坤（//Eng）一刻也闲不下来，不是做针线，就是拿鸵鸟蛋壳做珠子。她把珠子穿成精美繁复的饰品卖给白人农场主。她还在棚屋后的沙地上开辟了园子，种上蔬菜，常常照料。安置营在干旱的沙漠里，只有坤能让沙地里长出蔬菜来。

坤是我的邻居，她是朱特瓦布须曼人②（Ju/'hoan Bushman）。有时天气热得做不成什么事，我只能躲在树荫下打盹，便会想入非非：如果坤这样的布须曼人和我出身一样，将会怎样？我觉得坤定会成为成功的企业家，衣着光鲜，精力充沛，

---

① 纳米比亚共和国，非洲西部国家，位于撒哈拉沙漠以南，干旱少雨，地广人稀。历史上经历过班图人扩张和德国殖民，后来国际联盟"委托"南非治理该地，人口、语言构成较为复杂。1990年，纳米比亚从南非独立。——译者注
② 朱特瓦人是布须曼人的一支，布须曼人是科伊桑人（Khoisan，又称桑人）的一支。Ju/'hoansi 发音转写成英语为 zhut-wasi，其中 si 似乎是一个后缀，表示"人"之类的意思。Ju/'hoan 则用作形容词。——译者注

令人赞叹艳羡。可现实中,坤住在卡拉哈里沙漠①(Kalahari)东部的安置农场,每日为生计操劳。她的衣衫尽是拼凑起来的破布——经她精心缝缀。

坤是数千朱特瓦人的一员。20万年前,现代人类甫一出现,朱特瓦人的祖先就开始在这一地区狩猎、采集。100多年前,白人士兵、农夫和官员来到这里,他们带来了枪支、钻井泵、铁丝网和牛群,将这片沙漠据为己有。此后,卡拉哈里沙漠这一带的朱特瓦人和其他布须曼族群要想活命,就只能为白人农场主干活儿。可在农场主看来,朱特瓦人百无一用,是个累赘。坤所在的安置营现在住着200多个朱特瓦人。这地方本是个牧牛场,不久前政府将此地改造成安置营,坤和她的族群方才迁入。

安置营里头的人大多心满意足地坐等救济粮送上门来。其实救济粮的发放从来都拖拖拉拉,也从来都难以让人饱腹。可坤和他们不一样,她总是忙忙碌碌。某天午后,我与她坐在一起,忍不住问她为何如此卖力地干活儿。

"昆塔(/Kunta),我的孩子呀,我看你一向聪明,难道还不明白其中的道理吗?"坤唤着我的朱特瓦名字昆塔,反问道。

我不由得对她说,一年来她总是笑我蠢得难以置信,我看不透其中原委也在情理之中,故此还得请她多多解释。

坤语速很快,说话好似机关枪,突突突地冒出一连串喷音

---

① 卡拉哈里沙漠,属非洲南部内陆干燥区,总面积约63万平方千米。——译者注

和辅音。朱特瓦布须曼人使用的昆语（!Kung）不仅含有大量喷音，还有很多气息婉转的送气音、声如咆哮的咽化音，此外尚有鼻化音和喉塞音，音调也起伏多变，语音复杂至极，堪称世界难懂语言之最。我为学习昆语，舌头和耳朵都颇受磨难。当时，我已基本掌握了发喷音的方法，但昆语表达仍不熟练，便请她用南非荷兰语[①]（Afrikaans）解释缘由。这是因为20世纪90年代初，我在卡拉哈里地区工作，发现当时朱特瓦人大多能说一口流利的南非荷兰语。

"他们就是一群懒汉！"坤提高了嗓门，"他们根本不明白，可现在不一样了，要生活就必须努力工作。"

坤从小所受的教导便是努力工作乃是美德。在她小时候，父母在农场做工，她就竭力适应农场的生活。当坤蹒跚学步时，父母分道扬镳，而且母亲还执意把她和弟弟带到另一个农场。此后不久，母亲突然过世，坤和弟弟辗转到了第三个农场，成了白人农场主两个孩子的玩伴。农场主的孩子平时在首都上学，回到农场时倍感无聊，于是几个孩子就这样玩到了一起。农场主很和善，却看不惯好吃懒做的人。而坤恰好不是这样的人，她精力充沛，不玩耍的时候就打理各种家务。

"我从小便爱干净，做事也有条理，"坤说道，"擦地板、擦家具、掸灰尘、洗衣服、做女红、熨衣裳等，这些都不在话下。我干活卖力，便有旧衣服、旧鞋子穿，也从没挨过饿。

---

① 南非荷兰语，通行于南非、纳米比亚、博茨瓦纳等地，由欧洲（荷兰、法国和德国）定居者等人所讲的荷兰方言演变而来。——译者注

昆塔,我在农场学会了如何工作,也了解了白人如何生活。"

"但安置营里的布须曼人还是老脑筋,只会坐等曼杰提①(manketti)的果子从树上掉下来,或者盼着谁能碰上好运气,打只扭角羚(kudu)或大羚羊回来。"想到肚子里装满野味的情景,她便笑了起来,从我手中抢过抽了半截的香烟。

她猛地吸了一口烟,缓缓吐出烟圈,烟雾从鼻子里喷出来,继续说道:"他们愿意等待,相信新政府会照顾大家,故此不必为食物发愁。他们也一直满腹怨愤,抱怨饿肚子,抱怨食物不够吃,就这样吵来吵去。可是就算挨饿,他们也相信总会有卡车送来食物,不愿干活。昆塔,你是知道的,食物不可能一直送来,你就等着看吧,总有一天他们会饿死的。但我不一样,因为我靠劳作养活自己,这是我从白人那里学到的道理。"

在我看来,坤对其他布须曼人的评价有失偏颇。安置营里并非所有人都两手一摊,穷困潦倒,只等着政府有限的救济粮。其实,和世界上所有人一样,斯昆海德安置营的朱特瓦人也受不了无聊的生活,受不了依附他人的无力感。许多人依靠酒精获得片刻安慰,借以忘记痛苦和饥饿。可酒精除了带来短暂的快乐,也滋生了暴力事件。有些人偷偷潜入白人的农场,猎取疣猪、禽类和跳兔(springhare),要是运气够好,

---

① 曼杰提,卡拉哈里沙漠的特有树种,主要分布在南部非洲地区。果实呈蛋形,每年3—5月间成熟掉落,厚硬的外壳周围有一层薄薄的可食用果肉,果仁可榨油,是南部非洲许多农村社区的主要食物来源。——译者注

还能逮到大个的羚羊；有人成为偷窃牲畜的老手；有人则因害怕农场主的猎枪和恶犬，只好出卖劳力，以在农场看管牛群、建造栅栏为业。在横穿沙漠的宽阔碎石路上，总有他们勤奋奔走的身影。但总的说来，谋生的出路非常有限，剩下的人别无选择，只能坐着等待。

如果坤知道我这么想，必定会骂我。关于她"懒惰"的邻居们饿得肚子咕咕作响却又总是坐以待毙这件事，个中原委，我和坤看法不同。我认为，布须曼人的贫困，既非因为懒惰，也不完全是命途坎坷。从他们的行为之中，可以窥探到其父母祖辈遗留下来的传统。白人来到此地定居之前，那便是布须曼人世代相传的生活方式。在大萧条最为窘困之时，远在卡拉哈里沙漠的布须曼人仍然坐等坚果从树上掉下来，静候长着巨大弯角的扭角羚踏上猎人埋伏的小路。而宏观经济学之父约翰·梅纳德·凯恩斯（John Maynard Keynes）则在此时提出了一个经济问题。时至今日，这个问题非但未曾解决，反而愈演愈烈，越发复杂难解。布须曼人的生活方式对我们解决这个日益迫近的经济困局则有所启示。

◆

1930年冬，大萧条越发严重，欧美经济了无生机。一年前，股票市场崩盘，凯恩斯损失惨重，此时仍然忧心忡忡。也许为了说服自己危机会马上过去，凯恩斯发表了一篇颇为乐观的文章，题为《我们孙辈的经济前景》（*The Economic Possi-*

bilities for our Grandchildren)。¹

凯恩斯在该文引言中写道:"我撰写此文……并非为审视现在,预测未来,而是要让自己把目光放远,插上翅膀飞向未来。"

凯恩斯的翅膀带他飞向的未来是一个经济学意义上的迦南①(Canaan)圣地:未来是个技术革新、生产力提高、资本长期增长的"应许之地",人类将进入"经济极乐"(economic bliss)时代。未来,每周人们只需工作 15 小时,其所有的物质需求就都能得到满足。人类不再埋头追求金钱和财富,将从工作中解放出来,专注获得更有意义的快乐,比如艺术、哲学、音乐、宗教和家庭。

凯恩斯并不确定人类是否能适应如此闲适的生活,但他相信待到孙子辈时,除非发生战争或天灾,人类定能实现如此盛世。他写道:"据我估测,100 年后,不断进步的国家的生活水平将提升至今天的 4—8 倍。"

凯恩斯成功预言了技术和生产力的进步。核能、廉价塑料、通信和数字革命,各种创新层出不穷,彻底改变了人类的生活——这些变化无不证明了他的远见卓识。美国劳工统计局(U.S. Bureau of Labor Statistics)称,1945—2005 年,美国的劳动生产率增长了 4 倍。但凯恩斯每周只工作 15 小时的设想未能实现——过去 50 年中,欧洲国家和美国的平均工作时

---

① 迦南是《圣经》中"流淌着蜜与奶"的富饶之地,上帝将其许给希伯来人,让他们在此繁衍生息。——译者注

间从每周 40 小时，下降到每周 30—35 小时。这个降幅远低于个人生产率提高的速度。劳动生产率提高后，现代美国工人每周只需工作 11 小时，其生活水平就可与 20 世纪 50 年代的工人相当。

其实，凯恩斯对此工时缩短的滞后早有预见。他认为，努力工作、创造新财富是人类的本能，要减少工作时间，最大障碍也是这种本能。故此，生产力和技术提高后，人们的工作时长并不会立刻减少，工时缩减会滞后于生产率的提升。

凯恩斯感叹道："为生存而斗争……始终是人类最主要、最紧迫的问题，迄今为止仍然如此……人类天性的进化，包括所有的冲动和最深刻的本能，都是为了解决经济问题，这个道理再明白不过了。普通人的习惯和本能经由无数代人进化而来，数十年内想要放弃以适应新的生产力恐怕并不容易。"现在看来，凯恩斯的"恐怕"一词，或许用得太轻了。

凯恩斯精于投资，大萧条之后，个人财富迅速恢复，他却尖刻地批评为财富而求财富的人。在凯恩斯看来，要实现他描绘的经济乌托邦，人们放下贪念是关键所在。"迷恋金钱，贪慕财产，本质上是种疾病。这种病态和人类的其他恶习一样，半是犯罪，半是病症。若是遇见有人贪财之症发作，只能不寒而栗地交给精神病医生处置。"

凯恩斯的担忧不无道理。但倘若他活到今天，可能会发现人类根本无法克服追求财富的天性，发现自己当初的估计过于乐观。生产力固然增长了，可新事物也层出不穷。凯恩斯没有预见到，人类如此乐于消费自己创造的新事物。他还低估了一件事——（至少在物质层面上）没活可干的时候，人们便会想尽一切办法创造出新的工作来。凯恩斯本以为经济学是理性的科学，面对上述问题，人们会从整体上做出理性的选择。故此一旦经济盛世来临，除了极少数不正常的人会"对金钱孜孜以求"，总的来说，人类将"享受富足"。凯恩斯也并未预见到，人类沉迷工作，竟会对环境造成巨大的影响。当前全球经济模式以资本增长为核心，可谓目光短浅。生产和消费的周期变得越来越短，人类制造的垃圾也越来越多。凯恩斯虽对这一经济模式贡献颇丰，但恐怕也早在无意之间为环境恶化推波助澜。

其实，世界民族之中，经济最为落后的狩猎采集社群早已找到凯恩斯梦寐以求的应许之地。现代智人的历史不过20万年，每周工作15小时便是其间的常态。要是凯恩斯了解布须曼人的生活，对人类经济困局规模之大、成因之深刻，自会有一番新的认识。

凯恩斯自然无法超越其时代。他逝世30年之后，布须曼人的生活方式才为人所知。凯恩斯在世之时，定会觉得原始人掌握的技术太过简单，他们对劳动生产率和资本积累又一无所知，怎么可能解决他提出的"经济问题"呢。

◆

1966年，芝加哥大学（University of Chicago）的学者提出

了一个新观点,即狩猎采集社群并没有为生存做持久的挣扎和奋斗。颇有些讽刺意味的是,芝加哥大学是自由市场经济学派的大本营,这里的经济学家们都激烈地批评凯恩斯主义。

但这回对凯恩斯主义泼冷水的并非芝加哥学派的经济学家,而是研究狩猎采集社群的人类学家。当时,全球自成一体的狩猎采集社群已然为数不多,相关研究也是人类学的冷门方向。那年4月,从事相关研究的学者相聚芝加哥大学,举办了一场学术会议,并分享了采集自全球各狩猎采集部落的数据。当时的春天异常寒冷,凛冽的寒风将窗户吹得哗哗作响,参会学者热切的交谈却回荡在整个走廊之中。[2]

这场会议影响深远,堪称人类学历史上为数不多的重要会议。会上发布的研究结果不仅受到学术界的重视,也获得了公众的热切回应。当时,全球笼罩在"冷战"对峙的阴影下,同时,比"冷战"更冷的冰激凌[①]也流行起来,成为美国战后经济繁荣的象征。此时的世界一片单调落寞,民众对新鲜事物充满渴望,故此人类学研究的冷门成果吸引了大众的注意。

在20世纪大部分时间里,只有人类学家对狩猎采集社群兴趣浓厚——借此了解人类进入农耕时代前的生活方式。直到20世纪60年代末,普通民众对狩猎采集社会的了解,还停留在动画片《摩登原始人》[②](*The Flintstones*)的水平,或者如

[①] 20世纪下半叶,廉价制冷设备逐渐普及,冰激凌开始流行。——译者注
[②] 《摩登原始人》,美国动画电视剧,播出于1960—1966年。故事背景发生在架空的石器时代,混合了20世纪60年代美式生活的特征。在剧中,美式生活的几乎一切事物都有石器时代的戏仿版本。——译者注

以石器时代为故事背景的电影巨作《公元前一百万年》^①（*One Million Years B.C.*）中描述的。那部电影中，拉蔻儿·薇芝^②（Raquel Welch）身着皮草比基尼，成了经典的性感形象。

当时人类学家大多认为，狩猎采集社群数量稀少，堪称"活化石"。这些社群为了生存，必须和匮乏的物质生活做不懈的斗争。如果到了20世纪，这些狩猎采集者仍然坚持古老的生活方式，只能说明他们与世隔绝，周围尽是难以穿越的雨林、沙漠、海洋或连绵不绝的冰雪、苔原，无法接触到农业和工业创造的伟大变革。

参加芝加哥会议的学者对上述观点提出了质疑。他们花费了数年时间，从全球各地搜集到最新的实地数据。研究表明，狩猎采集社群的生活并非以前所想的那般险恶，实际的情况恰恰相反。

年轻的美国人类学家理查德·博沙·李^③（Richard Borshay Lee）不仅参与了会议的组织，而且在会上做了一场最有分量的报告。此前李刚从纳米比亚和博茨瓦纳的边境地区返回美国，在卡拉哈里地区的朱特瓦布须曼人社群中开展了一段时间的实地考察。朱特瓦布须曼人在与世隔绝的卡拉

---

① 《公元前一百万年》，英国奇幻冒险电影，上映于1966年，主要情节依托石器时代发生。——译者注
② 拉蔻儿·薇芝（1940— ），美国女演员，活跃于20世纪60年代至今，以性感形象著称。——译者注
③ 理查德·博沙·李（1937— ），美国人类学家，主要研究博茨瓦纳、纳米比亚原住民，特别是他们的历史和社会生态，他将关于朱特瓦人的研究结果整理成著作，并以此闻名。——译者注

哈里沙漠生活了数万年，学界视之为狩猎采集社群的典范。李的会议论文题为《狩猎者如何谋生：稀缺资源的利用方式》(*What Hunters Do for a Living, or, How to Make Out on Scarce Resources*)，他挑战了此前被普遍接受的观点，即卡拉哈里沙漠的朱特瓦人（当然也可推及其他狩猎采集社群）长期食不果腹，生存难以为继。李的论文指出，自然状态下的朱特瓦布须曼人的生活并没有那么艰辛，也谈不上野蛮，寿命也不像学者们想的那么短。

李分析了朱特瓦人摄入和消耗的能量，指出朱特瓦人适应了其生存的环境，除了打猎之外，还采集野生水果、坚果和蔬菜，日子过得还"不错"。李的结论是，朱特瓦人付出了相对少的劳动就过上了满意的生活。这是非常重要的发现。朱特瓦人每周只要花费 15 小时就能获得所需的食物和营养。此外，他们每周花费 15—20 小时在那些勉强可以称为"工作"的家庭活动上。要知道，1966 年美国工人刚刚开始实行每周 40 小时工作制。除了购物、打扫和修剪草坪等家务之外，成年人平均每周需要工作约 36 小时。与之相比，朱特瓦人的数据就显得非比寻常。

尚有参加会议的学者考察了其他地方的狩猎采集社群，也得出了类似结论。但李的数据最为详细，而且朱特瓦布须曼人生活在全球最不适宜居住的环境之中，故此李的结论也最能让人信服。李认为，如果布须曼人在如此恶劣的环境中都能过上好日子，那么其他生活在更富饶环境中的狩猎采集者肯定也能享受到类似的，甚至更好的生活。

当年，李并未过多阐释其结论的潜在意义。在他看来，能推翻一个流传甚久、已被广泛接受的观点已经足够。事实上，其研究之影响已远播于学术圈之外。毕竟长久以来，人们坚信现代智人只有通过才智、创新和劳作才得以脱离早期恶劣的生存状况，一步步地演进至今。而今，这个观点受到了极大的挑战。

最终，另一位参会的学者马歇尔·萨林斯①（Marshall Sahlins）阐述了上述发现的意义。萨林斯是密歇根大学（University of Michigan）的初级教授（junior professor），也算得上是芝加哥会议上的异类。当时，他虽是锋芒初露的学者，但对狩猎采集社会兴趣平平。萨林斯思想激进，又对经济学颇感兴趣。当时他正好读到一篇有趣的人种学论文，该文介绍了澳大利亚原住民狩猎采集群体，其观点也与公认的主流相左，认为狩猎采集社群的生活并非困苦不堪。故此，萨林斯也来到芝加哥大学参会。

萨林斯对芝加哥会议的所见所闻很感兴趣，尤其被李的报告吸引。在芝加哥会议成果的基础之上，萨林斯尝试打破古典经济学这种"忧郁科学"②（dismal science）的禁锢，将狩

---

① 马歇尔·萨林斯（1930—2021），美国人类学家，生前为芝加哥大学教授，曾在太平洋地区进行田野调查。——译者注
② 忧郁科学是资本主义社会对政治经济学的讽刺说法，由19世纪苏格兰哲学家托马斯·卡莱尔首次提出，用于讽刺马尔萨斯的悲观预言：即便生产力有所进步，人口增长会使得人均资源又倒退到原来的水平，最终造成大规模灾难。——译者注

猎采集社群从旧观念的魔爪中解放出来。萨林斯理论思想的发展紧紧围绕一个新的观念,即以狩猎采集社群自身的标准来看,他们生活"富足"。这就引发了一个问题:当前,人人都认为只有通过勤奋、努力和创新才能实现富足,那么狩猎采集社群自认的富足又意味着什么?

萨林斯指出,"狩猎采集社群并没有为获取食物马不停蹄地辛劳奔波,他们断断续续地获取食物,闲暇的时间很充裕,劳动得比我们少,人均年白天睡眠量比任何别的社会形态都多。狩猎采集社群花在工作上的时间比我们少得多,是值得认真研究的案例。"

狩猎采集社群获得基本的食物和有限的物质文化,便会满足,甚至乐在其中,这让萨林斯感到特别不可思议。他指出,狩猎采集社群的物质欲望很低,有限的技术和不太费力的劳动即可让他们满足,这正是他们的幸福之道。萨林斯分析道,狩猎采集社群获得幸福的方式很简单,他们从不觊觎未曾拥有的东西。换句话说,狩猎采集社群不受奢望的束缚和驱使,故此容易满足。萨林斯把狩猎采集社群称为"原始富足社会"(the original affluent society),称其经济方式为"原始富足"(primitive affluence)。这两个术语朗朗上口,准确地概括了狩猎采集社会的状况。

原始富足(即满足于已经拥有的东西)的理念与20世纪50年代的"美国梦"形成了鲜明的对比。"美国梦"鼓吹资本力量和工业发展,尤其倡导民众通过勤勤恳恳、兢兢业业的劳作，缩短个人物质渴望和有限财富之间的差距。20世纪60年代，反主流文化运动①（counterculture movements）席卷美国，萨林斯运用这场运动的口号将狩猎采集者描述为精通"通往富足之禅道"（Zen road to affluence）的大师。在萨林斯口中，狩猎采集者虽然"生活水平低，却享受着无与伦比的富足"，他们似乎并不在意物质财富，与自然和谐相处，成员彼此平等，社会关系简单，没有奴役关系。看起来，要是有人能像布须曼人这样成为"生活在当代的人类祖先"（our contemporary ancestors），便能远离尘世纷扰，整天生活在伍德斯托克（Woodstock）音乐节②般的欢乐氛围之中。

狩猎采集社群是人类进化的起点，这个观念也非常重要，这意味着狩猎采集社群的生活方式契合人类本性。理查德·李指出，直至1万年前，狩猎采集社群的生活方式"依然是人类社会的普遍现象"[3]，故此我们每个人身上都必定有狩猎采集者的影子。现代灵长类动物学之父舍伍德·沃什伯恩③（Sherwood Washburn）曾说："要了解人类的起源，我们必须明白男人是狩猎者，女人是采集者。"[4] 狩猎采集生活也和当代关注的其他

---

① 反主流文化运动盛行于20世纪60—70年代的西方社会，倡导的行为规范与价值观通常与主流文化大相径庭。"垮掉的一代"（1944—1964）、嬉皮士文化（1964—1974）都可看作反主流文化运动。——译者注
② 伍德斯托克音乐节（Woodstock Rock Festival）是1969年美国纽约州北部城镇伍德斯托克附近举行的摇滚音乐节，主题是"和平、反战、博爱、平等"，规模与阵容史无前例。——译者注
③ 舍伍德·沃什伯恩（1911—2000），美国体质人类学家，灵长类动物学领域的先驱，为研究灵长类动物在其自然栖息地的表现开辟了道路。——译者注

问题有所呼应,如性别平等、种族平等、和平运动和反战运动。

◆

在1967年的"爱之夏"(summer of love)嬉皮士运动①期间,原始富足观念的影响跨出了学术圈,引发了公众的注意,这本就不足为奇。原本,欧美被塑造成人类的先锋,将引领世界走向更宏大、更美好的未来。但当时的反主流文化创造了一套听起来让人信服的理论去挑战这种传统的观念,原始富足便为这场反主流运动所用。

但是,与所有为大众所熟知的学术观念一样,原始富足从此有了自己的生命。这个概念为西方民众运动注入了新能量,如保护原住民运动和环保运动,时至今日,这些运动依然充满活力。有人厌恶西方的消费文化,探寻激进的替代方案,原始富足则成为他们灵感的源泉。20世纪50年代末出版了两本有关布须曼人的著作,促使原始富足的概念进入大众的视野。第一本著作是劳伦斯·凡·德·普司特(Laurens van der Post)的《卡拉哈里的失落世界》(*The Lost World of the Kalahari*),出版于1958年。第二本是伊丽莎白·马歇尔·托马斯(Elizabeth Marshall Thomas)的《与世无争的人》(*The*

---

① "爱之夏"是1967年的美国嬉皮士运动,当时多达10万人聚集在旧金山的海特-阿什伯里(Haight-Ashbury)附近,其中大部分是穿着嬉皮士时尚的年轻人。"爱之夏"运动产生了广泛影响,传播了嬉皮士的风尚,包括迷幻摇滚、致幻药物、反战情绪和自由恋爱。——译者注

Harmless People），出版于 1959 年。这两部书成为有史以来最为畅销的人类学书籍，至今仍被不断重印。

这两部著作都以抒情的方式描绘了布须曼人的生活。书中的生活方式既神秘遥远，又引人入胜，仿佛远在天边，却又近在咫尺。凡·德·普司特眼中的布须曼人是务实的神秘主义者。他们既是灵魂猎手，又是求雨的巫师，拥有生杀予夺的力量。但书中错误百出，满是荒唐的见解，奇思和幻想也都毫不掩饰。普司特根本辨不清复杂的布须曼族群和语言。书中所述布须曼人的宇宙观、社会组织、狩猎习俗和生活方式均与现实相去甚远。我们甚至很难想象普司特的有生之年，这本书竟躲得过批评和审查。普司特笔下的布须曼人，不过是一张无声的画布，任其将自己对世界的想法描绘上去。可是，普司特写作的技巧确实高明，这才让这部作品久盛不衰。

相比之下，《与世无争的人》更符合事实。作者伊丽莎白的父亲劳伦斯·K. 马歇尔（Laurence K. Marshall）是美国工业巨头雷神公司（Raytheon Company）的创始人之一。磁控管发明后，雷神公司拿下了进一步开发这项技术的合同。"二战"期间，雷神公司依托该技术为盟军生产了大量雷达设备，并将之投入战场。战争结束后，磁控管技术又被雷神公司用在了另一个不太起眼的设备上，从而发明了微波炉。对公众来说，微波炉可比雷达有用得多。到了 20 世纪 50 年代初，马歇尔已经积累了充足的财富。他放下工作，花费巨资，带着家人开始了长达 10 年的探险和度假。

马歇尔一家的目的地，是纳米比亚（当时还叫"西南非洲"）卡拉哈里沙漠之中的尼耶（Nyae Nyae），非常偏远。当时传闻此地有"野生"的布须曼人出没，马歇尔一家便欲到此记录野人的生活。10年之中，他们曾多次前往尼耶，时间最长的一次，在那里住了18个月。一开始，马歇尔想要雇用一位人类学者做向导，但并未找到合适的人选，于是他的妻子罗娜（Lorna）担任了这个职责。罗娜很适合做人类学研究，后来成为20世纪最受尊重的民族志学者之一。但马歇尔家的孩子伊丽莎白和约翰显然比母亲更出名。约翰从事电影工作，伊丽莎白则长于写作。她撰写的《与世无争的人》甫一出版，便成了畅销书。如果说普司特的书中满是抒情的幻想，那么伊丽莎白作品的魅力则源于作者的亲身经历。这种由真实经历产生的亲密感，也反映了罗娜在民族学研究上的严谨精密。

伊丽莎白和普司特的作品大获成功之后，《时代》（*Time*）杂志受芝加哥会议启发，在1969年7月刊上以《原始富足社会》（The Original Affluent Society）为题，发表了一篇有关布须曼人的专题报道。

"想象一下，有这么个社会，每周工作时间很少超过19小时，人们把物质财富当成负担，大家的财富水平也都不相上下，"作者欣喜地写道，"失业率倒是很高，有时甚至达到40%，不过失业的原因倒不是好吃懒做。大家都认为，只有体格健全的人才应该工作，可一旦生活的基本需求得到满足，也就不必再继续工作。此外，那里的食物相当丰富，易于采集，人们和平相处，自在生活，过着幸福稳定的日子。"

"这等极乐世界，是真实存在的。"

不出所料，公众的兴趣重新点燃了学界对狩猎采集社群的兴趣。20 世纪 70 年代和 80 年代初，大批人类学青年学者争先恐后地寻找"新"的狩猎采集社群作为研究的对象。但是，随着现代化的巨轮滚滚向前，很多狩猎采集社群已经改变了世代相传的生活方式。人类学家想要寻找"真正的"狩猎采集社群变得越来越困难。他们跋涉于北极苔原，探路于赤道森林，行进在非洲沙漠的腹地。所有这一切，都为找到仍然与世隔绝的族群，探寻狩猎采集社群原始的生活状态。而非洲南部的各个布须曼社群，则持续不断地接待着一拨又一拨奇奇怪怪的人类学者。这些学者主要来自美国，也有英国、加拿大、德国、葡萄牙、南非、澳大利亚和日本的学者。仅哈佛大学卡拉哈里研究小组（Harvard Kalahari Research Group）就先后派出过 11 名研究人员，前往理查德·李研究的朱特瓦社群开展实地考察。从某种角度看，这一时期是人类学家探索"失落世界"的最后时刻。

接下来的 20 年里，所有散布在卡拉哈里沙漠的布须曼社群都享受、经受、忍受着不速之客的造访。人类学者架起相机，带着笔记本，用无休止的提问包围了研究对象。这些学者的研究成果除了再次证实李的发现之外，便是探究布须曼人生活的其他方面，除了亲属关系、宇宙观念等传统人类学选题，还有植物知识这样的新课题。例如，有学者研究布须曼人萨满习俗的效用、布须曼人"严格"的平等主义（fierce egalitarianism），还有研究关注布须曼人对物质财富的明显蔑视——在布须曼人看来，物质不过是确定社会关系的手段。再后来，学者们还热衷研究布须曼人如何适应快速变化的世界，以及他们在这个过程中遇到的种种挑战。

一方面，原始富足的乌托邦愿景激发了《时代》杂志编辑和读者的无穷幻想；另一方面，现代布须曼人的生活现实却日益严峻。随着时间推移，两者的矛盾越来越无法弥合。卡拉哈里正经历着快速的变化。在那里工作的人类学者也孜孜以求，试图将自身在朱特瓦人等布须曼社群的所见所闻和《时代》杂志塑造的天堂乐土整合在一起。

不过学术界向来追求新鲜的思想，标新立异的见解往往更受青睐，被反复重申的旧识则毫无价值。到20世纪80年代，原始富足的观念也已成为"既定观念"，结果很快就要"失宠"。一些人类学家提出质疑，认为狩猎采集社群想要满足温饱，付出的劳动远超理查德·李等学者的测算。还有人认为，李研究的布须曼人实际上不是独立的狩猎采集社群，而是成熟政治经济体系里面破产的农夫，故此李采集的原始数据存在问题。这个政治经济体系以牲畜为主要支付手段，覆盖了生活在卡拉哈里沙漠及其边缘地区的所有族群。以哈佛大学的卡拉哈里研究小组为代表的人类学者也遭受了批评，有人认为他们没能正确理解布须曼人与该地区其他族群的历史关系。公元后的2 000年间，南部非洲的某些地区不断受到放牧民族的殖民，对这一地区产生了重要的影响。考古和历史证据表明，有些放牧民族曾长期生活在卡拉哈里沙漠地区，早在19世纪就有商路经过此地。而以往的学者则认为这一带与世隔绝，直到20世纪中期方才开始与外界接触。

这些批评不啻一盆冷水，浇灭了流行文化对原始富足的种种浪漫幻想。其后不久，学界发生了一场"卡拉哈里大辩论"（Great Kalahari Debate）。原始富足的批评者与拥护者一样，常常过度阐释自己的案例。理查德·李等学者认为，反对原始富足的学者牵强附会，编造数据，以论证自己的观点。两派的争辩旷日持久，甚至演变成领袖学者间的人身攻击，最终酿成持续近10年的个人宿怨。而双方始终争执不下，没有定论。直至世纪之交，遗传学家的研究才为这场持续了近20年的争论画上句号。他们发现，朱特瓦人隔绝于世的程度比以往研究者的设想更甚，将朱特瓦人看作贫穷的牧民根本就站不住脚。

这场论争最大的危害是让人类学者忽视了原始富足假说最有价值、最吸引人的部分，而将注意力转移到无关紧要的问题上。布须曼人等狩猎采集社群难免有陷入饥馑和贫困的时候。有些布须曼社群（如生活在卡拉哈里中部的布须曼人）也并不如学者所想的那样完全与世隔绝，只有部分布须曼人的社群完全与外界隔绝。然而，这些事实并非问题的关键。布须曼人带给我们的启示正在于其应对匮乏生活的轻松态度。他们深谙生活之道，从不纠结外面的草地是否比自家的更绿。

鉴于卡拉哈里沙漠是地球上最古老的沙漠之一，外面的草地无疑更绿，但布须曼人依然定居在这里。

原始富足另一个重要价值在于，它表明凯恩斯提出的"经济问题"并不是人类这一物种自诞生以来就一直存在的，而是直到人类祖先放弃了觅食生活，成为农民开始生产粮食之后方才出现。从漫长的人类历史看，凯恩斯所说的"经济问题"不过是相对较近的现象而已。

◆

南部非洲布须曼人的故事浓缩着一部现代智人的历史。故事要从智人从撒哈拉以南的非洲首次出现讲起，一直延续到农业革命及之后的漫长岁月。布须曼人的故事并不完整，由考古学、人类学和新兴的基因组学研究的成果如碎片一般拼凑而成。这些支离的信息整合在一起，向我们展示了狩猎采集社群如何成为凯恩斯经济乌托邦的载体，同时也揭示了农业出现之后，人类如何受"经济问题"困扰，以至于被其左右了命运。

纳米比亚的朱特瓦人是个特别的布须曼族群，是布须曼故事的核心。在朱特瓦人的语言中，Ju 指"人"，/hoan 意为"真实"，合在一起的"朱特瓦"（Ju/'hoan）便是"真实的人"或"真正的人"。

现在，全球有 8 000—10 000 名朱特瓦人，其中约 2/3 生活在纳米比亚，其余的就居住在国境线另一边的博茨瓦纳。两国的边界从北到南将卡拉哈里沙漠一分为二。朱特瓦人只占南部非洲布须曼总人口的 10% 左右，却是本书的主角。一方面，在所有布须曼人社群之中有关朱特瓦人的资料最为丰富，恐怕在 20 世纪人类学研究的所有狩猎采集群体之中也难以找出第二个与之比肩；另一方面，纳米比亚有一南一北两个朱特瓦人社群，经历和遭遇截然不同，能充分反映狩猎采集社群与外界接触的某些重要特征。

北部朱特瓦人居住在尼耶，可说是最为与世隔绝的布须曼社群，直到 20 世纪中叶才为外界所知。故此，无论是劳伦斯·K. 马歇尔的探险队，还是理查德·李的重要研究，抑或是许多其他人类学研究，都将北部朱特瓦人作为重点对象。马歇尔和李研究朱特瓦人的早期成果就细致入微地记录了这些狩猎采集者独特的生活画面。马歇尔的探险结束后，外界的探访者纷至沓来，狩猎采集社群的生活经历了巨变，许多后续研究记录下朱特瓦人如何应对这些变化。此外，尼耶的朱特瓦人对世代居住的相当一部分土地保有着实际控制权，故此在纳米比亚布须曼人中占据了独一无二的地位。现在虽然有些成员放弃了传统的生活方式，但尼耶的朱特瓦人社群仍然延续着狩猎采集的传统。而这样的狩猎采集社群在现存的布须曼人群体中已然不多。

南部朱特瓦人也称克肖基西人（=Kxao//eisi），和尼耶朱特瓦人关系密切，使用相同的语言。虽然他们与尼耶的北部朱特瓦人有错综复杂的亲缘关系，但两个社群在近代的遭遇迥然不同。20世纪初，南部朱特瓦人成为殖民侵略的受害者。马歇尔夫妇踏上旅程前往尼耶之时，大多南部朱特瓦人已被抢走了土地。殖民者视他们为"丛林动物"，强迫他们接受驱使和奴役。

在人类现代历史上，朱特瓦人经历的巨变速度之快可谓前所未有。他们本来是关系密切、与世隔绝的狩猎采集社群，转眼却沦为边缘化的少数民族，在多民族的现代国家中挣扎求生。快速的变化令朱特瓦人倍感困惑，却也给了他们特殊而短暂的双重视角去洞察这个现代世界。朱特瓦人和我们身处同一个世界，却又好像来自另一个世界。他们是现代民族国家的一部分，但又被排除在外，无法充分参与其中。他们的心智还停留在狩猎采集生活的阶段，身体却已卷入了现代化的滚滚浪潮。

尽管有时会让人不适，但这种双重视角生动地展示了觅食文化和生产文化（如现代文化）之间的差异。双重视角还揭示了时间观念如何塑造我们的经济思维。为什么我们对名人和领导力如此着迷，却又乐见他人登高跌重？为何只有自己遭受了不平等的待遇才会强烈地反对不公？朱特瓦人的视角促使我们思考自己珍视的是什么，为何要珍视以及如何珍视这些事物。朱特瓦人的视角也让我们思考该如何理解富足、满足和成功，如何定义发展、成长和进步。今天，我们坚信工作决定了生活的节奏和意义，定义了我们的身份，最终让我们具备掌握自身命运的能力。而朱特瓦人揭示了当代经济行为和文化观念（如我们对工作的理解）实际上不过是人类从狩猎采集社群过渡到农耕社会的遗存，这一视角最为重要。

◆

我和卡拉哈里的缘分始于 1992 年。当年，我自告奋勇成了一名志愿者，参与了博茨瓦纳的一个小型布须曼人发展项目。当时的我一无所知，恐怕没有帮上什么忙，反而添了很多乱。但 3 个月的志愿服务让我结识了许多朋友，在分别的时候，我答应会尽早回来。后来，我果然以博士生的身份再次深入布须曼人社群。

20 世纪八九十年代，布须曼人在博茨瓦纳的族群中地位最低，所有人都瞧不起他们。当时，博茨瓦纳发现了两个全球储量最为丰富的钻石矿藏，政府也在积极反腐败，所以经济发展势头很好。但是钻石财富的受益者主要是博茨瓦纳的优势族群，而布须曼人则被看作落后的"原始人"，甚至他们的存在都让国家蒙羞。

博茨瓦纳政府很有些家长式作风，该政府以布须曼人的发展为工作重点，决定将尚在"丛林"生活的布须曼人"安置"到更为集中的定居点。定居点的布须曼人将享受国家提供的医疗保健和学校教育等其他公共福利。时任博茨瓦纳总统费斯图斯·莫哈埃（Festus Mogae）在 2002 年的一番讲话颇能代表这种官方立场。莫哈埃指出，布须曼人是"石器时代的生物"，"要是再不改变，就会像渡渡鸟一样灭亡"。由于博茨瓦纳政府对外界的批评很敏感，因此不愿接受人类学家入境进行田野调查。故此，我实地开展博士研究的申请并未获批。

如此一来，我只好转向纳米比亚。

1990年3月，纳米比亚结束了长达20年的解放战争，摆脱了南非的种族隔离制度并获得了独立。其后5年间，仿佛半个世界都欢聚在这个新生的国度。来自全球各地的援助工作者、外交官和慈善组织纷纷涌入，欢呼雀跃，热情洋溢地投入工作，这让其首都温得和克（Windhoek）一改往日寂寥沉闷的形象。1994年，在这种乐观的气氛中，我向纳米比亚政府递交了田野调查的申请，并顺利获得了批准。

我的目标是寻找一个人类学家尚未研究过的布须曼人社群。于是，我向东进入了纳米比亚的奥马海凯区（Omaheke Region），来到斯昆海德，开始了自己的研究。斯昆海德是个新建立的"安置农场"（resettlement farm），用以安置因种族隔离制度失去土地的布须曼人。当时，白人农场主和赫雷罗（Herero）牧民占领着奥马海凯全部的土地，只有在斯昆海德，朱特瓦人方能独立生活。

抵达斯昆海德后，我结识了朱特瓦人克阿克艾·弗雷德里克·朗曼（!A/ae "Frederik" Langman）。克阿克艾自学了读写，有个大家庭：妻子叙安娜（Xoan//a）、4个子女及其配偶，还有孙辈。一大家子共用一个火堆，我则在他们的火堆旁边扎了营。一个月后，叙安娜给我起了个朱特瓦名字"昆塔"，因为他们的长子也叫昆塔，但生下来没多久就夭折了。

奥马海凯的朱特瓦人大多有两个名字：一个南非荷兰语名字，如弗雷德里克·朗曼（Frederik Langman）；一个传统朱特瓦名字，如克阿克艾（!A/ae）或昆塔。最初，农场主们读不出朱特瓦人的名字，便给他们起了南非荷兰语名字。时间久了，朱特瓦人便将这些名字用作姓氏。与农场主、政府官员打交道时，朱特瓦人就用南非荷兰语名字；但在社群内部，他们只用朱特瓦名字称呼对方。

狩猎民族一般在起名上格外用心，名字背后往往有一段故事，许多美洲原住民便是如此[①]。朱特瓦人则不同，大约只有150个常用名字。只要有10个朱特瓦人凑在一起，就可能有几个人同名。朱特瓦人认为，名字的联结甚至超越了直接的生物学关系。我叫昆塔，那么所有叫昆塔的人，比我年长的就是祖父，比我年轻的就是孙子；所有叫克阿克艾的人，年长的就是父亲，年幼的就是儿子；所有叫叙安娜的人都是我的母亲或女儿。

朱特瓦人的亲属和姓名关系可分为两类——"玩笑"关系和"尊重"关系，两者都蕴含着一整套明确的期望和义务。顾名思义，玩笑关系比尊重关系更有意思。父母、姻亲属于尊重关系，而玩笑关系则是同名关系，例如祖父母、孙子女、舅甥等，所有同名的人都是玩笑的亲戚，依年纪称为"祖父"

---

① 美洲原住民的名字比较复杂。出生后，父母或巫师会给新生儿命名，名字多取自自然界的事物。他们相信，巫术可以通过名字来施展，所以一般不称呼本名。此外，美洲原住民会因为战功、绰号等获得新称呼，一生中往往会使用好几个名字。——译者注

(!U'n!a'a，即朱特瓦语"大名")或"孙子"(!Uma，"小名")。玩笑关系颇能拉近人与人的距离，建立了玩笑关系的人，常有粗俗的戏谑、快活的调侃，这一关系也可用于公开表达爱意。尊重关系则要认真对待，彼此的义务清晰明确，藐视义务则会招来别人的指指点点。

朱特瓦人的上述关系，使个体能在各处找到"亲戚"，在不同的游群（band）之间轻松流动。来访的人类学者只要不是个遭人厌弃的混蛋，在朱特瓦社群中生活一段时间之后，便都有了朱特瓦名字，到哪个族群都会受到热情接待。

有了朱特瓦名字后，直到1996年返回英国完成博士论文之前，我除了以斯昆海德为大本营开展工作，还在奥马海凯四处探访，甚至去了更远的尼耶。所到之处的朱特瓦人，对我都十分热情。

离开斯昆海德13个月后，我又返回了纳米比亚。此后20年里，我在博茨瓦纳和纳米比亚各处游历，布须曼所有主要的社群，都留下了我工作的足迹。例如，郭克韦克霍伊人（G/wikhoe）所在的博茨瓦纳卡拉哈里中部野生动物保护区，海阔姆人（Hai//om）所在的纳米比亚埃托沙国家公园。多年来，虽然我探访了一个又一个布须曼人社群，完成了一个又一个项目，但与奥马海凯、尼耶的朱特瓦人始终保持着联系，关系也越发密切。我始终没有忘记，1994年初到纳米比亚之时，是他们接纳了我这个异乡人。

2

母 亲 山

昆塔是一名"毛鲁堤"（mmoruthi），即不隶属任何教堂的教友牧师[①]（lay minister）。在昆塔年轻时，他认同朱特瓦人传统的宇宙观，但后来由于"看到并感受到了圣灵"，他转而皈依了上帝，笃信基督教。有一次，我们在博茨瓦纳举世闻名的措迪洛山[②]（Tsodilo Hills）碰面了，然后穿行在一幅又一幅岩画之间。我问起他对死神考西（g//ausi）的看法，他摇了摇头，礼貌地回避了我的问题。多年来，我屡次问他类似的问题，每次他都不厌其烦地拒绝了。我的朱特瓦名字也叫昆塔，故此不必顾忌礼貌，我和他都拿彼此寻开心、开玩笑。

我觉得昆塔对基督的信仰多少和他居住的措迪洛山有点关系。再坚定的不可知论者，一旦站在措迪洛山脚下，也会情不自禁地陷入某种神性的想象。卡拉哈里北部都是一望无际

[①] 教友牧师，指在缺乏神职人员的社区中，由教会指定负责宗教事务的教友。——译者注
[②] 措迪洛山位于卡拉哈里沙漠，有4500多幅岩画，记录了10万年来的人类活动和环境变化，是世界文化遗产。——译者注

的平坦沙漠，措迪洛山的 4 座山丘却拔地而起，仿佛是巨大的岩石教堂群。其中两座最大的山峰，和岩壁形成了一块巨大的天然画布，过去 5 万年间，大约有 4 500 幅岩画绘制其上。此外，措迪洛山的很多洞穴遍布着古人类遗迹，这也颇引人入胜。我请昆塔带我去看看某个特别重要的洞穴。这个洞穴本来一直不为外人所知，直到 20 世纪 90 年代一队考古学家来到措迪洛山"考察"当地的岩画，昆塔才透露了这个洞穴的位置。

著名的犀牛洞（The Rhino Cave）藏身在"雌山"（Female Hill，也叫"母亲山"，Mother Hill）最北端的山脊上。洞穴北壁上有幅岩画，上面有一头白色犀牛和一只红色长颈鹿，故此得名。洞穴南面的石壁上，有一条由石块组成的巨蟒，它只探出头部和上半身，身体其他部分则永远压在山峰之下。菱形的蛇头向洞顶微微上翘，下巴和上嘴之间是一条狭长的裂缝，勾勒出明显的嘴部轮廓。嘴巴的后上方有一条较小的裂缝，本来毫不起眼，可一旦光线从某个合适的角度射入，裂缝的空洞中就透出一只静谧的眼睛，死死盯着洞口外的枯草和树木。在巨蟒抬起的头部和扭曲的颈部后面是它 3 米多长的身体，而剩余部分则消失在了岩壁之中。

巨蟒尽管动不了，却有几分生机。阳光一照到它身上它就好像活了起来，会吐纳，会舞动，身上也像覆着无数闪闪发光的鳞片。仔细观察之后便会发现，这些鳞片确实蕴含着艺术家的心血，每片都打磨成浅椭圆形的杯状凹陷，长两英寸，宽半英寸①。岩石冰冷而坚硬,每个鳞片必得花上几小时甚至几天的时间,用硬质的小石头耐心打磨。近年来,考古学家还勘察了犀牛洞的沙地,发现在它的下面铺叠着一层层打磨精致、颜色一致的石制箭头。其中,有些箭头被烧焦了,有些则保持着原本的状态。考古学家推测部分箭头可追溯到 7 万年前,也就是说,这里便是现代人类复杂仪式活动最早的遗迹。

昆塔也说这洞里的岩石看起来有点像蟒蛇,不过他并不很确定。我想问他是否觉得那条蛇像个巨大的阴茎。离犀牛洞不远,还有一处岩画称为"跳舞的阴茎"(dancing penises)。毕竟这里是"母亲山",布须曼人认为所有生命都从此处而来,有这么个名称也就不足为奇。如此一来,把犀牛洞的蟒蛇岩石看成阴茎也并不过分。蟒蛇岩附近有一组岩石,其形状像 3 个阴道。口述历史记录曾表明这些岩石好比上帝创造的立体幻灯片,目的是向早期人类演示如何发生性关系。

但昆塔是位毛鲁堤,与他谈论生殖器显然不合适,我便问了另一个问题:远古时代的先民会不会在这个洞里跳舞。他觉得这个猜想很有道理,也许先民们真的在这里跳过舞。为了不冒犯昆塔的信仰,我小心控制着谈话的走向,便问他,我们所在的地方会不会是伊甸园,而亚当和夏娃也许是布须曼人。他狐疑地斜了我一眼,我不由担心自己的表达是否清晰。过去 5 年里,我一直在操不同语言的布须曼社群工作,朱特瓦

---

① 两英寸约为 5.08 厘米,半英寸约为 1.27 厘米。——译者注

语非常生疏。昆塔也能说茨瓦纳语①（Setswana），但我的茨瓦纳语说得不太好，就像他的英语也不好一样。故此，我们沟通的时候，一直是3种语言拼凑着说。我一说话，昆塔就专注地点头。但大半时间我都怀疑他点头并非听懂了我的话，而是出于同情。人类学者都爱刨根问底，穷追不舍地提问，直到把想要了解的情况搞得一清二楚，可这样着实不太礼貌。朱特瓦人则不同，他们往往出于礼貌假装听懂。

"不，昆塔，"他回答道，"亚当和夏娃是白人。我在一本《圣经》中看过图片，你难道没看过吗？"

我又说道，也许他父母会认为我的说法有道理，他也觉得有这种可能。长期以来，住在措迪洛山一带的人都认为，创世之时"始祖先民"（first people）就出现在这里，所以此处才会有雄山和雌山。昆塔解释说，父母曾告诉他，风吹过山丘时的声音是死者的灵魂发出的哀鸣。但他马上又说，现在他知道这个说法是假的。茨瓦纳②（Tswana）毛鲁堤引领他走向上帝，圣灵之光又让他更加确信上帝的存在。昆塔还说，他父母信仰的神葛亚娃（G//aua）是个骗子，是冒牌的神，是披着伪装的撒旦，他从上古之初便诱惑朱特瓦人，让他们远离唯一的真神。

此时天已渐黑，我们俩便向停在雌山南侧的汽车慢慢走

---

① 茨瓦纳语，班图语的一种，主要由博茨瓦纳人使用。——译者注
② 茨瓦纳人，南部非洲民族，主要分布在博茨瓦纳共和国、南非、津巴布韦和纳米比亚，属尼格罗人种班图类型。——译者注

过去。一路上，晚风穿过洞穴，越过悬崖，低吟浅唱。古往今来，不知多少代人听到过这如泣如诉的风声，觉得背脊之上泛起阵阵凉意。

措迪洛山离奥卡万戈河（Okavango River）不远。奥卡万戈三角洲形似一把蒲扇，从"扇柄"到措迪洛山大约只有35英里[1]。奥卡万戈河从"扇柄"处涌入卡拉哈里沙漠，然后扩散开来，形成巨大的湿地。这一三角洲是野生动物的天堂乐园，但充满危险。措迪洛山在沙漠之中非常显眼，数百年来，奥卡万戈三角洲"扇柄"一带的居民，都把它当作地标。昆塔一直说，从古至今，措迪洛山一带都有朱特瓦人居住，但他家本来不在那里，而在措迪洛山往东南约60英里[2]的赛赛（Xai-Xai）。昆塔的父母搬到措迪洛山时，还有个自称内卡克瓦（N/aekhwe）的社群生活在那里。"内卡克瓦"的意思是"生活在河边的布须曼人"。此外，姆布库须人（Mbukushu，布须曼人的一支）也生活在这一带。两个多世纪前，他们移居到卡拉哈里沙漠的边缘，此后就一直沿着奥卡万戈河捕鱼耕作。

昆塔所在的朱特瓦社群常受姆布库须人欺负，昆塔便亲身经历了这些。他们起初住在雌山上盛产曼杰提果的小悬崖，后来被迫搬到了山脚下，此后又辗转来到现在居住的地方，形成了一个由草屋组成的小村庄。村子离措迪洛山脚有半小时的脚程，当中要穿过一片柔软的沙地。但昆塔对小村的感情丝

---

[1] 约56.33千米。——译者注
[2] 约96.56千米。——译者注

毫未受搬迁影响。他坚定地认为村庄就是他的诺特尔①(n!ore，即土地或朱特瓦人的传统领地)。昆塔是这个小型朱特瓦社群的代表，也是少数负有监护职责的人。他相信这是上帝认可的义务，把这份职责看得很重。

那天下午，我没再继续纠缠昆塔，追问有关神灵、创世或生殖象征的问题。我无法用朱特瓦语或茨瓦纳语把这些复杂的问题讲清楚。即便我能说得清楚，然而，这些话题远离昆塔的生活，很难引起他的共鸣。

现代科学已经证明，措迪洛山对人类意义重大。这片沙漠很可能是现代智人起源的所在。即便这里不是人类的源头，也有充分的证据表明这里有漫长连续的人类活动。人类在一万年前方才进入农业社会。吉萨金字塔群、帕特农神庙和罗马斗兽场都是农业时代人类傲慢和野心的标志。但和措迪洛山的遗迹比起来，这些伟大的建筑非常年轻。我很想知道，如果昆塔了解这些，他会做何感想。

我还想告诉昆塔，人类遗传学的最新研究表明，第一个解剖学意义上的现代人踏足欧洲、亚洲、澳洲或美洲之前，其直系祖先很可能已在这片更广阔的土地上繁衍生息数万年。这片土地滋养了他们，故此他们并未受生存之需驱使去创造新技术和新生产方式。我想告诉昆塔，如果需求是发明之母，那他的祖先必定在措迪洛山和周围的沙漠中发现了什么，借此

---

① 诺特尔，布须曼人的领地名称。——译者注

将需求驱逐出生活。我还想告诉昆塔,他所熟知的措迪洛山岩画,与遍及南部非洲的数百座山峰和岩层中的岩画非常相似。它们无不证明,数万年前便在这里生活的人类与20世纪仍在这里狩猎采集的朱特瓦人社群在文化上存在非同寻常的延续关系。

我想告诉昆塔,这一切都很重要。我们生活的时代已发生了前所未有的巨变,"原始"的地方难以寻觅。如果我们了解昆塔祖先的生活,或许可以从中学到一些东西。但转念之间我便明白,昆塔本来就知道这一切。昆塔必定经历了也注意到了家乡的变化:随着牧牛人不断迁到此处,措迪洛山周围的野生动物越来越少,这一地区的人口迅速增加。他看到正在修建的新路,看到一批批地质学家带着钻头和磁力计来来往往,四处探寻钻石、铁矿和铜矿。于是我什么也没说,什么也没问,和昆塔一起默默地回到汽车上。绚丽的夕阳把雄山的峭壁染成红色,而后又是紫色,最后又变为淡紫色,让人沉醉在这余晖美景之中。

◆

与其他名山大川相比,措迪洛山很小,整个"山脉"占地不过12平方英里[①],和普通的大学校园一般大。然而,措迪洛山周围是一望无际的平缓沙漠,这反衬出山的高大,如若

---

① 约31.08平方千米。——译者注

置身山下，便会惊觉此山无比雄伟。暴雨过后，常年笼罩于山丘之上的烟雾尽数散去，岩壁表面的白色细尘也被冲刷干净，目之所及，色彩饱满起来，就像幽灵重获肉身，被注入鲜活灵动的气息。几座山丘之中，最为高大的便是雄山，高出周围平地近1 500英尺①。雄山岩壁陡峭，无数次暴雨冲刷之后，岩石中的矿物质渗出，岩壁上便交织着赭色、紫色、铁锈色的条纹。雄山之侧的雌山，更为平坦，却也更宽广肥沃，映衬得雄山愈加宏伟壮丽。雌山之中，暗藏诸多小型的洼地和平缓的高原，其中能发现曼杰提坚果林、季节性的泉水和野蜂的巢穴。西边更远处是较小的童山（Child Hill）。早上，童山被雄山和雌山的阴影拥抱；傍晚，童山的影子则好似一只伸向父母的手。站在雄山山顶极目望去，方圆100英里②的景色尽收眼底。而在方圆100英里之内也都望得见雄山耸起的山顶。难怪在措迪洛山附近绵延繁衍数千代的人都视这几座山峰为神山。

措迪洛山的周围是一片沙漠，向南延伸近2 000英里③。沙漠之下，是一片巨大的岩石盆地。得益于此，近10亿年来卡拉哈里沙漠不受地质变动影响，在最近的地质周期之中只受到相对温和的风雨侵扰，从而得以"优雅地老去"。卡拉哈里

---

① 约457.2米。——译者注
② 约160千米。——译者注
③ 约3 200千米。此处数据似有误，卡拉哈里沙漠南北最长距离约为1 600千米。——译者注

盆地占地近 200 万平方英里①，地势广阔平坦，从南非的北开普省（Northern Cape）向北穿过博茨瓦纳和纳米比亚，一路延伸到安哥拉（Angola）和赞比亚（Zambia）。

卡拉哈里地区处于亚热带，气候相当稳定。但历史上也受洋流变动和火山爆发等因素，还有偶尔说不清道不明的原因（大约只能算在神灵头上）影响，因此卡拉哈里的部分地区常变换于沙漠和湿地之间。措迪洛山有些岩画之上出现了鱼类图案，表明这些山丘曾经俯瞰着一个浅浅的内陆湖泊，它向南延伸到目力所及之处。

近 10 亿年间，许多河流汇入卡拉哈里盆地，但少有河流流出。水流流动要靠坡度，这需要丘陵和山脉方能形成集水区和河谷。但卡拉哈里沙漠没有这些地质条件，因此，河流误打误撞地进入这片广阔的平地后，慢慢消散，形成了巨大的浅水内陆三角洲。这些河流还夹杂着沿途掠起的沙子，在进入盆地水流变缓之后，沙子便在岩石盆地沉积下来。亚热带炽热的阳光最终会蒸干河水，沙子便被干燥的风吹散开来，逐渐形成 60 万平方英里②的沙丘地带和细沙平原。

卡拉哈里地区历史上有几段比较湿润的时期。雨水汇集起来后在沙丘间的沙沟中流动，形成浅浅的水网。雨水汇成的河流没有稳定水源，也不会形成三角洲，一般暴风雨过后几

---

① 约 518 万平方千米。此处数据似有误，卡拉哈里盆地面积约为 250 万平方千米。——译者注
② 约 155.4 万平方千米。此处数据似有误，卡拉哈里沙漠总面积，一说约 63 万平方千米，一说约 93 万平方千米。——译者注

个小时，便消失在沙粒之中。这些河流生命虽短，其河道却有残迹留存，形成许多浅浅的"化石"河床，称为奥米兰巴（omiramba，单数为 omuramba）。奥米兰巴似蛛网般遍布卡拉哈里沙漠，降雨来临时，仍在各地发挥集水的作用。恩哈洛布须曼人（Nharo Bushmen）是居住在朱特瓦人南部和东部的族群，他们有个关于奥米兰巴起源的故事。在恩哈洛人的故事里，奥米兰巴并非由雨水汇聚形成，而源于布须曼人的骗子神葛亚娃。有天，葛亚娃如厕时一不小心，把大便拉在一条鼓腹巨蝰①（puff adder）的身上。巨蟒咬伤了葛亚娃的睾丸，睾丸立即膨胀起来，大得骇人。葛亚娃痛不欲生，当即奔跑起来，肿大的睾丸拖在他身后，在沙地上留下的痕迹就成了奥米兰巴。

早在 20 万年前，解剖学意义上最早的现代智人可能就定居在卡拉哈里北部。那时，卡拉哈里盆地已有赞比西河（Zambezi River）、奥卡万戈河和乔贝河（Chobe River）汇入，在这个地质沉降区形成了许多浅水内陆湖。这些古湖泊好似洒在桌面上的水，形状不断改变。历史上，它们曾聚成一个巨型的浅水湖泊，面积约 4 万平方英里②，从现在博茨瓦纳东部的马卡迪卡迪盐沼（Makgadigadi salt pans）一直延伸到西部的措迪洛山。

我们几乎可以认定，最早在这个巨湖一带生活的人便是所有现代科伊桑人（Khoisan）的祖先，也很可能就是所有人

---

① 鼓腹巨蝰，有新月形黄色斑纹的剧毒非洲蝰蛇。——译者注
② 约 10.4 万平方千米。——译者注

类的祖先。目前尚无法确定现代智人究竟是起源于东非，在进化的浪潮之中从东非向外扩张，迁徙到巨湖之滨，还是说现代智人本就起源于南部非洲。但可以肯定的是，大约15万年前，人类族谱中的一支便生活在巨湖一带。那些留在非洲南部的族群成为现代科伊桑人的祖先，而向北迁徙扩张的族群则成为其他种族的祖先。今天所有人类都源自一个小型早期现代智人族群，这个族群被称为非洲"亚当"。而当代科伊桑人是唯一仍携带着非洲"亚当"独特DNA（脱氧核糖核酸）序列的人类族群。

科伊桑人迁徙到此地也罢，起源于此地也罢，这里都是适合他们生存的地方。这一带的环境让科伊桑人创造出一种独特的生活方式，几乎与这里的地质环境一样稳定而持久。此后数千年间，科伊桑人向巨湖以南的地带缓缓扩张，控制了南部非洲的大部分地区。

科伊桑人的扩张是个缓慢的过程。沙漠之中，要想依靠狩猎和采集长期生存，就必须熟知周围的环境，科伊桑人成功生存的原因也正在于此。他们在空间分布上非常稳定。过去3万年间，卡拉哈里沙漠东南部的科伊桑人与北部科伊桑人仅为100英里宽的沙漠所隔。尚无证据表明，这两个科伊桑人族群发生过实质的基因交换。[1] 换言之，南北两个科伊桑人族群，3万年来几乎没有流动交往。而在同样的时间跨度里，人类的其他族群已然控制了东亚，并跨越大陆桥进入美洲，在北美洲和南美洲定居下来。

针对基因突变率的研究表明，相较人类的其他分支，科伊桑人是更为成功的人类种群。基因突变率是揭示生物种群遗传多样性水平的指标，多样性水平又能帮助我们了解历史上的人口情况及其变化趋势。研究显示，现代科伊桑人具有极高的遗传多样性。他们人口极少，是南部非洲不起眼的少数民族，在全球范围来看，更加微不足道。但在过去15万年的大部分时间里，科伊桑人是现代规模最大的人类种群。这也说明在过去15万年间，科伊桑人的遗传多样性始终保持相对稳定的水平，而其他人类种群的遗传多样性则时不时地急剧下降，以致目前已损失近半。

同样的数据表明，直到过去的2.2万年间，非洲其他人类分支（包括后来最早抵达欧洲和亚洲的种群）的规模才开始大幅增长。研究人员推测，非洲中部和西部的气候变化，以及人类迁徙途中不得不适应新的生存环境，是导致遗传多样性下降的原因。[2]

在其他人类族群进入南部非洲以前，科伊桑人虽然基因多样性程度很高，但不同科伊桑群体的文化、技术、自然观、宇宙观、社会关系、自然关系均高度一致。尽管科伊桑人使用的语言差异很大，群体间无法直接沟通，哪怕今天依然如此，但这些语言同根同源，其中最明显的特征莫过于一系列独特的喷音了。科伊桑人找到了和卡拉哈里沙漠的严酷环境保持相对和谐的相处方式，与自然达成一种动态的平衡，从而能在此繁衍生息，维持长久稳定的生活方式。换言之，虽然科伊桑人不善迁徙、扩张、拓殖，不善占领新的空间和疆域，也不善开发新技术，但是由于他们掌握了原地谋生的艺术，故此能够获得进化上的成功。

在漫长的岁月里，科伊桑人始终生活在卡拉哈里沙漠，这才使得许多非洲的巨型动物群繁衍至今。过去 10 万年间，欧洲、亚洲、澳洲和美洲都出现过大规模动物灭绝的现象，这与现代智人在地球上的扩张高度相关。现代智人抵达北美洲、南美洲和澳洲之后，这些大陆上近 80% 的大型哺乳动物都消失了，而在撒哈拉以南非洲的 44 个大型哺乳动物种属中，灭绝的才只有两种。

人类在大型哺乳动物的灭绝中到底扮演了何种角色，目前争论尚存。我们几乎可以断定气候变化是导致欧亚大陆和美洲巨型动物灭绝的主因。虽然完全由人类猎杀导致灭绝的情况并不多见，但人类的推波助澜无疑也是重要的原因。食物链顶端的捕食者对生态系统影响巨大，而这种影响往往很难在短期之内显现。1995 年，美国黄石国家公园（Yellowstone National Park）重新引入了少量野狼，最终间接引发了该地区生态系统的巨大变化，如河流水量改变、林地生态恢复、草场肥力提高等。这个案例充分说明了捕食者对生态环境的影响。人类是能力超群的高级捕食者，一旦进入某个稳态的生态系统定会对其产生类似的巨大影响。在逐渐衰退的黄石公园的生态系统中重新引进狼群改善了其生态，使其被打破的平衡得以恢复。而一个稳定的环境中，狩猎采集社群的突然闯入必然导致更加剧烈的变化。

在非洲撒哈拉以南的地区，虽然人类活动的历史更为久远，但生态相对稳定，其独特的奥秘在于人类社群长久的定居生活。事实表明，此地的人类社群与其他生物共同构成了复杂的生态系统并且共同演化。虽然人类猎手具备强大的捕食能力，但生态系统中的动植物也逐渐适应了人类，从而能繁衍至今。然而，这种稳定的状态到殖民时代被打破了。当殖民者进入非洲大陆，他们带来的火器以及人口的爆发式增长，导致巨型动物栖息地受到了严重的破坏。故此今天非洲撒哈拉以南的巨型动物也面临着灭绝的重大威胁。

在时间尺度以万年计的情况下，遗传学和考古学带来的启示固然有限，但卡拉哈里地区发生的故事无疑非常重要——此地严峻的自然环境和生活在其中的人类社群找到了持续发展的妙法。而妙法之中最为重要的便是，科伊桑人生存的环境为其提供了生活所需的一切条件，同时，科伊桑人也倍感满足，不曾想要获取更多。

◆

约 15 000 年前，卡拉哈里盆地北部的巨型湖泊消失了。摧毁这些湖泊的力量便是创造了他们的河流。流入盆地的大河不仅带来数十亿吨水，还将数亿吨淤泥从非洲中部裹挟到卡拉哈里沙漠之中。淤泥在湖底不断沉积导致湖床也越升越高。最终，湖水溢出盆地边缘，在盆地表面形成一条水道。随着溢出的水越来越多,水道也变得越来越深。从巨型湖泊流出来的水总量高达数万亿立方米,长此以往便会形成全新的河道,进而导致赞比西河向东改道,绕过了卡拉哈里沙漠的大部分区域。赞比西河的改道造就了另一个奇观,即莫西奥图尼亚(Mosi-oa-Tunya)瀑布。这个瀑布一般也称作维多利亚瀑布[①](Victoria Falls),是非洲大陆最壮丽的自然景观之一。在赞比西河远离古老的卡拉哈里盆地后,盆地北部的湖泊群逐渐干涸,最后只剩下西部的奥卡万戈三角洲和遍布数千平方英里的白色结晶盐田,以此表明远古时代这里曾是一望无垠的湿地。

古代河流和巨型湖泊为卡拉哈里沙漠留下的重要遗产,便是土层之下极深极大的地下水系。只要开采得足够深,水泵功率足够强大,便可把地下的水抽到地表上来。卡拉哈里地区大部分的地下含水层与别处无异,有些则相当特殊,龙息洞(Dragon's Breath Cave)便是其中之一。龙息洞位于卡拉哈里沙漠西部,一到寒冷的早晨,洞中潮湿的空气就会在洞口周围凝结成缕缕云雾,故此得名。1986年,洞穴学家首次进入洞穴深处,然后发现此处就是全球最大的非冰川型地下湖所在地。地下湖距地面约300英尺[②],表面积约为5英亩[③],具体深

---

① 维多利亚瀑布,位于非洲赞比西河中游,处于赞比亚与津巴布韦之间,是世界三大瀑布之一。1855年,苏格兰探险家戴维·利文斯通成为首位见到维多利亚瀑布的欧洲人,并以维多利亚女王的名字命名。——译者注
② 约91.4米。——译者注
③ 约2万平方米。——译者注

度尚无法确定。新型钻探技术已能深入地表以下数百米。最近，水文学家利用这一技术又发现了另一处地下水资源。这片含水层位于纳米比亚与安哥拉边界，且能满足纳米比亚 400 年内的用水需求。据估计，此含水层的历史至少有 1 万年，显而易见这就是由那些巨型湖泊的水渗入地下而形成的。

◆

卡拉哈里盆地北部的湖泊干涸后不久，黎凡特[①]（Levant）等地的人类社群便过起了农耕生活，并开始驯化动物。这个转变称为新石器革命（Neolithic Revolution）。新石器革命改变了人与自然的关系，改变了人在环境中的工作方式。相应地，人对自己在世界中的定位也发生了翻天覆地的变化。成为农民，意味着人类的祖先从觅食者变成了生产者，从猎人变成了制造者。农业的出现为人类此后的变革铺平了道路，人类也从最聪明的哺乳动物变成地球上有史以来最强大的物种。

农业产出比狩猎和采集高出很多，这带动了人口的迅速增长。盈余开始偶尔出现，社会等级和朝贡制度也随之形成，人类夺取资源、扩张领土和征服他人的欲望也愈演愈烈。

农业文明像藻类繁殖般在地球上迅速蔓延，其影响几乎遍及全世界。农业的发展呼唤更大、更复杂的社会组织，故此，

[①] 黎凡特，源于拉丁语 Levare，意为"升起"，指日出之地。黎凡特是个不精确的地理名称，相当于现代东地中海地区，包括今叙利亚、黎巴嫩、约旦、以色列、巴勒斯坦。——译者注

农耕社群能轻易征服分散的小规模狩猎采集社群。非洲最早的农业文明是伟大的埃及文明和努比亚文明，它们均分布在尼罗河三角洲和尼罗河洪泛区沿线。大约 5 000 年前，在农业发展的推动下，非洲又出现了伟大的班图文明（Bantu civilizations）。由一系列族群构成的班图人习俗相近，语言也有密切的亲缘关系。3 000 年间，班图人带着牛羊和谷物慢慢扩散到非洲西部和中部，最终抵达非洲南部。可能早在 2 500 年前（确切时间不可知），班图人的先驱就到达了卡拉哈里盆地以北的安哥拉。大约 1 500—1 600 年前，沿非洲东海岸扩张的班图人抵达至现代南非的北部边界，几个世纪后，他们在南非东海岸的大鱼河（Great Fish River）附近停下了脚步。

班图人在扩张的过程中，取代、吸收、同化并消灭了途中遇到的狩猎采集社群。但是，沙漠和非洲中部的雨林形成的天然屏障，阻挡了班图人的扩张。于是，从事农耕的班图人到达卡拉哈里沙漠边缘时，便不再前进。沙漠一望无垠，干旱空旷，虽有丰富的牧草，却无法提供牛群的饮水，更不要说种植庄稼了。因此，停留在沙漠边缘地带的班图人并未干扰定居在沙漠的布须曼人。同样，沿着东海岸和内陆边界线进行扩张的班图人行进到卡拉哈里沙漠以南的卡鲁沙漠（Karoo desert），看见纳马夸兰（Namaqualand）贫瘠的砾石平原和丘陵后，便不再前进。因此，生活在卡拉哈里盆地和今南非北开普省大部分地区的科伊桑人并未受到他们的侵扰。班图人扩张对科伊桑人的影响只有一个：某些科伊桑人族群逐渐学会了放牧牛羊。到15世纪，这些族群都集中生活在今南非西开普省（Western Cape）水草丰美的地方。那些地方现在已满是葡萄园和果园。卡拉哈里盆地的科伊桑人一直延续着与世无争的生活，直到欧洲殖民者来到南部非洲，他们相对独立且自给自足的生活才受到挑战。

3

海边的冲突

开普克罗斯(Cape Cross)位于纳米比亚饱受风暴摧残的大西洋海岸,此地的气味最为惊人。这气味在含盐的空气中沉重地游荡,深入你的鼻喉,然后顺着你的喉咙往下走。它充斥着鱼类排泄物腐烂的味道,腥臭刺鼻。这气味如此强烈,以至于你面前的风景都缩成了柔焦,把这气味的来源——8万只南非毛皮海豹的吠叫、咕哝、打架和放屁——压制成沉闷的白噪声。经过一段时间,人才能从呕吐的反应和逃离的欲望之中缓过神来,感官重新适应这里的环境之后,方才慢慢恢复。

如今要去开普克罗斯并不特别困难。你可以从纳米比亚首都温得和克出发,通过公路抵达那里。沿途会先经过卡拉哈里地区西部边缘的霍马斯霍克兰(Khomas Hochland)山区,再穿过达马拉兰(Damaraland)的岩石平原,之后驶入一片沙漠,穿过沙漠便可看见广阔的海滩,最后海滩隐没于一望无垠的大西洋。海水翻滚着银霜似的海浪,狠狠拍打着西南非洲的西海岸。西南非洲600英里[①]的沙漠海岸线可谓非常单调，沿途常有船只因与急流斗争而遇险，这些船只撞上海水中隐蔽的沙坝，报废后锈迹斑斑，散落在岸边，故此这一海岸线现在常被称作骷髅海岸（Skeleton Coast）。开普克罗斯是海岸线上一个小小的海角，从北向南走海路而来的人可在此稍做休整，这也会打破沙漠海岸线的沉闷和单调。

葡萄牙探险家迪奥戈·康[②]（Diogo Cão）是首个航行至赤道以南非洲海岸未知水域的欧洲人。对他而言，开普克罗斯已然是天涯海角了。当年，康的舰队沿着西海岸连续航行了几星期，仍然看不到沙漠海岸线的尽头。于是，康命令船员向北返回刚果（Congo）。返航之前，他登陆开普克罗斯，在海角上竖起了一个10英尺高的发现碑[③]（padrão）。这个发现碑乃是石灰岩材质的十字架石碑，用以标记本次航线的最南端，也宣示着这片土地归属于葡萄牙国王。

1485年，康抵达开普克罗斯。他的这次航行标志着在第一次大航海时代葡萄牙对南半球海域的统治地位。当时，欧洲人越来越渴望贸易、名誉和国王的授权，也越来越期望进一步打破已知世界的边界。在上述因素的驱使之下，水手们将舰队开到此前无人涉足的地方。里斯本（Lisbon）的航海老手

[①] 近1 000千米。此处数据似有误，骷髅海岸长约500千米。——译者注
[②] 迪奥戈·康（约1452—1486），葡萄牙探险家，"大发现时代"最为知名的航海家之一，于1480年代沿非洲西海岸进行两次航行，抵达刚果河、今安哥拉和纳米比亚海岸。——译者注
[③] 发现碑，15—16世纪地理大发现时代，葡萄牙航海家会在每处停留的地方立起纪念石碑。石碑的顶部通常刻有葡萄牙盾和一个十字架。——译者注

都期盼着船员们征服未知海域的消息，而店主、商人和小贩则渴望着舰队带回的新奇货物。无论宫廷还是市场，都流传着许多传奇故事。诸如神奇的国度、祭司王约翰①（Prester John）治下的神秘王国、超乎想象的财富珍宝。凡此种种，不一而足。这些故事往往夸大其词，但人们总是津津乐道。

康在开普克罗斯竖立的发现碑现已不在原处。1893年，即发现碑竖起约400年后，一名德国海军上尉由于想要个在骷髅海岸沿线航行的纪念品，就把石碑偷走并带回了德国，然后他把偷来的石碑安设于基尔（Kiel）的德意志帝国海军学院（German Imperial Naval Academy）。德皇威廉二世（Kaiser Wilhelm Ⅱ）显然对这种肆意破坏的行为感到不快，便下令在原来的地方再安放一个发现碑的复制品。这个复制品上除了原来的铭文，还新加了德语铭文，以此昭示德国在此地的控制权，以防欧洲其他大国觊觎。

我们无法确定康抵达开普克罗斯后是否冒险进入了内陆。康是个坚定的探险家，对记录却不甚留意，并未留下充足的记录。他既然竖起了发现碑，显然时间比较充裕。说不定他还会走到开普克罗斯以北几英里的梅苏姆河（Messum River），沿着干涸的河床朝内陆走上一段路，看到了纳米比亚最高的山峰布兰德山（Brandberg）。布兰德山离海岸只有两三天脚程，

---

① 祭司王约翰是欧洲传说人物，盛行于12—17世纪。相传祭司王约翰是《圣经》中东方三博士的后裔，拥有不死之身。他宽厚正直，统治着东方一个无比富饶的神秘国度，在异教徒的包围下捍卫基督教。——译者注

山里有5万多幅岩画和岩刻,有些历史较短,但大多可以追溯到5 000年前。故此可以断定,当康抵达开普克罗斯前布兰德山一带便有人定居了。每到雨季,布兰德山的原住民便会沿着河床,一路走到海边捕猎海豹,眺望无尽的海水。故此,虽然没有确切记录表明康的船员见过任何原住民,但原住民倒可能见过这些来自欧洲的不速之客。

康的好友兼对手巴尔托洛梅乌·迪亚士[①](Bartolomeu Dias)首次记录了欧洲人和南部非洲原住民的接触。迪亚士受葡萄牙国王若昂二世(King João II)委托,追随康的脚步,意图寻找一条通往印度的海上贸易路线,寻找普雷斯特·约翰的踪迹。1487年8月,迪亚士率船队朝着南大西洋起航,他们的航程非常顺利,几个月后便越过开普克罗斯,往更南边的海域进发。

1488年1月,迪亚士的船队绕过好望角(Cape of Good Hope)。但他的船队离海岸太远,并未发现雄伟的桌山[②](Table Mountain)脚下还藏着天然良港。船队再次折向东北方向后,他们才在桌山往东100英里[③]的莫塞尔湾(Mossel Bay)一带登陆。登陆时,迪亚士的瞭望员发现海湾附近的海滩北面的草丛中站着一小群衣着暴露的原住民。相比在赤道附近遇到的

---

① 巴尔托洛梅乌·迪亚士(1451—1500),葡萄牙著名航海家,于1487年带领船队航行至非洲大陆最南端并发现好望角,为葡萄牙开辟通往印度的新航线奠定了基础。——译者注
② 桌山,位于南非境内,因顶部异常平坦而得名,现为南非著名旅游景点。——译者注
③ 约160.9千米。——译者注

非洲人，此地的原住民身形明显更小，肤色也更浅，他们还养着一群长相奇特的肥尾羊。迪亚士船队的供给日益消耗，船员不断患上维生素 C 缺乏病（即坏血病），内讧也越发频繁。因此，迪亚士决定在此处下锚，亲自带领一小队船员上岸去寻找淡水和食物。

草丛里的原住民自然对陌生的造访者十分好奇，却并未放松警惕。原住民心想：这些皮肤苍白、毛发旺盛的幽灵既然从海上而来也就该回到海上去。这些奇怪的陌生人居然操着一口原始的语言，这种语言没有喷音、爆破音和喉塞音，这些不合常理之处把原住民吓得着实不轻。再看 500 年后的今天，这些原住民的后代挤在破败的乡镇里，遭到白人警察驱赶，发出凄厉的哭声。他们的哭声也许会回荡到 500 年前，向祖先痛诉这些陌生人将会夺走原住民的土地和尊严，哭诉道定要把这些怪人赶回海里去。

当迪亚士的船员踏进海浪向海岸进发时，海滩上的原住民爬上了俯瞰海湾的山脊，向船员不停地射出长箭、扔出石头。迪亚士觉得还是谨慎为妙，不能冒失行事，便命令船员返回船上。迪亚士一边朝船队撤退，一边拿起了十字弓，射出一支弩箭，随之一个原住民中箭倒地。这便是南部非洲的血肉之躯和欧洲航海家的首次交锋。

◆

欧洲人和南部非洲原住民的"初次相遇"（如迪亚士的船

员和莫塞尔湾原住民的冲突）往往悲情动人，这不过是因为我们都是事后诸葛亮，明白这样的初遇预示着何等苦难的未来。迪亚士与原住民在莫塞尔湾的"初遇"意义却非同一般，它标志着智人谱系的两个分支分离逾10万年之后，再次相聚。但是，迪亚士和原住民之间除了交火并没有任何交流。非要说这次冲突有什么重大的意义和影响的话，那便是未能为双方日后的交往奠定友好的基调。

欧洲人和南部非洲科伊桑人的第二次相遇发生在"初遇"的10年以后。此时，为了开辟一条通往东印度群岛①（East Indies）的新航路，瓦斯科·达·伽马（Vasco da Gama）率领船队从欧洲出发，试图绕经南部非洲前往印度。规模不大的达·伽马船队穿越了赤道，经历了无数场热带风暴，最终在领航员的带领下，来到了圣赫勒拿湾（St. Helena Bay）。圣赫勒拿湾位于好望角西北100英里的海岸线上，是个荒凉的天然海湾，海滩的土地非常干旱。达·伽马一行在海湾停泊了8天，进行必要的休整，然后继续向东航行。一天，船员们正要清洗和修补舰船时，达·伽马接到报告，岸边出现了一群"皮肤黄褐"的人。相比船员们熟悉的西非原住民，这里的原住民身材更矮小，肤色也更浅。

圣赫勒拿湾的原住民和迪亚士在莫塞尔湾遇到的原住民

---

① 东印度群岛是个模糊、松散的地域概念，既适用于现在的印度尼西亚（前荷属东印度），也可包括马来群岛。广义的"东印度"还包括中南半岛和印度次大陆，甚至伸延至整个东南亚和南亚。——译者注

不同,他们并不认为达·伽马的船队会带来危险,相反,他们还向船员们挥手致意。达·伽马认为这些原住民颇有善意,便派出几个小队上岸取水,寻找食物,其余船员则留在甲板上,负责修整船只。

达·伽马派出的一支岸上小队竟然以匪夷所思的方式与原住民进行了跨文化交际。他们绑架了一名前来欢迎他们的原住民,把他塞进一艘划艇,偷偷运到达·伽马的旗舰"圣加布里埃尔"(São Gabriel)号上。不过,船员们显然还是想给这个俘虏留下善意的印象,所以当俘虏刚一上船,达·伽马就命人对这个不知所措的土著人热情招待,细心照顾。

这个土著"囚犯"对绑架的侮辱也毫不在意,他还颇享受在漂浮的"牢房"度过的短暂时光。达·伽马的船员将他送回陆地,数小时后便有"十四五个当地人"靠近岸上的葡萄牙人,似乎想要享受类似的待遇。达·伽马的意图显然不是招待客人,而是获取贸易和利润。在达·伽马眼中,贸易能超越文化和地域的限制,是普世的交流手段。但是,这里的原住民实在没有贸易的价值,这让葡萄牙人颇为失望。原住民对达·伽马的肉桂、丁香、小珍珠和黄金毫无兴趣,只觉得达·伽马带来的铜尚且不错。于是,葡萄牙人便拿铜向当地人换来了装饰贝壳、"狐尾"拂尘以及"原住民用的避孕套"。[1]

达·伽马认为此地没有贸易机会,沮丧之余便决定继续向东航行。于是,水手们动手将货物装回小艇,准备运回到船队的其他3艘船上。在这期间,有个船员临时决定要跟着当地人到陆地上转转。

船员和当地人朝着内陆走了几英里，又决定返回海滩。在返回的途中，几名当地人一直跟在他身后护送。可待他赶到海边时，岸上小队的其他成员已经出发了，小艇在汹涌的海浪和急流中破浪前进，眼看就快抵达停泊在海湾的舰队。落了单的船员害怕自己被丢下，通过疯狂地向小艇喊叫挥手来引起同伴的注意。小艇上的船员显然看到了他，却误以为他正在呼救。出于担心同伴的安危，船员们立马调转船头冲向海岸去救他。这时，原住民发现架势不对，也马上向驶来的白人投掷长矛，然后撤向内陆。在 4 名船员受伤、达·伽马也中了一箭之后，船员收到了起锚的命令，便立即驶离了海湾。

历史研究永远不会揭示迪亚士的船员遇袭的确切原因，也搞不清达·伽马的友好招待为什么无法获取原住民的信任。两次遭遇都以海边的冲突结束。但我们可以明确的是，达·伽马在圣赫勒拿湾海滩上遇到的原住民对有利可图的贸易漠不关心。直到 20 世纪，在南部非洲其他的狩猎采集社群中间，也都能看得到这种冷漠。沮丧之余，达·伽马得出结论，这一带的原住民十分危险，不必费劲和他们开展贸易。此后来到圣赫勒拿湾的探险者也证实了达·伽马的这种看法。在欧洲人看来，在通往印度和东印度群岛的贸易航程之中，好望角不过是个歇脚的地方而已。但达·伽马并不了解，他在海滩上遇到的原住民对物质世界的看法和自己的截然不同。或许，原住民坚信其所处的环境自会给他们提供所需的一切，故此剩余产品毫无意义，贸易也完全没有必要。达·伽马也不了解，原住民对经济基础的短期满足感。原住民显然也是机会主义者，任何来自上天的意外馈赠都会让他们欢欣鼓舞。但满足原住民经济需求的前提是他们的需求极少，且极为容易满足。达·伽马更不了解，原住民不必辛勤劳作，便能获得生活所需，他们甚至和葡萄牙最慵懒的贵族花在享受生活上的时间一样多。

◆

达·伽马的航行预示着整个南部非洲的科伊桑人将迎来难以想象的变革时代。当首支葡萄牙船队出现在好望角的海平面时，有些人的变革时代便开启了；而另外一些人的变革时代则始于欧洲殖民者越过好望角逐渐向北扩张之时。但是尼耶朱特瓦人的变革时代则始于1951年马歇尔家族探险队的到来。

到19世纪50年代，开普殖民地（Cape Colony，即今南非）以北的卡拉哈里地区，尚未受到殖民者侵扰。居住在卡拉哈里盆地的布须曼人仍然全面维持着独立自主的生活方式。这是因为当地不利于农耕的干旱环境恰好成了布须曼人的保护伞。直到20世纪，他们狩猎和采集的生活方式才难以坚持下去了。深井泵等新技术的出现让古老的地下水库可以采掘利用，随后，卡拉哈里沙漠也向农民敞开了大门。如此一来，哪怕是生活在最偏远的沙漠腹地的布须曼人，也在过去100年间经历了其祖先从未想到的变化。目前，卡拉哈里沙漠大部分地区已被其他族群占据。此外，南部非洲尚有的10万余布须曼人也未能完全依靠狩猎和采集生存下来。1998年，欧盟委员会（European Commission）请我主持一项重大的跨国研究计划，调查世纪之交南部非洲布须曼人的生存现状和发展前景。调查报告揭示了诸多严酷的事实，让人颇为沮丧。例如报告显示，布须曼人是南部非洲发展状况最差的民族，只有不足10%的布须曼人仍然保有自己传统的土地或拥有土地使用权。报告还显示，布须曼人在生活上普遍都遭受了种族歧视和种族偏见。大多数布须曼人只能在新型或传统农场充当农奴，方能勉强维持生计。此外，布须曼人有十分严重的营养不良问题，还常因贫穷患上各种疾病，并逐渐恶化而致残。他们在贫困与边缘化的死亡旋涡之中越陷越深。

◆

在大航海和经济转型的宏大叙事中，迪亚士和达·伽马在海滩上遭遇的冲突，不过是滚滚时代洪流的一个小小注脚。探险家们的航程重塑了世界。达·伽马去东印度游历，克里斯托弗·哥伦布（Christopher Columbus）意外发现美洲，这两件历史大事遥相呼应，成为推动世界变革的催化剂，也被后世誉为经济全球化的"宇宙大爆炸"（Big Bang）。此后，全球由一系列离散的经济体逐步转变为单一、复杂、多层的经济体系。经济学之父亚当·斯密[①]（Adam Smith）宣称，达·伽马的远航和哥伦布"发现"美洲是"人类历史最伟大、最重要的两件事"。[2]这个观点后来也一直被广泛接受。

大航海时代的开启是否是经济全球化最为重要的推动力，这个问题尚存争议。但今天说全球化已成事实，不会有争议。同样，若说建立在劳动力交换、贸易、创造财富、积累财富、财富循环和财富消费基础上的一系列特定经济行为具有普遍性，也不会引发争议。

达·伽马构想出通往东方的航线，启程登上圣加布里埃尔号，不过发生在500多年前。此前20万年，解剖学意义上的现代人类就已出现。从这个更为宏大的时间尺度看，人类历史轨迹中的另外一些时刻则显得更为重要。"新石器革命"便是最为重要的一个时间节点，是人类祖先从狩猎采集者转变为农民的重大时刻。自此以后，那个"经济问题"也随之产生并始终困扰着我们，今天也依然如此。

从狩猎采集经济到农耕经济的转变固然意义深远，但我们也要明白，在现代智人20万年的漫长历史中，90%以上的时间与商业资本主义、农业毫不相干。在漫长的岁月里，狩猎采集才是人类唯一的生计。如果衡量可持续性的最终标准是经得住时间考验，那么狩猎采集便是人类史上最可持续的经

[①] 亚当·斯密（1723—1790），英国经济学家、哲学家、作家，经济学的主要创立者。所著的《国富论》成为第一本试图阐述欧洲产业和商业发展历史的著作。这本书引出了现代的经济学学科，也提供了现代自由贸易、资本主义和自由意志主义的理论基础。他被誉为经济学之父。——译者注

济方式，科伊桑人则是成就最高的狩猎采集社群。如果将狩猎采集视作一种经济体系，其成功不容置疑。现代智人走出非洲，占领亚洲、太平洋群岛、澳洲，并最终占领美洲之时，便成了狩猎采集者。

很难想象，达·伽马航程开启的经济全球化的持续时间竟能超过科伊桑人的狩猎采集经济的持续时间。对于气候变化的前景预测，有些人持悲观态度，他们认为人类已越过了逆转局势的临界线，且不可避免地走上崩溃的道路。一切都为时已晚，我们只能诉诸内心的诺亚（Noah），寄希望于方舟出现。但话说回来，人类进入新石器时代后建立了宗教组织，其教义大多涉及末日预言。农业固然提高了生产力，促进了人口数量的增长，但大多数人的生活质量大幅下降。农业社会面临的许多危险，狩猎采集社群亦无法想象。例如，牲畜可能携带病毒导致传染病暴发，农业歉收引发大规模的饥荒。人类具备的某些特质使我们拥有了改变世界的能力，但这些特质也在我们的身体里埋下了自我毁灭的种子。我们明白这个道理，却又时刻压抑对此的认识。或许人类对末日降临的思索也不过是表达这种认识的方式罢了。

人类无法放下的末日预言，不过是从觅食者转变为生产者之时遗留在心中的隐忧。当前，在农业化、工业化和经济全球化三个进程的共同推动中，人类面临着一系列社会、经济和环境挑战，这也使压抑在我们心中的危机感愈来愈强烈。

持续 500 年的经济增长和工业进步带来了沉重的环境代

价。这个代价不仅凸显了达·伽马航程的历史意义，也让我们更清晰地认识到我们都是大航海创造的全球化世界的产物。明白了这些，达·伽马在海边遭遇的便不再是个小小的冲突，不再是全球化的宏大历史之中无足轻重的一个注脚，而是有更为重大的意义。或许，达·伽马在海边遇到的原住民身上"古老"的智慧能让我们解决一些新问题；或许，我们能像过着狩猎采集生活的祖先一样，学会满足于少量的简单需求；或许，我们可以借此逃离无限增长和快速膨胀的毁灭旋涡，拥抱凯恩斯想象的经济乌托邦。在这么漫长的历史中，如果人类都以狩猎和采集的方式生活，那么所有人身上都该留存着一些狩猎采集者的本性吧。

4
殖 民 者

达姆（Dam）在沙地上粗略地画出他曾经工作过的农场，然后一边拿起一根棍子在图上比画，一边诉说着他的故事都发生在哪些地方。他说话时口齿不清，好像是在提醒我他缺失的门牙也是故事的重要情节。

"农场主把我绑在了大门上，"达姆说道，"然后把我留在那里，在太阳底下暴晒。我晒了一整天，以为自己会渴死在那里。后来才有个女孩儿过来，解开了绑我的绳子。一松绑，我都忘了喝水，立马就逃跑了。此时农场主已经喝得醉醺醺的，但还是带着一群狗来追我。我太虚弱了，跑到另一个大门便被他追上了。"

说到这里，达姆在沙地里的地图上指了指。

"还好我经常喂那些狗，"达姆笑着说，"不然啊，这些畜生肯定得咬我。好笑的是，这些狗一追到我，就立马对着我摇尾巴，激动得跳上跳下。这可把农场主气坏了。哎哟，然后他就踢那些狗。"

达姆解释说，农场主怀疑他偷了酒。

"但我没有,"他怨恨地说道,"农场主和他老婆一到周末就喝得大醉,怎么能算得清楚自己到底还剩下多少酒呢。那女人总在厨房放几大箱红酒,阳台上也放一箱,储藏室里的更多。她太爱喝酒了,整天都喝。农场主爱喝的是白兰地,不过他只在晚上和周末喝,平时工作的时候他还挺正经的,也很卖力。"

达姆描述道,他被逮回来以后又挨了农场主的一顿打。他朝达姆脸上狠狠打了一拳,门牙就这么给打掉了,上唇和鼻子之间还留下了一条伤疤。达姆还伸出右手给我看,大拇指已经僵化变形,无法弯向掌心,只能向上翘着。如此一来,达姆好似时时刻刻都竖着赞赏的大拇指,想起来便觉得带有一丝黑色幽默。

"看,我的大拇指弯不下来。"达姆伸出手,在我面前晃了晃,"农场主踢我的时候,他老婆在一旁大喊大叫。我用手护住头,他就踢到了我的手,大拇指就被踢成这样了。"

达姆又被绑了起来,这一回,农场里的其他工人都不敢帮他了。第二天一早,宿醉尚未完全清醒的农场主给达姆松了绑,给了他一杯加过糖的茶,还有几片没涂黄油的面包。"你今天休息吧。"他就只说了这么多。

"当时,农场一共只有4个工人。但后来农场主还是把我扫地出门,丢在路上不管了。因为我这手什么都拿不住,也没法干活了。"达姆又朝我比画了一下他变形的大拇指。

我对达姆说,纳米比亚独立了,问他当时是否报了警,或者现在去投诉也行。

"报什么警呢?"达姆问道。同样的问题,我也常常从其他在农场打工的布须曼人口中听到。"要是报了警,农场主可以直接说我偷了东西,把我送进监狱。更何况这事儿发生的时候,纳米比亚还没独立呢。还有,这个农场现在已经换了主人,原来的农场主跑了,我听说他缺钱,跑到温得和克去了。"

过去几个月间,我已听说了几个类似的故事,故事的主人公和达姆一样遭遇凄惨。小部分农场主有虐待倾向,常用模拟绞刑[①](mock hanging)、殴打、虐待等方式折磨雇工。过去也常有关于农场主杀害雇工的传闻。当时,类似达姆的遭遇我已然听过不少,也渐渐明白这种事都是越传越可怕,传播者难免添油加醋,故此要理性判断。纳米比亚独立以前,农场主如何处置自己的雇工常常不受任何约束,可以恣意妄为。但现在大多数农场主则小心翼翼,非常谨慎。

奥马海凯地区农场里发生的暴力事件大多不很严重。朱特瓦人常常提起,农场主会无缘无故地拳脚相加,扇耳光和监禁也是家常便饭。有时工人们喝醉了酒在院子里打架,老板就会挥舞着鞭子把打架的人驱散。工人偶尔发起暴乱,但最后往往会以农场主道歉收场,以平息事态。这些情况,与其说农场主存在病态的虐待倾向,不如说在奥马海凯一带肢体暴力已经成为生活的常态,白人农场主随便扇朱特瓦工人两巴掌,甚至揍他们一顿,都算不上什么事儿,不过是雇主和雇工间的日常。

---

① 让受刑者体验将要接受绞刑的濒死感,属于心理折磨。——译者注

在这里，遭受暴力就是家常便饭。纳米比亚独立前，在农场长大的大多数朱特瓦男性的肌肉都集中烙上了白人挥舞拳头引发的恐惧。每当我热情地向朱特瓦男人伸手打招呼，拍拍他们的脊背，或伸出双臂拥抱他们时，他们都会本能地退缩躲闪，同时眼里闪过一丝惊恐，随后方能恢复平静。我很快便明白了，以往的经验告诉他们，要是有个白人突然抬臂伸手，往往表明他们就要挨上一顿拳脚了。

朱特瓦人和白人老板打了几十年交道，仔细观察下来，认为白人大多有暴力倾向。白人老板们骄傲自大，自私自利，人品也靠不住。他们还异常贪婪狡猾，性欲通常得不到满足，沉迷于工作，总觉得别人应该对他们感恩戴德，固执地认为哪怕是赏了雇工一顿鞭子，雇工也应该心存感激。但朱特瓦人对白人农场主的印象不全是负面的。他们常提起，农场主们机智勇敢，有时还挺有同情心，非常忠诚，并且关心他人。他们还特别提到，虽然白人大体都差不多，但不同群体仍有显著差异。比如有人对我说，阿非利卡人①（Afrikaner）通常随和从容，但如果喝醉或失恋了，就容易失去理智。阿非利卡人也容易被激怒。德国农场主则过分注重细节和秩序，通常比较冷静，但你若和他们唱反调，他们也绝不会妥协。

20世纪的纳米比亚历史也充满了暴力，这个国度经历了

---

① 旧称"布尔人"，是南非和纳米比亚的白人种族之一。以17—19世纪移民南非的荷兰裔为主，融合法国、德国移民形成的非洲白人民族，操南非荷兰语，多信仰基督新教，少数信仰天主教，根据2001年的统计，人数约为250万。——译者注

一系列殖民运动、种族灭绝、民众起义，最终通过一场解放战争方才赢得自由，因此民众身上的暴烈秉性多少与此有关。但布须曼人在农场遭受的暴力，与殖民者和纳米比亚受压迫民族的暴力冲突基调明显不同。20世纪前10年间，德国人对赫雷罗人和纳马人①（Nama）蓄意施暴。解放战争期间，南非人在奥万博兰②（Ovamboland）和安哥拉南部犯下滔天罪恶。这些残酷镇压的暴行有计划、有组织、有目的，意在摧毁追求解放梦想的民众，击垮他们的精神。

但在奥马海凯的白人农场里，大部分布须曼工人都觉得反抗种族隔离制度的斗争和自己关系不大。这些布须曼人受到孤立，生活在社会的边缘和冲突暴力之中。民族解放运动未曾想起过他们，国家安全机构也忽视了他们。布须曼人所经受的暴力并不是为了完成一场艰难的运动，而是一种更持久的关系模式。哪里的农场主觊觎和掠夺狩猎采集社群的土地，这种关系模式便会出现在哪里。在农场主看来，布须曼人就像偷偷靠近牲畜的豹子、狮子，必须将其牢牢控制住；朱特瓦人要是没有管束，必定会像无人喂养的野狗一样，堕落回狩猎采集的旧生活，行动也会"难以预测"。故此，白人农场主常把农场的劳工称为"驯服"的布须曼人，而尼耶北部的布须曼人则是"野蛮"的布须曼人。

欧洲殖民者来到非洲南部建立起永久定居点之后，拓荒

---

① 纳米比亚南部民族。——译者注
② 位于非洲西南部，今纳米比亚。——译者注

的农场主便和"野蛮"的布须曼人发生了暴力冲突。到了18世纪,农场主打败了北开普省干旱土地上的布须曼人,占领了他们的土地。从这个角度看,今天生活在奥马海凯的白人农场主不过是把自己看成当年拓荒精神的继承者了。

◆

1497年,达·伽马在圣赫勒拿湾海滩之上与土著人发生了一场冲突。150余年后,戴着华丽假发的荷兰人赞·范里贝克(Jan van Riebeeck)率领船队来到桌山下的天然港口,从卓米达里斯号(Dromedaris)走了下来。范里贝克时年33岁,奉了荷兰东印度公司十七人董事会[①](Heren XVII)的命令,要在好望角建个永久定居点。范里贝克的壮举受到后世白人阿非利卡民族主义者追捧,却备遭非洲民族主义者诋毁。范里贝克前往南非数年前,十七人董事会便已认定好望角具有重要的长期战略价值。范里贝克本无意越过半个地球,来到这片既荒凉又偏远的土地建立什么定居点,但他没有资格与十七人董事会唱反调。他在公司积欠下许多债务,无力偿还,而当时对违约者的惩罚又十分严苛。若他能按公司要求远行,就可免受惩罚。

自迪亚士登陆莫塞尔湾失败到1652年范里贝克抵达好望角的这些年里,前往好望角的欧洲航船日益增多。在好望角登陆的欧洲人很多,有葡萄牙人、西班牙人、法国人、英国人和

---

① 十七人董事会,又名十七绅士。文献记载中最早的股份有限公司董事会,16世纪创立的荷兰东印度公司最高权力核心。——译者注

荷兰人，他们常在海岸附近出没。故此，范里贝克着手在海边建立基地时，那里的原住民早已见怪不怪，熟练地和各色欧洲人打起交道来了。抵达海岸的船队通常只是中途停下，休息几周，待到饱受维生素 C 缺乏病困扰的船员们体力恢复，保养好船只，带上能撑到东印度群岛的淡水，便会再度起航远行。范里贝克的船队抵达时，似乎与以往的船队并无不同。但几个月后，原住民终于发现这群荷兰人打算在此处定居下来。

过去 150 年间，船员往返于欧洲和东方之间，科伊桑人也零星地和他们接触交往。这种接触不足以让科伊桑人做好准备迎接范里贝克带来的巨大变化。显然，这批殖民者不屑于学习当地的语言，此可谓后来巨变之先声。范里贝克到来时，有些原住民已经会说简单的葡萄牙语、英语和荷兰语。而荷兰来的殖民者则对原住民一无所知，也不知道原住民如何自称。

范里贝克来到好望角后，欧洲人才开始明确区分当地的原住民：以牛羊放牧为生的称为"霍屯督人"（Hottentot），或称"科伊人"（Khoi）；以捕鱼、觅食、狩猎为生的称为"布须曼人"，或称"桑人"（San）。

◆

范里贝克等殖民者不喜欢他们的土著新邻居。荷兰人用厚厚的粗布把自己包裹起来，原住民难以理解这一习惯。殖民者也反过来嘲笑当地人，笑他们从头到脚抹上动物脂肪，头上还戴着动物湿粪便做成的头盔。除此以外，当地的特色美食也让荷兰人颇为苦恼。他们受不了腐烂海豹肉的"美味",也无法把头虱当作既营养又方便的零食。

范里贝克定居好望角之前,马塞尔·勒·勃朗(Marcel le Blanc)神父就曾到过那里,他对原住民的看法受到第一批殖民者的广泛认同。勃朗神父写道,科伊桑人是"世界上最肮脏、最丑陋的人","无论看上去还是闻起来都令人厌恶"。荷兰殖民者瞧不上动物脂肪做成的护肤液,不相信这东西有什么效用,结果只能是为自己的傲慢付出了代价。沿海池塘和灌木丛昆虫成群,各式各样,有叮人的,嗡嗡叫的,咬人的,还有会挖洞的。荷兰殖民者不堪其扰,每日像疯了似的抓挠虫咬的肿块、脓疱和疖子。再看身上涂满了动物脂肪的原住民,他们完全不受昆虫困扰,生活得轻松愉快、悠然自得。[1]

少数殖民者也会暗自佩服原住民。因为他们对当地的动植物十分了解,又能轻而易举地从本地植物中找到"药物",治疗各种疾病。荷兰人发现"霍屯督药剂师"除了会处理伤口、溃疡、肿胀和炎症之外,还会治疗"任何有毒生物"的咬伤。此外,殖民者也钦佩布须曼猎人,他们技术熟练,勇猛果敢,使用原始的武器便可猎杀狮子等可怕的野兽。也许是原住民超乎寻常的勇猛激起了殖民者的好奇心,其中,有个荷兰人注意到好望角原住民的阴茎比欧洲人的长,不像人类的器官,反倒像小公牛的生殖器。[2]

荷兰人还注意到原住民虽然一贫如洗,但仍然一直其乐融融,欢快地舞蹈。他们似乎过着一种没有工作、没有辛劳的生活，享受至极。原住民和殖民者的生活方式天差地别，有些殖民者面对这令人尴尬的反差，反省起自己的生活。居伊·塔沙德（Guy Tachard）神父是来自法国的耶稣会士，前往暹罗（Siam）途中曾在开普殖民地住过一阵。他在 1685 年的一份报告中写道，从"霍屯督人"的角度看，荷兰殖民者是"耕种土地的奴隶……胆怯的农民，躲在堡垒和房屋里头逃避敌人。当地人则无所畏惧，走到哪儿就住到哪儿……不屑于耕种土地。在当地人看来，他们自己的生活方式足以证明当地人才是土地真正的主人……他们是最幸福的人，生活在和平和自由之中，不受外界干扰。当地人会骄傲地说，这就是幸福的奥义"。[3]

不偷盗是原住民和个别殖民者都很赞赏的特点。有个殖民者写道："他们不偷自己人的东西，也不偷荷兰人的东西，故此荷兰人并不忌讳当地人进入自己的房子，也不会安排人去看守房子。"这位殖民者对此颇有自己的见解，补充道："当地人蔑视财富，原因不过是他们厌恶劳动罢了。"[4] 另有殖民者指出，"当地人没有什么贪婪的欲望，若有人缺吃少用，其他人会立刻伸出援手。"[5]

总体而言，只有少数殖民者注意到了当地人的优点。荷兰人普遍认为，科伊桑人根本适应不了殖民地的生活，如果无法让他们遵守秩序的话，就该把他们赶出去。最让荷兰人困扰的是好望角的原住民和其他地方的不同，即想尽办法也无法强迫他们劳动。故此，荷兰东印度公司只能从安哥拉、几内亚（Guinea）、马达加斯加（Madagascar）和马来西亚（Malaysia）

运来整船整船的奴隶。

在1659—1674年间，殖民者和当地科伊桑人发生了一系列冲突，这直接导致荷兰人对开普敦周边地区建立起更加严格的管控制度。站稳脚跟后，荷兰东印度公司开始将开普敦北部、东部的土地发放给他们的农场主，开始向科伊桑地区一点点扩张，这一过程将会持续数百年。

◆

到1700年，开普殖民地的范围还局限在开普敦（Cape Town），并未越过周边的群山向非洲内陆拓展。此时，殖民者已在开普殖民地经营了近半个世纪，逐渐安定下来，开普敦成为往来船队的服务站。但殖民者并不满足于此，开始有了更大的野心，渴望大力拓展殖民地。此外，好望角的土地也很适合耕种，许多荷兰东印度公司的雇员正式服务期满之后，便选择留在殖民地经营农场。一些法国胡格诺派[①]教徒（Huguenots）为逃离宗教迫害，也背井离乡来到非洲，最终与荷兰人一起，构成现代阿非利卡人的主流族群。诸如此类的移民不断涌入，开普殖民地人口进一步增长。移民渴望在这片土地上生存下来，殖民地也开始迅速向北、向东扩张。

原住民对贸易和出卖劳动毫无兴趣，欧洲人却需要大量土地和劳力，这就让欧洲人无法容忍原住民的存在。到了1750

---

① 胡格诺派，新教加尔文教派在法国的称谓。——译者注

年，开普殖民地已向内陆拓展了数百英里。荷兰人抵达非洲之初，在今南开普省的范围内大约生活着 15 000 名科伊桑人。不过，其中大部分原住民不是被赶走就是病死了，尤其是 1713 年爆发的一场天花疫情导致科伊桑人口损失严重。仅剩的少量科伊桑人也都沦为欧洲人的奴隶、家仆和牧民。

我们尚难确定开普敦北部地区的布须曼人是如何看待那些渴求土地、不断扩张的殖民者的。通常，狩猎采集社群一发现有好的机会，便会额手称庆，好好享受一番。欧洲殖民者带着烟草、白兰地和现成的肉食来到了这里，这对狩猎采集者来说是个好机会。大概是后来布须曼人发现这些殖民者并非过路客，而是想要占有自己生活的土地，他们才开始攻击殖民者，袭击农场，屠杀牲畜。布须曼人的反击颇有成效。到 18 世纪晚期，殖民地未能向北推进许多，还有些殖民者被迫放弃了新开辟的农场。英国传教士罗伯特·莫法特（Robert Moffat）曾在开普殖民地生活，他描述了布须曼人的"掠夺袭击"，他解释说："他们要是捕获了一个牛群，接下来便会逃到特定的集结地……一旦察觉有牛体力不支，无法前行，就会把这头牛刺死；如果发现有人追踪，就会向牛群抛射长矛。"

莫法特余生大都在南卡拉哈里的布须曼族群中一心一意地传播福音。相较其他人，莫法特同情布须曼教区居民所处的困境。他认为布须曼人反抗激烈是可以理解的。"几代人下来，他们像山中的鹧鸪一样被猎杀，"莫法特感叹道，"大自然为他们创造的一切都被剥夺了，所以他们变得绝望、野蛮、凶猛，不屈不挠。"莫法特信奉上帝，相信上帝按照自身形象创造了所有人，故此同情布须曼人。"我们很难想象布须曼人有多么无知和邪恶，但毫无疑问，他们和我们一样，都是同一位天父的孩子。"[6]

但是，到南非拓殖的农场主可没有莫法特那般的同情心。他们深信布须曼人不配在上帝的餐桌上拥有一席之地。他们宣称布须曼人对农场生计和牧群的威胁更甚于狮子。为了将布须曼人赶出他们自己的土地，农场主们自发组织了许多突击队。突击队员们配备了火枪和手枪，骑上快马，只要看见布须曼人就将其击倒在地。

在拓殖地区传道的教士里，另有一位来自伦敦传道会①（London Missionary Society）的英国传教士基彻勒（Kicherer）。1799 年，基彻勒在拓殖区的布须曼人中传教，大概只有提供免费的"食物和烟草"时，布须曼人才会参加教会集会。故此，基彻勒和农场主一样，对布须曼人评价极低。在边境待了 3 年后，由于对布须曼人的敌意和野蛮感到绝望，基彻勒便放弃了传教。回国之后，他出版了一部记录自己传教工作的书。基彻勒在书中写道，布须曼人的"生活方式既悲惨又恶心"，他们"像猪圈里的猪一样"挤在一起睡觉。他坚称布须曼人缺乏最基本的人类本能，即不愿照顾孩子。他表示："布须曼人会在任何场合毫无悔意地杀死自己的孩子。"他告诉他的读者："布须曼人会将他们幼小的孩子扔给饥饿的狮子，因为狮子一直站在

---

① 又称伦敦会，属于基督新教派公理宗，建立于 1795 年。——译者注

他们的洞穴前咆哮,不肯离开,除非有人去献上'求和礼物'。"[7]

为了防止发生种族灭绝事件,荷兰东印度公司宣布活捉一个布须曼人就能获得 15 枚王国币(rijksdollar),此举催生了一个劫掠人口的行当。一时之间,好望角的奴隶市场充斥着大量布须曼奴隶。1807 年,在英国从荷兰手中夺取了开普殖民地的控制权后,新上任的殖民地总督立即派遣上校理查德·柯林斯(Richard Collins)汇报当地的情况。柯林斯在报告中描述了殖民者劫掠原住民的情形。其报告称,开普殖民地有几支抓捕布须曼人的突击队,其中一支"杀死和抓住了 3 200 个倒霉的土著人",另一支则"消灭了" 2 700 人。

到 18 世纪末,南非的布须曼人已基本消失殆尽,即便尚有少数幸存者,也过不上狩猎采集的生活。不过,在开普殖民地以北的卡拉哈里盆地的布须曼人尚未受到南方殖民开发的影响。但是,那里布须曼人相对隔绝的生活也维持不了多久。

◆

纳米比亚奥马海凯地区的农场很大。一般说来,在卡拉哈里沙漠养活一头健康的成年母牛或公牛需要 35 英亩[①]土地。如果养山羊,需要的土地则会少一些。但山羊肉不值钱,拥有一群山羊,或者家里挂着一头猎来的大公羊,都不值一提,没什么可炫耀的。故此,奥马海凯最小的农场也有 15 平方英

---

① 约 0.14 平方千米。——译者注

里①,最大的农场差不多是此规模的 5 倍。

尘土飞扬的戈巴比斯(Gobabis)②是卡哈拉里地区的首府。从此地出发一路向北,便会穿过大片大片的农场,道路也被这些农场一段一段地隔开。沿途每隔七八英里,就会穿过一扇大门,表明这里是一个农场的入口。穿过这扇门就意味着离开一个农场,进入另外一个农场了。农场的名字都富有深意,透露着 20 世纪二三十年代来到这里的首批殖民者的遭遇。例如,有的农场叫"缺水"——大概主人在此耕种的美梦破灭了;有的叫"孤独"和"偏远"——道尽了主人对孤独的恐惧。也有一些颇为乐观的农场名,如"漂亮一角""天堂""幸运之水""美丽"。斯昆海德安置营的"斯昆海德",就是"美丽"的意思。

在殖民者看来,给农场命名是件大事。给土地命名,除了有宣誓所有权的效用,还有另一个重要功能:以前这片土地上"什么都没有",现在则有了东西。若按 20 世纪初白人的标准,当时在奥马海凯定居的农场主大多都是穷人。在南非作威作福、衣着光鲜的矿业巨头和企业家完全不把他们放在眼里。但是这些农场主明白,如果他们能把眼前的农场经营好,就有了属于自己的地产,旧世界的贵族所拥有的地产与之相比则相形见绌。

白人农场主到来之前,奥马海凯住着许多布须曼人族群。最东边的是恩哈洛布须曼人的家园,那里的地下水穿过沙漠

---

① 约 39 平方千米。——译者注
② 纳米比亚东部城镇,奥马海凯区首府。——译者注

里的石灰岩山脊，又涌出地表。恩哈洛布须曼人大多住在今博茨瓦纳境内，只是当时博茨瓦纳和纳米比亚还没有边境。奥马海凯南部住着另一个部落——寇族（!Xo）。今天，纳米比亚和博茨瓦纳边境线上的围栏几乎把寇族的传统领地一分为二。住在北部和中部的是朱特瓦人。他们是当时最与世隔绝的布须曼人，传统领地从现在的戈巴比斯向北延伸了几百英里，直到东北部的措迪洛山。直到今天，他们都是奥马海凯最大的布须曼人族群。

与其他布须曼人相似，奥马海凯的朱特瓦人也是一大家子生活在一起。每个大家庭都拥有或占据着一片土地，被称为诺特尔。诺特尔的边界只是粗略划定，并不确定。后来，奥马海凯的土地大多被殖民者占据，建起了农场。这些农场的面积和原先的诺特尔差不多大小，但边界都严格限定。人类学家把朱特瓦人聚族而居的家庭群体称为"游群"。以游群为单位生活非常灵活。旱季里，几个较小的游群通常会聚集在永久水源附近，组成一个更大的社群，成员可达50—60人，共同生活几个月。其间，来自不同游群的年轻男女便可谈情说爱，组建新的家庭。年长的亲朋好友也可聚在一起，相互陪伴，交换礼物。

一旦雨季来临，大社群便又分解成小游群，回到各自的地盘。雨水丰沛的时节，各处季节性的泉水便会汩汩涌出，低洼的地方也有降水积存，正好便于游群分散生活。通常看来，每个游群一年会迁移六七次。每到一个新的地方，朱特瓦人就会建造临时的房屋，不过是用木头和草简单搭建一下，故此弃之不用之时也丝毫不觉可惜。

今天在纳米比亚,土地所有权在法律上界定清晰,私人的土地也全都边界明确。朱特瓦人的习俗则大不相同。诺特尔没有围墙,无法精细勘测,也无法在地图上明确标示。现代人对地图非常熟悉,可是朱特瓦人不会鸟瞰大地。诺特尔的范围全由朱特瓦人的体验和观感而定。他们只能站在平坦的地面上,用自己的双眼观测。在朱特瓦人看来,诺特尔由一条条纵横交错的小路构成,这些小路联结着水源和食物。这些小路不过是朱特瓦人行走、觅食、狩猎踩踏而成,常随他们的活动而变,也因他们的活动而生机勃勃。奥马海凯还有大片的无人活动的地带,那些地方缺乏可靠的水源,并不适宜人类居住。

◆

早在白人殖民者驾着马车、带着枪支、怀揣着雄心壮志,深入卡拉哈里沙漠南部之前,这里的朱特瓦人便已结束了相对孤立的状态,不再完全与外界隔绝。自17世纪中叶起,就有非洲其他地域的外来者偶尔从南侧穿越卡拉哈里沙漠。有时,他们会冒险进入奥米兰巴,为牛群寻找牧草和水源。白人殖民者在好望角建立了第一个殖民地之后,慢慢拓殖,定居点逐渐遍布南非各地。殖民地的不断扩张,引发了一波又一波移民潮。早年间偏远贫瘠、让人瞧不上眼的地方,现下也开始有白人涌入。东边说茨瓦纳语的牧民和西边赫雷罗人、姆班德鲁人(Mbanderu)本来都生活在沙漠之外,现下也趁着动荡，尝试深入沙漠腹地。

与此同时，首批白人猎人和探险家也来到卡拉哈里沙漠，希望获取象牙和鸵鸟羽毛，发一笔大财。他们沿着狭窄的商路进出沙漠。捕猎所得从卡拉哈里沙漠腹地一路向西流向海岸，而火枪、铁器和纺织品等欧洲商品则从海岸向东流入内陆。

但是白人的捕猎和贸易活动受阻于朱特瓦人。詹姆斯·查普曼（James Chapman）是一名白人猎手兼探险家，即便今天他在卡拉哈里仍然大名鼎鼎。1851年，查普曼曾评价朱特瓦人道，"这里居住的布须曼人比我的人马在其他地方遇到的人强得太多了。"查普曼特别指出，这些布须曼人既没有酋长，也没有领袖，但"总能保护自己，抵御迫害和侵扰"[8]。他总结道，这些布须曼人"独立""无畏""勇敢"，所以带队穿越他们的地界时必须小心谨慎。

19世纪晚期，纳米比亚成为德国的殖民地。此时，奥马海凯的白人移民大多还生活在狭窄的商路附近。其实从19世纪70年代开始，多数象群已被屠杀，再组织大规模的狩猎探险已经无利可图，故此这些移民的日子已经不太好过了。既然象牙已经无法获得，便有人劝说德国殖民当局，只要把纳米比亚东部改造成农场，就可获得利润。要建设农场，便要有人在那里定居下来。

但是，即便有获得大片土地的承诺，也说服不了德国本土最贫穷的人乘船前往非洲并在纳米比亚的奥马海凯定居生活。帝国殖民部将奥马海凯吹嘘得天花乱坠，把它描绘成适合种族优越的欧洲人开发的成熟土地，同时告诉未来的定居者，帝国在戈巴比斯新建了堡垒，驻扎了装备精良、给养充足的保护部队，确保德国人安全无虞。尽管如此，直到1904年在奥马海凯定居的白人平民（即非军事人员）总共才12个。

在第一次世界大战期间，德国人被逐出了西南非洲，奥马海凯的白人殖民点才开始兴盛起来。之后出现了两次大规模的南非白人移民潮。第一次移民潮发生在20世纪20年代初，第二次则是1929年。如此一来，奥马海凯中部的土地被分割成农场，以优惠的条件分配给愿意在此一展抱负的移民。

让移民始料未及的是，沙漠中的日子竟是如此艰难。毕竟1 000多年来，许多农耕族群便尝试进入沙漠定居，却最终知难而退。移民不仅要自己动手，造房架屋，寻找水源，还得杀死四处觅食的狮子，建设农场的基础设施。要做的事情千头万绪，巨大的工作压力迫使农场主向殖民当局提出要求——必须提供廉价可靠的劳动力。但是，殖民地处处都缺劳动力，殖民当局无法解决这个严峻的问题。故此，农场主只能自己想办法解决劳动力的问题。

起初，朱特瓦人热情地接待了殖民者。若问现在的朱特瓦人，他们会完全搞不明白为什么祖父母那辈人会对白人殖民者如此宽容，毕竟这可是不久以后就夺走他们土地和自由的一群人。有人认为，白人殖民者带来了烟草、酒水和牛排，这让朱特瓦人放下了警惕。也有人指出，朱特瓦人认为白人殖民者不过短暂停留，很快便会驾着马车离开，故此同意他们留在此地。可是，朱特瓦人并不知道殖民者暗藏什么动机，他们帮助殖民者安顿下来，却丝毫未料到这样做会引火烧身。

殖民者的野心很快显露出来，他们可不只是在此暂居。朱特瓦人觉得必须让殖民者明白他们已经忍无可忍。起初，朱特瓦人决定去攻击殖民者最珍视的东西：牲畜。殖民者便请出警察抓捕朱特瓦人。1923年，朱特瓦人受到一个名叫特森卡逊（Tsemkxau）的人的启发，发动了一场短暂的武装暴动。这场暴动发生在奥马海凯最北端的白人农场外，规模不大。结果是参与暴动的朱特瓦人杀死了当地的白人行政官。但暴动很快便被镇压了下去。过去，朱特瓦人通过射出毒箭，便能把挥舞棍棒的赫雷罗人挡在自己的地界之外。但当成群的警察巡逻队骑着高头大马、带着枪支弹药而来时，朱特瓦人完全不是对手。结局只能是叛乱被残酷镇压，特森卡逊和数百名参加暴动的朱特瓦人被捕。官方的调查报告称，在抓捕过程中共有6名布须曼人被杀。但随后，警方记录显示被杀的布须曼人超过30人，其中很大一部分在"试图逃跑"时被击毙。暴动的领袖特森卡逊被捕后蹲了几年监狱，出狱后便一蹶不振。

暴动遭到血腥镇压之后，警察采取了严厉的管制措施，此后朱特瓦人再未发起反抗。但暴力压迫不足以使朱特瓦人放弃经济自主权。在其他殖民地，一旦"当地"劳动力的农田被殖民者抢走，原住民便失去了生计，只能在经济上依赖农场主，成为农场主的劳工。但只要朱特瓦人能自由狩猎、采集，他们就能独立生存，就会逃离以剥削劳动为基础的殖民经济。

故此，一旦进入雨季，雨水充足，白人农场主早上醒来便会发现所有朱特瓦劳工都消失不见。原来他们都离开农场，向东前往博茨瓦纳边境附近的里特方丹（Rietfontein）地区了。里特方丹的面积约为1万平方英里，尚未被殖民开发，那里生活着朱特瓦族群和一些说恩哈洛语的布须曼人。逃离农场的朱特瓦人便在那里打猎、觅食，自由生活，直到季节再次转变，野生食物短缺难觅之时，他们才会回到农场。

有些农场主能够容忍朱特瓦人偶尔失踪。但在卡拉哈里沙漠经营农场本就艰难异常，就算劳工不像朱特瓦人那样动不动就失踪，农场也已是苦苦维持，故此大多数农场主面对此事都十分愤怒，他们认为朱特瓦人实在太过"野蛮"，不加管教就无法适应农场里严苛的生活。而要想把大量朱特瓦人变为可供农场使用的劳动力，就要像驯化野马那样。于是，有些农场主认为，可以通过教导他们，给他们传播上帝之道和劳动的美德，向他们展示"白人"文明显而易见的优越性。但也有人觉得唯有严刑酷法才能管用。

殖民者到来之后短短20年间，暴戾之风便在奥马海凯的农场里盛行起来。殖民政府放任农场主在自己的地盘上胡作非为，默许他们把农场变成事实上的封建领地。1920年，殖民政府颁布的《主仆公告》（Masters and Servants Proclamation）和《流浪公告》（Vagrancy Proclamation）等法律赋予农场主管束劳工的法律权利，规定劳工未经主人明确同意便擅自离开是刑事犯罪。农场主本就因劳工逃跑倍感困扰，现在有了法律撑腰壮胆，就可以带上自己的武装去抓回逃跑的工人，并让他们好好领教一下不服管教的后果。但在这广袤的沙漠里，要想找到故意躲避的人，如同大海捞针。农场主觉得反正需要的是劳工，什么样的劳工都一样干活，便也改换了对策。他们不光抓捕从自己农场逃跑的劳工，只要发现布须曼人的踪迹，都会将其掳到自己的地盘上。严格来说，农场主的行为已是劫掠人口，实属非法，殖民政府却视而不见。一些农场主甚至以此为业，比如臭名昭著的博尔特曼兄弟（Boltman brothers）。第一起广为人知的人口劫掠案发生在1929年，3个年轻的戈巴比斯农场主俘虏了大约50名布须曼人。他们烧毁布须曼人住的茅屋，连夜将他们驱赶到了西部，把人丢在好几个白人农场以换取小笔报酬。有个警察路过这里，看到了这群人，但并未逮捕这3个人贩子，反而以偷猎为由逮捕了布须曼人。这些布须曼人还没搞清到底发生了什么，便被送进监狱关了5天，释放后又被分配给了白人农场主。

直到20世纪下半叶，劫掠人口的情况仍时有发生。随着时间的推移，人贩子不得不深入沙漠寻找"新鲜"的劳动力。西南非洲布须曼人保护委员会秘书克劳德·麦金太尔（Claude McIntyre）曾讲述了自己的所见所闻。1955年，他第一次去了尼耶。此时，白人殖民者刚刚进入这片与世隔绝的土地，距尼耶最近的农场也要几天的车程。麦金太尔一到尼耶，便有当地妇女向他哀号恸哭，控诉殖民者的罪行。麦金太尔在一份给地方长官的报告中描述道，"布须曼人控诉男人们都被欧洲人带走了……显然,欧洲人来到了这里,花了几天时间与布须曼人交谈,说服他们到农场工作,但布须曼人坚决不同意。于是欧洲人找了个时机,把在场的几个布须曼男人绑上车带走了。"

有些农场主不会进入荒野追捕逃跑的劳工。他们找到了另一个防止布须曼人逃跑的办法。这个方法简单易行——绑架布须曼人的孩子。这说起来颇有几分荒诞:白人农场主虽然声称布须曼人没有人性,但从不怀疑他们对孩子的爱。

到了20世纪60年代中期,劫掠人口的行径渐渐消失了。1961年时,整个奥马海凯范围内,只有里特方丹的朱特瓦人还保持着独立自主的生活方式。可就在这一年,殖民当局为扩大东赫雷罗兰(Hereroland East)原住民保留地,正式将里特方丹割让给赫雷罗国王。这样一来,奥马海凯的朱特瓦人失去了所有合法的土地权。他们别无选择,只能在这个"美丽新世界"里忍受着他人的折磨。

◆

1990年纳米比亚独立后,奥马海凯地区尚有六七千名布须曼人没有合法土地权。为了帮助他们,纳米比亚政府不得不设立了第一个安置营——斯昆海德安置营。

直至20世纪80年代末,各个农场的劳工区里都挤着大批布须曼人。只要他们不捣乱,再凶狠的农场主都不会在意。随着纳米比亚独立的临近,农场主开始担心新政府会颁布要求更高的劳动法,迫使他们为农场工人建造合适的住房,支付适当的工资。而且"新纳米比亚"一旦出现,农场便不再是他们自己的独立王国,他们不再能呼风唤雨。故此,农场主便开始驱赶"多余的"布须曼人。这些布须曼人无处可去,只能蹲在穿过农场的砾石路边,守着这条一路向北的主干道。

纳米比亚共和国诞生之时,大多数人载歌载舞,欢庆种族隔离制度终于结束。但在奥马海凯,许多布须曼人在这一天饿着肚子,坐在路边,呆望着被栅栏围起来的牧场——两三代人以前,这大片大片的土地本属于他们。

纳米比亚商业农场集中的其他地区也发生了类似的情况。新政府决定采取必要的措施。议会通过了一项新法案,授权政府购买土地,为没有土地的布须曼农场工人和其他弱势群体提供栖身之所。国家新成立了土地、安置与重整部(Ministry of Lands, Resettlement and Rehabilitation),斯昆海德是第一批移交给国家的农场之一。斯昆海德原属于戈巴比斯的一个有名的农场主。独立前,他可是这一带的大人物,有3个大农场,占地近100平方英里[①]。除了农场,他还投资广泛,涉足多个行业,以获得更多收益。但是,在他经营的买卖之中,可能不止一个涉嫌严重违法,这让他惹上了麻烦。1993年,在一次警方的诱捕行动中,这个农场主在南非被捕,落网时身上携有42根象牙和6只犀牛角。为了支付罚款以及弥补其他生意向南转移后留下的亏空,他把3个农场卖给了独立后掌权不

---

① 约260平方千米。——译者注

久的新政府。这些农场分别是斯昆海德、罗森霍夫（Rosenhof）和罗斯普拉斯（Rusplaas）。**9**

1993 年，200 多个朱特瓦人来到斯昆海德，迎接他们的是一个废弃的农场。这里既没有生活设施，也没有公共设施，无法满足这么多人的需求。政府为迁入的朱特瓦人提供了旧的军用帐篷和零星的食品援助，还给送来了水泥，好让他们自己做成砖块去建造住房。朱特瓦人也发现农场名义上属于他们，但最好的土地大多已被赫雷罗人和他们的牛群占领了。

当时，斯昆海德暴力和酗酒盛行。半个世纪的压迫给朱特瓦人留下共同的创伤，酒精放大了这种创伤，饥饿加剧了这种创伤。在农场主眼中，朱特瓦人根本干不了任何工作。这种看法让斯昆海德的朱特瓦人的生活更加困苦。这是因为迁入安置营的，除了年老体弱之人，就是只会惹麻烦的人。

我的朱特瓦父亲克阿克艾·弗雷德里克·朗曼，和许多其他斯昆海德人一样，不受白人农场主欢迎，上了他们不成文的黑名单。但克阿克艾和别的朱特瓦人不同，他不受欢迎并非因为有大量犯罪记录、酗酒或暴力倾向。相反，他有文化、心思细密、坚持己见、能言善辩、勇于说出自己的想法。他和农场主周旋之时，往往不动声色，带着令人放下戒备的谦卑，结果却让他们更恼火。

克阿克艾生于 1948 年，在农场长大，只懂农场的劳动和杂役。但他的父母则是"旧时代的人"，懂得如何狩猎采集。克阿克艾出生前，父母遇到一伙儿劫掠人口的暴徒，此后便完全告别了狩猎采集生活。那是20世纪40年代中期，正是初秋时节，这家人离开了居住的农场，前往东部的里特方丹狩猎和采集。此时正是草原食物最为丰美的季节，每年这时候他们都会离开农场。但这次，离开农场没几天，他们就听到了西边传来的马蹄声，于是撒腿便跑。枪声穿过了清晨的空气，一颗子弹击中了哥哥的肩胛骨。他们全家都被捆了起来，像奴隶一样押回了农场。之后，正如克阿克艾所说，"我父亲认为，在农场主手下干活儿安全些。"

20世纪五六十年代，纳米比亚实行种族隔离的教育制度，非白种人儿童也可接受最基本的教育。但农场的朱特瓦儿童没有受教育的权利。这些朱特瓦孩子长到"能够到栅栏柱子顶端"的时候，就被分配了活计。农场主和殖民政府的官员都认为给永远"不明事理"的布须曼人建学校根本就是浪费。克阿克艾干活儿很勤奋，学什么都很快，就是不安分。十八九岁时，他在另一个农场找了份工作，便独自出去了。

许多朱特瓦人想一辈子待在一个农场，但克阿克艾不同，他在很多农场干过活儿。每到一个新农场，他就努力适应那里的生活。有的农场主"打人太狠"，有的给钱不公道，有的给的活儿太多，有的活儿又太少。尽管有些农场主"宅心仁厚"或"善良可亲"，克阿克艾觉得所有农场主都把朱特瓦人看成"管不好自己的蠢东西"。

克阿克艾曾对我说："听着，昆塔！有些布须曼人不过是在农场活了一辈子，什么都不懂。还有些布须曼人真正理解农场的生活，能在农场间辗转。我就是后者。"

克阿克艾年轻时注意到，只要他到了一个新农场，名字就会记入雇佣登记簿。原来数十年来，登记簿才是那个巨大的神秘力量，掌握着朱特瓦人雇工的命脉。发不发工资、分配多少补给、留用哪些工人，这些都是藏在登记簿中的秘密。

"就是那些登记簿！"克阿克艾大声说道，"比如说，农场主可以在登记簿上写每月发你 1 000 兰特①，但你拿到手可能只有 90 兰特，甚至还扣掉伙食费。就算你根本不知道登记簿写的是什么，也得在上头按指印，或者画个十字。你告不了主人，也不能找治安官评理。一切都以登记簿上记录的为准，不论实际情况如何，登记簿可不会出错儿。"

从那时起，克阿克艾就下定决心，一定得弄懂这个神秘的登记簿是怎么回事儿。这里的关键就是要能识字、会写字。克阿克艾学识字还有更深层的原因：识字后，他就能读懂《圣经》了——他热忱地渴望能理解《圣经》的文字和故事。克阿克艾20岁出头时，他工作的农场来了个好心的德国人，教会他基本的读写知识。后来，他又自己阅读《圣经》，完全掌握了读写能力。

克阿克艾曾在很多农场工作过，留下一大群对他又气又恨、却又印象深刻的雇主，他们大多巴不得克阿克艾早点离开，再不见面。20 世纪七八十年代，解放战争和反种族隔离斗争如火如荼，纳米比亚的白人农场主心中难免滋生了疑惧的情绪。他们担心农场受到共产党渗透，也担心能说会道的

---

① 南非基本货币单位。——译者注

活动家鼓动忠诚的工人半夜悄悄起来，把他们杀死在睡梦之中。许多农场只雇佣朱特瓦人，部分原因便是他们丝毫不关心政治。农场主们常说"卡菲尔①（kaffirs）和布须曼人相互看不上"，或者"只有混蛋的奥万博人②（Owambos）才玩政治"。但克阿克艾是个例外。他当时没有正式参加狂热的解放运动，却是个不声不响的刺头。农场主都认为他过于聪明，太难管理。克阿克艾会明确质疑待遇和报酬不公，农场主担心这会带坏布须曼人，滋长大家的不满情绪。

当年朱特瓦人大多酗酒。但我遇见克阿克艾时，他已经完全戒了酒。

"我年轻的时候也喝酒，"克阿克艾说，"但一喝酒，我就控制不了情绪，老是去打架，一喝就打，每周都打。我都不知道自己到底有没有打赢过，因为每次都喝得烂醉，不记得了。1986年有一天，我突然就戒了酒。就是这样。"

克阿克艾头脑清醒，文化素养高，这也意味着他可以比同胞承担更多责任。此外，克阿克艾还是个模范父亲。他年轻时与叙安娜在农场相遇，结婚后一共生了5个孩子，其中4个活到了成年。

---

① 南非白人对黑人的蔑称，主要指班图人，尤其是科萨人。种族隔离时代指代所有黑人。——译者注
② 班图人的一支，纳米比亚最大的单一族群，约占该国总人口的一半。目前大约有200万奥万博人，绝大多数人已改信基督教路德教派。奥万博人在政治上发挥了很大作用，纳米亚人组党（SWAPO Party of Namibia）是纳米比亚的执政党，该党派的前身为"奥万博兰人民组织"（Ovamboland People's Organization），其领导者萨姆·努乔马也是该国独立后的第一任总统。——译者注

克阿克艾戒了酒意味着他放弃了乐观的宿命论。这种宿命论让朱特瓦人安于狩猎采集生活，后来又甘心生活在奥马海凯的社会底层。克阿克艾和大多数朱特瓦人不一样，他决心成为自己命运的主人。付出努力但遭遇挫败，则会让他非常沮丧。

纳米比亚独立后不久，克阿克艾便离开了农场。此前，他在奥马海凯北部的一个农场当了4年工头。他对这份工作并不满意，也感觉不到种族隔离终结前后他的生活有什么改变。

1991年，一群热心友善的农场主妻子请克阿克艾帮忙，希望在奥马海凯北部建一所新学校，让朱特瓦农场工人的孩子接受教育。他欣然接受了邀请，但发现学校生活令人沮丧，白人老师也不好相处。更成问题的是，他有一大家子人，学校里既找不到容身之地，也没有地方安置他的一群牲畜。虽然克阿克艾常烦躁不安，穿得也破破烂烂，但按照朱特瓦人的标准，我遇见他时，他已算是个富人。那时他攒下的家底就有44只山羊、25头牛和几匹脏兮兮的马。他有一辆蓝色的驴车，车身由报废汽车拼凑而来，锈迹斑斑。他还有一台老式的科罗纳（Corona）打字机。后来，在我们的语言课上，他便用这台打字机认真地记笔记。故此，一听说斯昆海德成为安置农场，有牧场可以放牧，他就带上家人，赶着驴车去了那里。

在斯昆海德，克阿克艾重新成为一名"定居者"。定居者本来指的是初到某地拓荒的人，克阿克艾的祖先却已在这片土地上生活了数万年。这荒诞的事实常让克阿克艾感到绝望，斯昆海德安置营的每一个朱特瓦人也都有同感。

5

活在当下

"布须曼人对时间的理解与我们不同。"一个白人农场主挺起胸膛,声音大得附近的人都能听得见。

那是1994年春天一个炎热的下午,我在卡拉哈里沙漠戈巴比斯镇的一个加油站遇到了这位农场主。加油站的工作人员饶有兴趣地看着我俩你一言我一语,因为顾客吵架的场面会给原本沉闷的一天增添一丝趣味。但是农场主的语气里没有威胁,只有几分恼怒。

几分钟前,我向农场主介绍了自己,告诉他我此番找到他是代表总统办公室为纳米比亚农业劳工调查委员会开展研究,问他是否愿意和我聊聊布须曼工人的劳工关系。

找到愿意接受采访的农场主不太容易,有人跟我说他可能愿意。他为人口碑不错,算是一个"好老板"。最近纳米比亚的法律有所变动,不给雇工发放货币工资便是违法。但有人告诉我,这位农场主仍然不发现金,只给布须曼工人提供食物作为报酬。我还和他说起,有个工人在他的农场工作过,现在住在斯昆海德安置营,曾向我抱怨说他拖欠工资,而且拒不补发。

我本以为这位农场主能多和我聊聊,但他好像谈兴不浓。我的问题大约让他想起了政府没收土地、政治迫害和惩罚措施,从而引发不安。这完全可以理解。当时,纳米比亚从南非独立还未满5年。在白人农场主看来,时局仍然动荡不安,让人焦心。许多白人农场主尚未接受转变,多数统治在他们看来等于"黑人统治"。这个国家的新领袖,短短5年之前,还是他们心中妖魔般的敌人,是他们随意剥削的劳工,是受到歧视的低劣种族。不少白人农场主公开质疑,在这种领袖的带领下这个国家是否能有未来。尽管新政府坚称不会没收白人的农场,但许多农场主并不信任政府能保障自己的财产安全。

这位农场主告诉我,以食物作为报酬支付给"他的"布须曼劳工,不仅是明智之举,而且在道德上也无可挑剔。他解释说,这种做法有利于劳工更好管理自己的生活,即使他们当时抱怨,到了最后还是会感激他。

"劳工们知道,他们管不住自己。"农场主补充道。

农场主认为,如果用现金作为报酬,劳工们一旦拿到钱,便会立即把钱花在喝酒和其他无益的事情上,根本不会为一整个月的生活做谋划。这样一来,工人们几天便会花光全月的工资,可离下次领工资还有好几周,他们将不知该如何度日。农场主说,这种情况已经不止发生过一次两次,周围的农场主邻居也是一样的看法。他解释道,布须曼人的时间观念"和孩童一般"(childlike),只关心眼前的满足,从不考虑未来,也很少从过去吸取经验教训。

纳米比亚的殖民历史上,布须曼人"和孩童一般"的观念已经根深蒂固。独立前,这种说法甚至出现在官方的政策之中。1984年,政府出版了一份有关西南非洲"布须曼部落"状况的全面报告。报告解释说,"布须曼人活在今天,活在当下。他们面临许多发展上的挑战,而布须曼人的时间观念将使他们越发难以应对这些挑战。"这份报告得出的结论是,"布须曼人是这个时代不幸的孩子。"

"和孩童一般"的说法相较之前已经有所改善。早在几十年前,有关布须曼人的公开辩题还停留在他们究竟像动物还是更像人类上。1941年,南非原住民事务部部长丹尼斯·赖茨上校(Colonel Denys Reitz)认为,"如果我们让这个特殊的种族(即布须曼人)灭绝,便是生物犯罪。这个种族看起来更像狒狒,却又不是狒狒……该将其视作本国动物群体的一部分。"

"更像动物,而不是人类"的观念,多少还存于奥马海凯农场主的头脑之中。但农场主们更认为自己对布须曼人观念和行动的了解,并非源于种族主义的教条,而是来自亲身经历,因为他们得天天和难缠的布须曼人打交道。在农场主看来,人人都一看便知道布须曼人"和孩童一般"。布须曼人"活在当下"的生活态度并不适合雇佣劳动,尤其是农业。农场里几乎所有工作都面向未来,辛苦工作之后要等待很久方能收获回报。故此,管理布须曼人一直让农场主颇为头痛。

农场主们也承认,布须曼人确实有些可取的品质可以弥补他们的缺点。比如,布须曼人是"技术天才",他们"超乎寻常的喜爱机械"。他们还说布须曼人"有创造力""富于想象""聪明伶俐"。尽管布须曼人有很多缺点，但不少农场主仍然认为布须曼人"忠诚"且"可爱"。也许农场主最欣赏布须曼人的是，哪怕他们为布须曼人付出的劳动只支付少量报酬，甚至不付报酬，也不会受到惩罚。

人们往往把农场主对布须曼人的负面看法视作种族主义和种族隔离制度根深蒂固的遗毒，并不放在心上。当年我也认为这种负面看法没什么大不了的。半个世纪以来，朱特瓦劳工因拖拖拉拉、不讲纪律而饱受折磨和惩罚。如今在我看来，他们大部分人都勤奋努力、能干守时。

明明是农场主逃避法律义务，违法拖欠穷苦劳工的工资，却还以布须曼人的时间观为借口推脱责任。若是换作旁人，发现在某些文化之中，最为根本的时间观念和我们的差异巨大，那这特殊的时间观念定会成为重要的发现，为我们带来洞见，激发新思。

◆

"你们白人的时间观念和我们的不一样。"恩格纳（/Eng-n!au）虽然上了年纪，但一字一句地认真说道。我那积满灰尘的录音机也一字不漏地录下了他的话。

恩格纳这么说的时候，我特别想笑。我问他是否知道，几个月来，多少农场主对我说了一模一样的话，只不过开头是"他们布须曼人"。恩格纳说不知道，但一点也不感到惊讶，并补充道，农场主或许没什么善心，但也不傻。

随后，恩格纳便开始解释，我和白人农场主认为时间是线性的、有限的，时间不断流逝，于是人们感知其存在；而他（至少以前一直）认为时间是循环的、有节奏的、可预测的，通过季节、太阳、星星和月亮的周期运动便可预测时间。

我第一次见到恩格纳时，觉得他异常苍老虚弱。许多年长的朱特瓦人都不知道自己何时出生，也不在乎这个，恩格纳也一样。要估算他的年龄，就要将他的记忆和有文献记载的历史事件匹配起来。可是即便两者匹配了起来，也还是很难得出定论。例如，有次恩格纳讲了一个他小时候的故事，他的描述和20世纪20年代中期某个事件的历史记载高度吻合。但后来，他又一次提到这个故事，可是坚持说自己当时是个年轻人。

恩格纳认为自己能长寿是因为运气好、爱抽烟并且深谙传统医术。他坚持认为自己很幸运，身体也健康。但他从外表看起来可不像自己说的那么健康。他的牙齿已经掉光了，他只能吃软烂的食物，而且几乎失明。他在一次事故中失去了半条右腿，那可算得上是一次极端倒霉的事故。恩格纳住的那片地方肺结核患病率很高，他还不停地咳嗽气喘，听上去特别让人害怕。

恩格纳拄着副破旧的木拐杖，行动蹒跚。这副拐杖是几十年前他截肢后医院给他的。拄着又尖又旧的拐杖在柔软的沙漠中行走异常艰难，所以大部分时间里，他都和同样年迈的妻子乌茵乌茵（/Ouin/Ouin）一起坐在房子外面的沙地上。他们的房子是水泥砖建成的"安置"房，还没完工，没有地板，也没装门。他把弓和箭"藏在房子里，免得落入醉汉手中，拿起来互射"。他和乌茵乌茵还把为数不多的财产也放在房子里。所谓财产，不过是几张旧毯子、他自己的大衣和烟斗、一套自制的乐器，还有一个超市塑料袋，里面装着他们替换的衣服。恩格纳不喜欢换衣服，几乎总穿着他最喜欢的那套仿制军装：下半身是条黑色的裤子，右边的裤腿整齐地翻折上来，紧紧地包裹住他的残肢；上半身是件破旧且污渍斑斑的卡其色军用紧身制服，肩膀处缀有磨损的肩章，下面的口袋已经起褶，身后还有双开衩的设计；头上还配着一顶来路不明的旧卡其色军用大檐帽，帽带上装饰着五颜六色的珠子。恩格纳不惧炎热，但不喜寒冷。冬天的时候，他就换上破羊毛帽。但若出席正式场合，他会先戴上羊毛帽，再把军帽盖在上头。

恩格纳患有白内障，双眼覆着一层浑浊的乳白色。他坐在家门口，只能看到门外沙地上燃烧的小火堆，再远就什么都看不清了。恩格纳并不在意视力的衰退，我屡次提出给他治疗眼疾，都被拒绝了。他觉得自己能整天待在家门口，能听到火堆附近的声音就足够了，看不看得清都没关系。他喜欢惬意地坐着，神游在被眼中白色物质所遮挡的神奇世界之中。这个世界里满是狡诈的胡狼、天真的豪猪、下作的神明，还有表演哑剧的狮子，它们戴着警帽，爪中挥舞着皮鞭。

恩格纳每天都吸兹瓦（zwaa），也就是大麻，在吞云吐雾之后抵达这个属于他的神奇世界。他把兹瓦和烟草都藏在一个小袋子里，埋在房中的沙地下面。

我问恩格纳为何把兹瓦藏起来，他答道："分享固然很重要，若不分享便算不得人，但是我的烟草、兹瓦都很特殊，好比罕见的兔肉或乌龟肉一样，不可人人享受。男人要至少有了4个孩子才能抽兹瓦，而且我得靠它来保持健康。年轻人有时会把它偷走，所以才得藏起来。我才不和他们分享呢。"

恩格纳和乌茵乌茵的生活无法自理。乌茵乌茵身材矮小，身体虚弱，老是一副吃不饱的样子。她和许多年长的朱特瓦妇女一样，脸上布满皱纹，皮肤松散地包在骨头上。她还患有麻痹症，双手会控制不住地颤抖，头也总在抖动。恩格纳不知道她患上了何种疾病，就连埃普基罗[①]（Epukiro）诊所里愤怒的护士都诊断不出她的病因，更无法治疗。乌茵乌茵本来就只会一点儿南非荷兰语，现在已然完全不会说了。麻痹症严重影响了她的发音，我的朱特瓦语也不好，所以我听不懂她表达的意思，除了互相问候，和她再没有别的交流。

斯昆海德安置营的朱特瓦人都靠政府配给的食物生活。每次有补给送来，恩格纳和乌茵乌茵只能请别人帮忙领取。如果配给的食物按时送达，恩格纳和乌茵乌茵每天就能领到一碗加了少许油的玉米粥，或者一碗速溶汤。此外，他们还要喝几杯加了很多糖的红茶。

[①] 纳米比亚奥马海凯东部偏远地区的小型定居点群，位于地区首府戈巴比斯东北部约120千米。——译者注

◆

　　1994年冬天，我在斯昆海德安置营初次遇见恩格纳。当时，我正在进行第一次长期的田野调查，已在布须曼社群中生活了9个月。恩格纳见到我时，我正发着高烧，难受得躺在床上哼哼唧唧。他介绍了自己，然后递了一杯药"茶"给我。这"茶"居然是催吐剂，让我呕吐了几个小时，我确信自己被他下了毒，然后便昏昏沉沉地睡去。18小时后我终于醒来，感觉内脏灼热，好似被煮熟了，但确实退烧了，浑身没那么难受了。恩格纳问我这药效果如何，还向我要了一些烟草和一瓶对乙酰氨基酚，以备他生病的时候用。他解释道，给我用的药他不能用："用了那个药我会便血。"

　　恩格纳天生爱说话，但不愿意谈论自己生活的细节。他觉得自己的生活平淡无奇，非常沉闷，远比不上"始源时代"的故事有趣。我前后花了几个月的时间才从他零星的谈话里与他有关的逸事之中拼缀出他大致的经历。

　　我住在斯昆海德安置营的头9个月里，恩格纳基本都不在那儿。那段时间，他一直在南边大约50英里外的农场工作。那个农场很特别，是肉食动物的禁猎区，也是奥马海凯最像旅游景点的地方。那里，半驯养的狒狒孤儿穿着一次性尿布，在游客住宿的区域里游荡。但最主要的景点是一群憔悴的狮子和其他大型食肉动物。猛兽在铁丝网围栏中闷闷不乐，游客则在铁丝网外，直勾勾地盯着它们看。农场主把恩格纳当作展品，向游客展示朱特瓦人的生活，以使他的景点看上去更加"真实"，也就是要更加"朱特瓦"。农场主之所以选中恩格纳，是因为农场里工作的其他朱特瓦人已经不很传统，满足不了游客的期待。农场主答应恩格纳每月都给他发货币工资，每天都有肉食给他吃，恩格纳这才答应接受这份工作。恩格纳在农场工作了6个月，整天坐在游客住宿区旁的传统的小草屋里，穿着旧皮裤，身边放一副弓箭，头上戴着传统的串珠头带。坐在那儿的时候，他要么玩手指，要么摆弄弓箭。农场主有两个成年子女，听得懂朱特瓦语。只要他们听不见恩格纳讲话时，恩格纳就会露出灿烂的笑容，用朱特瓦语朝游客大叫"滚开"。

农场主每天给恩格纳吃的肉食很少，他也厌倦了戏弄游客、被游客拍照，故此他让农场主送他回斯昆海德安置营，并结清工资。农场主骂他忘恩负义，对他说想走随时都可以走，但是别想拿钱，也没人送他。恩格纳脱下皮裤，穿上自己的旧衣服，拿起弓箭和破旧的拐杖，蹒跚地走向通往马威沃赞雅达（Omawewozanyanda）的砾石路，一路搭车，最终到了斯昆海德的大门外。

恩格纳觉得，这段充当活人景点的经历不过是个小麻烦。"布尔人就是这副嘴脸。"他说这话时，一脸的坦然淡定。

◆

恩格纳认为，老人的作用只有一个，那便是讲故事。现在的年轻人，不像他小时候那样对"老"故事感兴趣了，这让他感到遗憾，但他也并未因此而烦恼。他看出我是个忠实的听众，还源源不断地给他提供烟草和食物。除了烟草，我与恩格纳都对过去的事情感兴趣。虽然我们俩对历史的理解天差地别，但仍建立了很好的关系。

遇见恩格纳前，我一直以朱特瓦人的视角梳理奥马海凯的历史，但苦于找不到好素材。我采访了一些人，记录了一些个人经历。这些采访大多无趣，要不是可以从我这里得到香烟，这些人也许根本不会接受采访。这些朱特瓦人没有共同的集体历史，对过去也缺乏明显的兴趣，只知道"农场主和赫雷罗人偷走了所有土地"，"他们把朱特瓦人当沙子一样踩在脚下"。一旦我问到遥远的过去，几乎没人能说出点什么来。

"去和旧时代的人聊聊，他们兴许还记得一些。"旧时代指的是狩猎采集的时代。

恩格纳却不一样，他很健谈，故事多，时间也充裕。我和恩格纳聊天时，不断有斯昆海德的其他老人加入。这些"旧时代的人"会坐下来，听着恩格纳的讲述，不时点点头，经常听着听着便哈哈大笑，有时也会插话，给恩格纳说的故事做些补充、增添细节，或者提出质疑、与恩格纳争辩几句。

恩格纳说，世界的历史可以分成三个时期，分别是"始源时代"（First Times）、"旧时代"（Old Times）和"新时代"（New Times）。始源时代是上帝创造世界之后的一段时期，是个"动物是人，人是动物，彼此通婚"的时代。到了旧时代，人和动物不再相同，也不再通婚，而是共享土地，偶尔还会吃掉对方。

历史的第三个阶段，即最后一个阶段便是新时代。这个时代始于戈巴（goba）和昆西（/hunsi）的到来——前者是黑人，后者是白人。他们将这片土地据为己有，开启了一个漫长而不可预测的变革时代。

恩格纳告诉我，我是新时代的产物，斯昆海德的人除了他自己和那群老朋友，几乎都是新时代的人。恩格纳说，新时代是个持续的、戏剧化的、不可预知的变革时代。那些只了解农场或城镇生活、为白人工作的朱特瓦人便是"新时代的人"。喜欢喝酒、接受学校教育或"向耶稣祈祷"的人也是新时代的人。恩格纳不是很喜欢新时代，也不太在乎新时代的人们怎么想。新时代的出现对恩格纳而言可能是件好事。朱特瓦人的社会本来不存在代沟一说，新时代的出现，在朱特瓦人的世界里凿出了一条前所未有的代沟。当下，全球各大城市的年轻人大多将老人看成旧时代无知的遗存。许多年轻的朱特瓦人也一样，公然蔑视旧时代的人，比如恩格纳。他们抱怨旧时代的朱特瓦人没有白人强大，不像赫雷罗人那样拥有牛群，对枪支、汽车、工作也都一窍不通。故此，现在的年轻人不用"长者"的尊称——"朱艾艾"（ju!ae!ae）称呼老人，反倒偶尔把他们叫作"朱昂西"（ju≠angsi）——意为"筋疲力尽"或"无用"的人。

恩格纳最喜欢的故事都发生在始源时代。这些故事有如梦境，疯狂又荒诞。始源时代里，动物和人的身份都不固定，不同的物种可以相互通婚、相互捕食。朱特瓦人的神葛亚娃经常出现在这些故事之中。他表面与常人无异，和人类有共同的行为、情感和动机等，但又拥有超越常人的力量。葛亚娃毫无顾忌地肆意运用自己的力量，抑或根本意识不到自己在做什么。在朱特瓦人看来，葛亚娃无所不能。他既创造，又毁灭；既赋予生命，又剥夺生命；既带来凉爽的雨水，又能预知干旱。他善妒，又轻信他人；报复心强，又热情友好。他充满淫念，粗野下流，好色变态，又过分保守。他自我厌恶，又高高在上，行事极端，也会自我毁灭。他多次为了自娱，公然僭越朱特瓦社会生活的准则。有个故事中，葛亚娃切下自己的肛门，烹饪后端给家人享用。家人对这道菜的美味大加赞赏，他于是歇斯底里地哈哈大笑。还有些故事里，他把自己的妻子烹煮之后吃掉，偷走漂亮的孩子，在嫉妒的怒火中滥杀无辜。

物种划分，身份确定，意味着始源时代告一段落，旧时代开始。此时，人类便是人类，斑马便是斑马，狮子便是狮子……物种与物种之间，有天然差别。

恩格纳是"新时代里的旧人"，所以特别喜欢讲旧时代的故事。他描述道，在自己出生的旧时代，朱特瓦人"独自生活"，自由自在地狩猎采集。待到"布尔人和赫雷罗人带着枪支和牛群来临"之时，旧时代方才结束。恩格纳侃侃而谈，向我介绍：旧时代的人捕猎什么动物、如何猎捕，人们如何结婚、采集什么食物、如何跳舞、为何跳舞，人们的生活如何随着季节迁移而改变，孩子们玩什么游戏，人们唱什么歌。但是，恩格纳和其他老人的叙述中没有具体的故事和事件，甚至连值得纪念的人物也没有。不管我怎么追问，他们都没有谈到任何伟大的猎人、神秘的巫师、臭名昭著的荡妇或行为异常的疯子，我也从没听他们提起过残忍的谋杀、著名的风流韵事、战争、世仇或结盟的故事。他们也不曾提起在严重旱灾、惨淡旱季或过度降雨之时发生过哪些具体的事情。相反，他们告诉我，有时会发生可怕的干旱和饥荒，有时天降暴雨，使洼地和奥米兰巴中积满雨水，还有在这些事件发生的时候朱特瓦人会做些什么。他们还说过，朱特瓦人里一直都有好猎手，也有坏猎手，有忠诚的丈夫，也有嫉妒的情人，还有强大的巫师，"旧时代的事情，一直都是这样"。朱特瓦人没有历史的观念，在他们看来，现在并非由过去的事件积累而成，而是过去发生的事件以全新的面目再次出现。

◆

乔治·西尔伯鲍尔（George Silberbauer）是迄今唯一深入探讨过狩猎采集的布须曼人是如何看待时间和历史的人类学家，也是 20 世纪 50—60 年代贝专纳保护国[①]（Bechuanaland Protectorate）的布须曼族群调查官。西尔伯鲍尔出生在澳大利亚，短期调任到贝专纳殖民政府工作。比起被拴在办公桌前，他更喜欢在星空下露营和打猎，故此在郭克韦克霍伊人族群中生活、工作了近 10 年，郭克韦克霍伊人生活在卡拉哈里最危险的区域，这里现在成为卡拉哈里中部野生动物保护区

[①] 博茨瓦纳共和国 1966 年独立前称贝专纳保护国，是英国殖民地。——译者注

（Central Kalahari Game Reserve）。西尔伯鲍尔主要的研究兴趣不在时间和历史，而是郭克韦克霍伊人和自然环境的关系。随着研究逐步深入，他意识到时间和历史观念是个非常重要的问题。而引发这一转变的是个特别的事件。

西尔伯鲍尔发现，1965年春天，当壮观的池谷-关彗星[①]（comet Ikeya-Seki）从南半球清晨的天空划过时，郭克韦克霍伊人认为这颗彗星"可能会杀死他们"。这个现象让西尔伯鲍尔很吃惊，不免想象55年前哈雷彗星出现时郭克韦克霍伊人会如何反应。当时无论白天黑夜，都能看到哈雷彗星且持续数月之久。近年来，还有不少新发现的彗星，只是不如哈雷彗星那么壮观。要知道，卡拉哈里沙漠中部有着全球最为清澈通透的夜空，是观测星象的绝佳地点。郭克韦克霍伊人热衷观察恒星等天体，想来就算没有见过这些彗星，最起码也应该听说过。然而，郭克韦克霍伊社群之中竟然无人记得哈雷彗星或任何其他彗星，故此将池谷-关彗星认定为灾难出现的先兆。同时，他们也认为"自己对此无能为力"，所以"该干什么就干什么"。

郭克韦克霍伊人对重要天象的集体失忆，让西尔伯鲍尔难以置信，非常困惑。他和郭克韦克霍伊人共同生活了一段时间，确信这些布须曼人具备和我们同等的智力和记忆力，也具备归纳、推断、抽象和逻辑思维能力。与许多研究狩猎采集

[①] 池谷-关彗星，一颗由日本业余天文学家池谷薰和关勉于1965年9月18日发现的非周期彗星。——译者注

社群的人类学家一样，西尔伯鲍尔很清楚，许多狩猎采集者认为理所当然的问题，现代人却往往百思不得其解。由此西尔伯鲍尔得出结论，郭克韦克霍伊人专注于满足当下的需求，有关彗星的历史细节对他们来说无关紧要。

在郭克韦克霍伊人和朱特瓦人看来，周围的世界固然一直都在变化，但这些变化都是系统的、可预测的。每个季节都和之前的季节有所不同，然而，无论旱季雨季，季节间的差异又总在可预测的范围内变化。从这个意义上说，连续的几个夏天都既不同又相同。要理解新时代的"当下"概念，要在一系列分离而又不可预测的事件之间建立起连续的因果关系，而旧时代则无须如此。

在不看重过去和未来的世界里，人们很快就会忘记死去的人。逝者的身体埋葬在沙坑里，别人对他们的记忆也随之而去，只有灵魂留下来游荡。在这个世界里，没人会以祖先定义自己，也没人以古老的血统界定身份或权利。这些统统没有必要。布须曼人和共享其世界的动物一样，对他们而言，现世的存在就已足够。

◆

旧时代的朱特瓦人不在乎过去，不畅想未来，也不会背上愿望和野心的包袱。这就能解释朱特瓦人为何不太有历史观念，但无法解释狩猎采集社群的时间观念为何如此独特，又与其他文明有哪些不同。人类学家詹姆斯·伍德伯恩

（James Woodburn）较好地解释了上述问题。伍德伯恩曾在坦桑尼亚的哈扎部落（Hadza）开展研究。哈扎部落也是个狩猎采集社群，语言和基因与科伊桑人虽有不同，但彼此也有明显的关联。

　　伍德伯恩与理查德·博沙·李同一时代，也对狩猎采集社群如何生存颇感兴趣。和李一样，伍德伯恩对哈扎人过得很好的发现感到非常惊讶。更有意思的是，哈扎人很少规划自己的经济行为，连短期规划都没有。和李研究的朱特瓦人一样，哈扎人只在需要的时候外出采集或狩猎。他们不会储存食物，采集的食物只用来满足当下的需要。在野果最为丰盛的季节，哈扎人也不会改变习惯，大量采集水果，比如不会把水果晒干，留待转季后食用。类似地，一年之中猎物也在特定的时间内容易获取，但哈扎人也不会利用这个机会大量捕杀猎物，储存肉类，以备食物不足时食用。相反，要是能轻松猎得一次猎物，哈扎人便满心欢喜，但直到这猎物吃光他们才会再次打猎。朱特瓦人也是狩猎采集者，如果猎捕的食物超过了合理的用量，没有吃完便腐烂了，这可能会遭到社群的谴责，采集者心灵上也会愧疚。

　　伍德伯恩为描写哈扎人的经济取向创造了"即时回报经济"[1]（immediate-return economy）这一术语。在即时回报经济社会中，几乎所有劳动都只为满足当下的需求，比如解决下一顿饭吃什么或今天晚上在哪儿睡觉这类需求。与"即时回报经济"对立的是"延迟回报经济"（delayed-return economy）。

从早期农业社会到现代工业社会，都以"延迟回报经济"为特征。还有少数高度依赖季节性盈余的北极、亚北极狩猎社会，也是典型的"延迟回报经济"体。

在"延迟回报经济"中，劳动的重点是满足未来的回报。例如，农民当下种一块地，是为等到特定的季节收获；工薪阶层现在辛勤工作，是为月底获得薪水，以偿付抵押贷款，支付养老保险，以便退休之后能获得养老金，或为自己的孩子提供美好的未来；对投资者而言，这也许意味着购买某家企业的股票，以期未来股价上涨的时候售出。

伍德伯恩提出"即时回报经济"和"延迟回报经济"这对概念，为的是解释两者的差异，而非规定两者之间哪个更好。这对概念旨在描写人们对工作与时间的关系的一般看法，而非提出一个需要严格验证方能成立的假设。在哈扎人和朱特瓦人社群之中显然也会出现面向未来的行动，例如制作弓箭、挖掘棒，迁徙到猎物丰富的地方，举行祈雨仪式等。再比如，男孩操着小号的弓箭训练，想象他第一次狩猎，想象自己今后结婚等，同样也是面向未来的。而生活在工业和农业社会的人也会从事即时回报的活动，为追求短期的快乐不惜付出断送未来的惨痛代价。显而易见，即使在高度分层的复杂社会中，人类所有的经济选择都有即时回报和延迟回报的成分。对于一个勉强糊口的乞丐——讨来的钱马上换成食物吃进肚子，他是否完全生活在即时回报的经济体里？证券交易员偶尔往乞丐的帽子里扔上几个便士，每天操作着高收益的短期交易，忙于获取即时收益，他是否完全生活在延迟回报的世界里？

虽然"延迟回报经济"和"即时回报经济"无法截然分开，但区分两者有助于我们理解狩猎采集社群的时间经验如何与其经济行为关联，也有助于我们理解自身的时间观念如何与我们的经济行为关联。

同时，"即时回报经济"的概念又引发了另一个问题：如果哈扎人、布须曼人等狩猎采集者只为满足当下需求而劳作，他们生存的信心又来自哪里？他们显然抱有极大的信心，既相信所处环境有丰富的资源，又相信自己有随时获取这些资源的能力。

6
通往楚姆奎的路

楚姆奎（Tsumkwe）是尼耶最像城镇的地方，据说通到那儿的主干道快要铺上柏油了，但目前它还是老样子。20世纪70年代，南非人在楚姆奎和其西边200英里外的农业城镇赫鲁特方丹（Grootfontein）间打通了一条道路，一路铲平了沿途的曼杰提①树林、金合欢灌木丛和石化沙丘。此前要去楚姆奎十分艰难，要穿越情况复杂、未经探测的沙带，沿途遍布折断的树根，还有像坚硬石笋一样牢固耸立的白蚁丘。又深又软的沙带一条又一条，绵延不断，在沙带里，动力最强劲的机械也会卡顿。

楚姆奎位于尼耶的中心，离纳米比亚与博茨瓦纳的东部边境不远，住着约3 500人。纳米比亚本是个偏远的国家，全国没有一块地方称不上"偏远"，而楚姆奎可谓是偏远之地中最为偏远的地方。如今，尼耶的面积大约是3 500平方英里，而楚姆奎则是北部朱特瓦人的聚居地。但历史上，朱特瓦人

---

① 即蒙刚果树（Mongongo Tree），原产南部非洲，大戟科，可做遮阴树。其果仁和果仁油可食用，根和叶可药用。——编者注

的领土可比尼耶大得多。现在尼耶与赫雷罗兰[①]（Hereroland）的边界有长达60英里的栅栏分隔，栅栏以南的大部分土地，曾经是朱特瓦人专属的领地。楚姆奎东北方向的考得牧自然保护区（Khaudum National Park），大部分也曾属于朱特瓦人。直到20世纪70年代，朱特瓦人还能自由地穿越博茨瓦纳边境，通婚和交往的社会网络一直延伸到措迪洛山。

楚姆奎镇建于50多年前，镇中心有个十字路口，这条砾石路向西通往地区首府奥奇瓦龙戈镇（Otjiwarongo），向东50英里则到达博茨瓦纳边境。

25年来我多次来到楚姆奎，并未发现太大的变化。楚姆奎虽然名义上是城镇，但即便现在看上去也不像个城镇。尼耶大约有3 000朱特瓦人，其中2/3只是偶尔到镇上看看。出现在镇里的朱特瓦人常穿着过分肥大、不合体的二手甚至三手衣服。镇上到处都是卖啤酒、私酿酒的小贩，叫卖声大，甚是纷扰。朱特瓦人更喜欢灌木丛深处的小村庄。这些村庄可就清净得多了，分散在各处，进村只能从砾石路上下来，钻进尘土飞扬的蜿蜒小道。在楚姆奎，朱特瓦语并不是唯一的语言。那里能听到南非荷兰语的喉音、赫雷罗语（OshiHerero）的头韵、奥万博语（Oshiwambo）和卡万戈语（Kavango）的旋律节奏。讲这些语言的人多为政府雇员，被朱特瓦人称为"陌生人"。

---

① 西南非洲（今天的纳米比亚）的第一个"班图斯坦"，即以班图人为主的黑人原住民保留地。赫雷罗兰建立于1968年，种族隔离政府打算将其作为赫雷罗人的自治保留地。1989年5月，纳米比亚开始向独立过渡时，许多类似的保留地遭到废除。——译者注

他们被国家派往楚姆奎提供公共服务，抑或在学校教书育人。

楚姆奎的"陌生人"并非全是政府雇员。纳米比亚比法国和德国加起来还大，却只有约200万人口。近一半纳米比亚人的生计在一定程度上都要依靠自给农业，但由于大部分高产农业用地多为商业农场，归农场主私人所有，所以纳米比亚人总在寻找新的地方来放牧牛群或种植作物。楚姆奎就是这么个地方。尼耶的野生动物保护地占据了大量土地，在附近的赫雷罗牧民看来，这大片空旷的土地就是罪恶的浪费。赫雷罗人看到大羚羊或斑马在保护地里吃草，脑海中浮现的却是自家的长角牛群，身上长着红色或黑色的斑纹，在草地上悠闲地吃草。当地的卡万戈族（Kavango）农民也是一样，不过赫雷罗人将野生动物想象成自己的牛群，农民们联想到的则是阳光下成熟的小米、玉米和高粱。

楚姆奎还出现了小规模的企业。没有什么资源的男男女女来到这个小镇，他们酿造啤酒并在自己的小屋或简陋的临时酒吧里出售，以此谋生。楚姆奎的房屋大多杂乱地散落在主干道两边的沙地上。有些人住在由南非军方建造的水泥砖房里，这些房子破旧不堪，都只有一间房；还有人住在波纹铁皮搭起的棚屋或简陋的小泥屋里；没有房子的人则只能住在房子间的空地，睡觉的地方就是简陋的窝棚，由塑料薄膜、旧毯子等随手捡到的东西草草搭建。窝棚外点着小火堆，这便既是他们的厨房，也是客厅和娱乐区。

现在，楚姆奎向尼耶的居民提供一些现代服务。主干道边上排列着许多使徒会的教堂。这些教堂看起来摇摇欲坠，毫不起眼，但对当地居民非常重要。因为教堂能带来救赎，让人在充满不确定性的世界里保持清醒，所以参加礼拜的信徒可不少。镇上还有几幢砖房子，分别是各部门驻当地的办公室、小型警察局、政府官员的住所、野生动物办公室和小型法院。巡回法院的法官会不定期地来到当地法院，向当地人昭示纳米比亚的法律适用于这个国家的每个角落。

主干道上还有新建的卡卡米学习发展中心（Chief Kxau Kxami Community Learning and Development Centre）。这是个小型计算机教学中心，为少数有技能的朱特瓦人提供互联网服务。这里的网络有时不太稳定，但起码可以让朱特瓦人在安全的环境下，沿着数字轨道走出尼耶，进入更广阔的网络世界。对一些年轻的朱特瓦人而言，互联网也是赚钱的手段。他们经营着一家由人类学家建立的翻译机构。这位人类学家是原哈佛大学卡拉哈里研究小组成员，积极为朱特瓦儿童开发母语学习的材料。楚姆奎还有两所学校：其中一所是小学，中国政府最近捐赠了一幢新的教学楼；另一所是中学，设施现已陈旧，教室的窗户都破损了，宿舍也乱糟糟的，是纳米比亚辍学率最高的学校。

如果非要给楚姆奎找个中心的话，那一定是楚姆奎杂货店（Tsumkwe General Dealer）了。这是一家小型商店兼加油站，位于楚姆奎唯一的十字路口拐角处，颇有点鹤立鸡群的感觉。尼耶周边的朱特瓦人好不容易攒的钱大部分都会花在这里。楚姆奎一共有两家商店,这家稍大一些。另一家名叫楚姆奎自助商店(Tsumkwe Self-Help),历史更久一些,现在就显得有些陈旧。过去,店里的一台旧电视常通过播放功夫电影吸引顾客。现在,这些录像带都已经磨损得无法播放了,电视的显像管也已经报废,显示不出任何图像了。

楚姆奎杂货店最显眼的位置上放着一台最近才安装的自动提款机。有个朱特瓦人对我说:"输入个数字,它就会吐出钱来。"这是楚姆奎的第一个自动提款机,是商业的象征。有了提款机,有工资拿的工人就不必长途跋涉200英里到赫鲁特方丹取钱,在楚姆奎就可以把电子账户上的工资变成现金拿到手了。除了这台提款机,商店里所有商品都整齐地摆放在一排排木制长柜台后面。

杂货店的顾客大多是朱特瓦人,但他们的消费只占商店销售额的一小部分。销售额的大头来自政府派驻到当地的工作人员、学校里的老师,以及来自尼耶南部卡姆(G/am)定居点的赫雷罗人。他们经常来店里购买锅具、胶水、风扇、皮带、刀具、冰激凌和机油等高价商品。

朱特瓦人手上一般只有一些小钱可以在店里消费。他们耐心地排队购买软饮料、糖果、玉米粥、茶和肉罐头,递给店主皱巴巴的钞票,找零给多给少也全靠店主的人品。要是手头比较宽裕,也会有人买酒喝。店里卖的酒都用漂亮瓶子装着,得用卡车从600多英里外的温得和克运来。如果朱特瓦人没几个钱又想买醉一整天的话,从不正规小贩那里买自制的啤酒,可比从杂货店里买酒便宜多了。

和迪奥戈·康在骷髅海岸开普克罗斯竖起的发现碑一样,这家忙碌的商店也昭示着可怕的未来:杂货店是货币经济的前哨。货币经济的扩张将引诱朱特瓦人进入金钱、工作和欲望纠缠的复杂网络,并且愈演愈烈,使其深陷其中。在资深的政府雇员看来,楚姆奎短期之内不可能转变,若是被派到楚姆奎工作,前景最为惨淡。"楚姆奎很快就会变成一个真正的城镇。"我上次去楚姆奎时,一位赫雷罗妇女认真地跟我说。她是政府雇员,说这话的时候我们正在杂货店里排队。排在我们前面的一群朱特瓦妇女叽叽喳喳有说有笑,讨论着到底应该买哪种糖果。

这位女士又补充道,"我听说等路铺上柏油了,楚姆奎就要开一家佩普(Pep Stores)的分店。"佩普是南非最大的廉价服装零售商。"还会开一家瓷器店。"她说着就闭上了眼睛,沉浸在对繁荣的憧憬中。

我觉得她过于乐观了,她的愿景短时间内不可能实现。过去20年来,我经常到楚姆奎来,每次都觉得这里马上要发生巨变,但下次再来时也都惊讶地看到,它其实什么都没变。这位女士憧憬着楚姆奎从尘土飞扬的边远小镇,摇身一变,成为充满活力的大都市。但这种憧憬在尼耶的历史中找不到根基。尼耶已和外部世界接触了几十年,甚至出现了劳动交换和商业活动,但直到今天,尼耶仍然顽固对抗,尚未完全臣服于货币经济。

◆

20世纪50年代的人类学家会独自到目的地开展田野调查。"像样的"田野调查是新手人种志学者的必经之路,通往偏远地区的旅程则好似朝圣的一种形式。到达目的地之后,研究者必须完全融入研究对象的生活,整个研究期间必须切断与家里的往来,以免受自身文化干扰而分心。

但是,马歇尔一家田野调查则大不相同。尽管他们从史密森学会[①](Smithsonian Institution)和哈佛大学皮博迪博物馆[②](Peabody Museum)获得了一些赞助,但得益于劳伦斯·马歇尔的个人财富,他们的研究既不受制于任何人类学研究机构,也不受制于有限的研究预算。马歇尔并非形单影只,他的团队规模相当庞大。第一次探险的队伍除了一家4口——劳伦斯·马歇尔是组织者,妻子罗娜是人种学家,加上两个孩子约翰和伊丽莎白,另外还有10名成员。其中一名是政府官员,供职于新近成立的保护布须曼人委员会(Commission for the Preservation of the Bushmen),后来对楚姆奎的发展发挥了重要作用。此外,团队还有两名机械师、一名厨师、一名营地管事、一名考古学家、一名摄影师,以及两名"被驯服的"布须曼农场工人——马歇尔的队伍经过戈巴比斯一家农场时,

---

① 史密森学会是美国一系列博物馆和研究机构的集合组织,地位大致相当于国家博物馆系统。——译者注
② 指皮博迪考古与民族学博物馆,成立于1866年,是历史最为悠久、规模较大的博物馆之一,专门研究人类学,尤其是美洲的人种学和考古学。——译者注

农场主同意将这两个雇工"借给"探险队,充当翻译和向导。为了让队伍顺利进入卡拉哈里沙漠北部,马歇尔准备了一支小型越野车队,包括两辆四轮驱动车、两辆六轮驱动卡车和各种拖车,备有充足的汽油、水和食物。马歇尔准备的汽车备件,足够机械师重新组装一辆新车。由于探险队物资太过丰厚,政府官员甚至怀疑,马歇尔夫妇以考察为名,实际是在为神秘财团秘密勘探钻石。

规模如此庞大的团队是谨慎考量的结果。政府官员、卡拉哈里的牧场主和传教士都警告马歇尔一家,沙漠北部与世隔绝,此外生活在尼耶的"野生"布须曼人非常危险。伊丽莎白·马歇尔·托马斯在回忆录《来时之路:第一批人类的故事》(*The Old Way: A Story of The First People*)中写道,"有人告诉我们,(布须曼人)会设下埋伏,暗中发射毒箭。我们即使中箭了,也都无法知道箭是谁射出的。"

这样的担忧完全可以理解。尼耶几乎与世隔绝了几千年。19世纪时,除了穿越尼耶的猎人、难民和探险者留下了些许记录,人们对这里知之甚少,而传言甚多。故此,马歇尔带队出发前往西南非洲时,尼耶在世人心中已颇像个"失落"的神话世界。

到达西南非洲后,马歇尔的探险队很快发现,尼耶并非全然与世隔绝。早在19世纪70年代,约有100名阿非利卡先驱者,乘坐牛车蜿蜒向北,进入非洲内陆。这些人也称为"多士兰徒步者"(Dorstland Trekkers, Dorstland 意为"干旱之地"),

他们想要远离英国人①的侵扰，希望找到自己的乐土。19世纪中期，白人猎人也冒险进入尼耶，意图猎杀大象和鸵鸟。当时，英国正处于维多利亚时代，对羽毛掸子、奢华的帽子、象牙琴键、象牙斯诺克台球的需求日益增长。但到了19世纪80年代，卡拉哈里沙漠大象的数量急剧下降，象牙繁荣随之结束，白人猎手的踪迹也很快消失。此后50年里，尼耶的朱特瓦人与白人接触甚少，白人深入尼耶的记录，只有1905年德国的一次军事巡逻、两次骑警巡逻，以及20世纪30年代的一次小规模探险。那次探险是为了绘制纳米比亚与贝专纳保护国之间的边界，此前这条边界在地图上只是一条从北到南的大概直线。

基因研究证实，尼耶的朱特瓦人与说班图语的农业民族接触甚少。两千年来，说班图语的民族已遍布非洲南部次大陆土壤肥沃的地区。到了19世纪的动荡年代，班图人开始进入卡拉哈里沙漠大部分地区，与布须曼人争夺土地。此时朱特瓦人和班图人有了更多接触，但是，尼耶的朱特瓦人和外界的其他民族仍然只有零星接触。1904年，大批班图人涌入尼耶，展开了有史以来规模最大的班图人入侵。当时，成千上万的赫雷罗难民（属班图人）经历了来自德国殖民地警备部队的枪林弹雨，逃离了集中营，饥寒交迫，走投无路，向东穿过沙漠，想要前往英国统治下的贝专纳保护国。他们中的一些人

---

① 1814年，认识到南非重要性的英国人从荷兰手中彻底拿下了开普敦。英国在南非扩张的过程中，大批不满英国人的阿非利卡人抛弃农场，涌出开普敦，前往南非内陆。——译者注

沿着艾塞布干河（Eiseb Omuramba）行进，进入了尼耶地界。后来，马歇尔一家也是通过这条河进入尼耶的。赫雷罗人在朱特瓦人的领地短暂停留，但这也足以让他们了解到，如果以后需要返回纳米比亚，尼耶可是安家放牧的好地方。

马歇尔家族第一次来到尼耶时，这里居住的朱特瓦人对外界的了解相对较多，而外界对此地朱特瓦人的了解则少得可怜。尼耶的朱特瓦人了解同胞们在奥马海凯悲惨的农场生活。所以，不出所料，马歇尔家族花了很大力气才让尼耶的朱特瓦人相信，这群白人来到这里只是想了解他们，向他们学习。

此后10年间，马歇尔家族又8次前往尼耶，同行的还有熟悉此地的营地服务员和厨师，但他们带来的摄影师、动物标本制作师、语言学家和社会名流则不断变化。每次的团队都和第一次一样庞大。在记录朱特瓦人生活的过程中，马歇尔一家同情和喜爱朱特瓦人，也善于观察他们的生活细节。一次次深入的接触，使得马歇尔一家记录下的朱特瓦人生活，成为有史以来有关狩猎采集社群最为丰富、最令人信服的材料。马歇尔家族的深入研究改变了卡拉哈里沙漠以外的世界对布须曼人的看法。他们制作的影片、发布的报告和出版的书籍表明，朱特瓦人不是大众印象中的野人，尽管他们生活方式极其独特，但其行为完全合乎常理，与一般人无异。

1961年，马歇尔家族完成了最后一次探险。之后，这个家族便把重心转移到了其他事情上。到了20世纪80年代，约翰·马歇尔与尼耶的朱特瓦人重新建立了联系，他前往尼耶，深入当地工作，直到 2005 年去世。纳米比亚独立前后，约翰为保护朱特瓦人的土地权利做出了重要贡献。约翰和朱特瓦人相互喜爱，相互尊重，可以看出他对朱特瓦人持续数十年的研究和关注是出于真诚的热爱。但不可否认，马歇尔一家多次探访尼耶的朱特瓦人，至少部分出于以下原因：帮助殖民国家了解尼耶及生活在此的人。马歇尔一家开辟了通往尼耶的道路，揭开了最后一个"野生"朱特瓦人社群的神秘面纱，同时也无意中让西南非洲政府看到：不能再让纳米比亚最后的"野生"之地留在法律辖制之外了。

◆

1959 年的平安夜，尼耶的居民迎来了另一位白人访客——克劳德·麦金太尔。不久前，他还是保护布须曼人委员会的秘书，被看作西南非洲第一位"布须曼人事务专员"（Bushman affairs commissioner）的理想人选。

麦金太尔是当时最熟悉卡拉哈里风土人情的政府官员。1951 年，他陪同马歇尔一家第一次进入尼耶。此外，他还在东赫雷罗兰地区担任了几年原住民专员。东赫雷罗兰位于尼耶南部，与尼耶接壤，是为赫雷罗人建立的"原住民保留地"。麦金太尔在东赫雷罗兰的职责之一，便是安抚愤怒的朱特瓦人，平息由赫雷罗人涌入他们的土地而引发的怒火。

麦金太尔在尼耶的第一项工作是建立行政"首府"。为此，他选择了一个位于尼耶中心的位置。此地毗邻一片天然洼地，附近有优质水源。这片区域被朱特瓦人称为 Tjum!ui，麦金太尔把其中的喷音去掉，此地便称为"楚姆奎"。要是麦金太尔了解 Tjum!ui 的意思，他就不会在官方地图上草率地写下"楚姆奎"这个名字。在朱特瓦语里，tjum!ui 的意思是"女人的阴毛"。

麦金太尔曾是马歇尔团队的成员，因此受到朱特瓦人的欢迎。接待马歇尔一家的考特查（/Gautcha）游群，自然希望麦金太尔一行人也能成为亲切慷慨的访客。麦金太尔也成功地说服考特查游群的一些成员，追随他来到楚姆奎大干一番。

当时，西南非洲最高政府官员是行政长官丹尼尔·"达恩"·维尔琼（Daniel "Daan" Viljoen）。麦金太尔在楚姆奎扎营不久后，维尔琼便来到此地，向一小群朱特瓦人做了一个演讲，将麦金太尔野心勃勃的宏大计划透露了出去。

"政府把你们看作众多民族的一员，十分关心你们。所以，政府会给大家机会，教化你们，让你们过上正常而幸福的生活。"维尔琼向朱特瓦人说道。然后他继续解释说，朱特瓦人必须像"其他人"一样，做到"自给自足"。

我问遍接触到的朱特瓦人，他们没有一个记得维尔琼的这次演讲。当译员翻译行政长官的讲话时，听众脸上疑惑的表情定然不难想象。台下的朱特瓦人既不知道什么是"政府"，也没人认为自己的生活"不正常"或"不幸福"，不能"自给自足"就更说不通。他们觉得，行政长官的意思显然是，尼耶的朱特瓦人个个都能自给自足，但人人也都不能自给自足。

不能自给自足，一是因为他们要靠环境来满足生活所需，即使偶尔遭遇艰难的时刻，环境也待朱特瓦人很不错；其二，他们获得的资源都要与亲人及大家庭的其他成员分享，如此相互依赖便算不得"自给自足"。要说朱特瓦人自给自足，是因为他们知道如何在如此恶劣的环境中过上好日子，这一点其他的族群都很难做到。

朱特瓦人觉得维尔琼的想法非常奇怪，而引起他们更大恐慌的是行政长官透露的另一个关键信息。

"欧洲人和当地人很快便会改造这片无人居住的土地，更多人将会来到这里生活，"行政长官语气严肃地说，"他们将运用自己的知识努力实现这一目标。这里有两个要素：知识和努力。任何人想在当今世界生存，都要具备这两个基本要素。要是做不到这两点，便会饿死。"

在场的朱特瓦人大概一时没有反应过来，因为尼耶显然并非"无人居住"。他们了解奥马海凯朱特瓦人的命运，可能也明白"欧洲人"和"当地人"若要"拥有"或"居住在"一片土地上，必然要开垦、改造，使土地能够生产作物或养殖禽畜。但是，当时在场的朱特瓦人可能没完全听懂行政长官的意思，因为朱特瓦人与环境的关系有另一套完全不同的现实基础。

与现场的朱特瓦人不同，麦金太尔明白行政长官的意思。他此前在保护布须曼人委员会工作（此时该委员会已经解散），在委员会中也颇有影响力。南非之所以成立保护布须曼人委员会，是要在纳米比亚实行种族隔离制度。故此，该委员会必须在种族隔离的总方针下，确定如何处理和布须曼人有关的事务。尽管该委员会本身是种族隔离的产物，但委员们都对布须曼人颇为同情，所以决定在尼耶为布须曼人建立一个保护区。他们认为，如果不采取措施保护布须曼人及其土地，这个族群就会"灭绝"。私下里，委员会主席彼得·约翰内斯·舍曼教授（P. J. Schoeman）对能否"驯服"尼耶"野蛮的"布须曼人心存疑虑。舍曼认为，布须曼人"似乎缺少什么……比如某些内在的精神品质"，因此无法适应现代生活。但该委员会最终得出结论，为了防止布须曼人"消灭所有大型猎物"，也防止他们"一直妨碍当地人和欧洲农场主的生活"，唯一的办法便是建立保护区。[1]于是，西南非洲政府根据该委员会的建议，在尼耶周围划出了6 770平方英里的土地，作为布须曼人的原住民保留地，并命名为"布须曼地"（Bushmenland）。这个名称可谓毫无想象力。

纳米比亚和南非的种族隔离方案都基于同样的简单逻辑，即西南非洲官方认定的10个种族，每个都应分配"家园"，在自己的家园里，各种族可以自由地实践其文化和传统。对南非而言，这样做还有一个作用：不同种族的纳米比亚黑人难以形成统一战线，更难以团结起来反抗白人的统治。

布须曼地建立后，尼耶的朱特瓦人保留了对部分传统土地的控制权，但代价是他们无法进入传统领地的其他区域。朱特瓦人失去的土地面积是保留地的两倍：北部的领地被纳入了一个国家公园,南部的领地则割让给了赫雷罗人。尼耶朱特瓦人现在保有的土地,再也无法让他们像从前一样过上狩猎采集的好日子。幸运的是,尼耶地区的政府效率不高,直到1970年,施加于朱特瓦人的领地限制才产生实质性的影响。

布须曼地建立之初,只有约10%的纳米比亚布须曼人住在尼耶。对海阔姆人、科伊人、那罗人(Nharo)、奥马海凯的朱特瓦人、寇族人、奥昆人(!O-Kung)等散布在纳米比亚各地的布须曼人而言,布须曼地建立后,他们就再也无法保留自动获得和使用土地的权利。政府认为,布须曼地属于"所有布须曼人"。西南非洲其他地方的布须曼人要是对现状不满,且雇主允许他们离开的话,便可以迁到布须曼地生活。毕竟,政府官员都把布须曼人当成"游牧民族",迁徙对他们而言是家常便饭,并无不便之处。

但布须曼人不是游牧民族。虽然他们在传统领地内四处流动,从不建造永久住所,但实际上布须曼人社群能在一个地方生活数万年之久,是纳米比亚所有族群之中流动性最差的。布须曼人也不认为土地是可转让的财产。相反,他们认为所有权是个具体的概念,即无须征得他人同意就可利用某处资源的社会权利。不同族群的布须曼人和领地的关系也略有不同。但只要不违反社群的规范,朱特瓦人便乐于同他人分享自己诺特尔内的资源。如果狩猎者在自己的诺特尔射中了一只猎物,但猎物逃跑时进入了他人的诺特尔,狩猎者就会询问那个诺特尔的主人,是否可以进入他的地界继续追踪猎物。

获得允许并抓到猎物之后，狩猎者还会和那个诺特尔的主人分享猎物。但与资源相对丰富的朱特瓦人比起来，寇族人住在干旱的南卡拉哈里，因此不太能容忍别人占用自己的资源。

◆

麦金太尔受到行政长官来访的激励，开始将自己对布须曼地的设想变为现实。他的方法很简单。他打算用糖、玉米粥、盐、肉和烟草吸引住在楚姆奎附近的朱特瓦人，让他们搬到镇上来。作为回报，他们得去参加小规模的农业项目。麦金太尔觉得，一旦周边的朱特瓦人放弃了自己的传统领地，其他朱特瓦人就会占领这些地方，这样一来，他便可以继续说服这些后来者也搬到楚姆奎。麦金太尔的方法挺有效，果不其然，与其他地方的狩猎采集者一样，朱特瓦人被免费的食物轻而易举地吸引了。

麦金太尔推行的农业项目尽管遭遇了一系列的虫灾、病害和干旱，但最终成功吸引了约100名朱特瓦人在楚姆奎周边定居。常年生活在那里的，只有几个年老体弱的朱特瓦人，其他人则时不时或长或短地住上一段时间，特别是在资源不很丰富的季节。这些朱特瓦人觉得，干点活儿便能换取定期的食物配给，总好过初夏时节忍饥挨饿。

久而久之，楚姆奎逐渐变成了朱特瓦社会的一部分。在草原食物充足、猎物较易获取的季节，楚姆奎就好似朱特瓦退休老人的养老院。但在食物难觅的季节，这个镇子便生机勃勃。在尼耶上千的朱特瓦人中，会有许多在楚姆奎待上一段时间，等待季节的变换。

荷兰归正会[①]（Dutch Reformed Church）在楚姆奎建立了一个传教站，积极救赎不幸的灵魂。宗教之后来的便是商业。除了小教堂，传教士们还建了一个小商店。但商业的出现，既未将朱特瓦人带入劳动交换的世界，也未使他们陷入货币经济的旋涡。麦金太尔及其继任者无法像白人农场主那样，用暴力胁迫朱特瓦人工作，故此对不靠谱的朱特瓦劳工束手无策。朱特瓦人来去自如，经常消失很长一段时间。他们对任何形式的系统性物质激励机制都毫不在意。当地官员希望利用额外的奖励，激励朱特瓦人在工作中投入更多的时间和精力。增加工资、增加食物配给、提供更多烟草自然会让朱特瓦人开心，却产生了相反的效果。实际上激励增加之后，朱特瓦人工作的时间更少了——因为现在他们能以更少的劳动获得和以前同样多的回馈。

◆

货币经济对楚姆奎规模最大、持续最久的影响，不是政府发展计划和传教的结果，而是由战争引发的。

20世纪60年代，黑人和"混血"纳米比亚人对种族隔离制度的不满日益高涨。南非无视联合国决议继续统治纳米比

---

① 荷兰归正会，荷兰最大的基督教会。——译者注

亚，这激起了强烈反对的声浪。然而，纳米比亚等来的是南非政府的鞭子和鸟枪。1966年，一场和平的民众反抗运动演变成了小规模的叛乱。1974年，邻国安哥拉脱离葡萄牙获得独立。纳米比亚解放运动组织西南非洲人民组织（South-West African Peoples Organization，缩写为SWAPO，简称人组党）获得了安哥拉境内的一块土地。有了这块土地，人组党就可在西南非洲发动规模更大的军事行动。于是战事迅速升级，纳米比亚也成为"冷战"双方争夺的焦点。苏联和古巴支持纳米比亚的解放运动，而美国等西方大国则秘密支持南非政府。

战争升级不久，纳米比亚的布须曼人就开始了军事化旅程。安哥拉的葡萄牙军队成功招募了一批讲昆语的布须曼人，使其加入一支由侦察兵和突击队员组成的非正规部队，追捕殖民政府的敌人。此前半个世纪里，安哥拉的讲昆语的布须昆人一直遭受班图族牧民的侵扰。加入葡萄牙军队既能让他们自己得到保护，也让他们有了报仇的机会。1974年，葡萄牙政府突然瘫痪①，这些布须曼士兵一下子无所适从，失去了战斗力。他们带上家人，向南出发，渡过卡万戈河，进入西南非洲。南非军方很快找到了这些人，开始以他们为核心，组建自己的布须曼人部队。

随着解放战争升级，布须曼人部队迅速扩张。南非军方首先集中招募居住在安哥拉边境附近的布须曼人，如巴拉奎

---

① 指康乃馨革命，是葡萄牙首都里斯本于1974年4月25日发生的一次军事政变。政变后，葡萄牙当局宣布实行非殖民化政策，放弃海外殖民地。——译者注

娜人（Barakwena），把他们和安哥拉的昆人放在一起，合并成一个营。

到了1978年，这个布须曼营获得了某种神秘的独特地位。在常规军事战术无效的游击战中，布须曼人的追踪技能发挥了特别重要的作用。因此，军方决定加快布局，在纳米比亚其他地区招募布须曼人，楚姆奎也包括在内。1978年，军事当局接管了尼耶的行政事务，接着立即发起了一场轰轰烈烈的征兵运动。军方起初在楚姆奎建立了一个小基地，后来又在楚姆奎西边建立了两个更大的军事基地，以接纳来自安哥拉的昆人士兵和纳米比亚其他地方的布须曼军人。几年之内，尼耶几乎所有身体健全的朱特瓦男性都报名参军了。

到了1981年，尼耶军人的工资远高于纳米比亚全国的平均水平。突然之间，楚姆奎到处都是钱，这种情况一直持续到"冷战"结束。"冷战"的突然结束耗尽了战争的能量，南非军方将残余部队撤出了纳米比亚。战争期间，南非军方不仅给楚姆奎军人分发卡其布制服和军用装备，还接受了麦金太尔发起的"开化"计划。他们建造了学校和公共诊所，新推出了数个雄心勃勃的发展项目，如园艺项目、手工艺项目等。军方还重视朱特瓦人等布须曼士兵的精神需求，除了派驻军方牧师，还寻求各种"教会使团"的帮助。这些来自南非的志愿者热衷于给尼耶的布须曼人传播福音，拯救灵魂。

随着军方势力在尼耶越加稳固，朱特瓦人也越来越强烈地感受到发生在他们身上的变化，同时也感到种种隐忧。金钱得来容易，政府的口粮也会定期发放，食物能从商店轻易买到，于是有军事收入的家庭变得越来越懒惰，少数没有军事收入的家庭也燃起嫉妒之火。当地的社会机构本来只需要协调和管理狩猎采集游群的小规模冲突，此刻他们却要面对楚姆奎的巨大社会冲突，如生活的压力、战争的创伤、生活的无趣等，这让他们感到无能为力。朱特瓦人常感生活破碎，绝望无助，大量的酒精消费更是让他们雪上加霜。以前朱特瓦人从未接触过酒，商人出售的甜酒让他们难以抗拒。不久，因酒后斗殴到军队诊所缝合伤口的人数大大超过在战斗中受伤的士兵，朱特瓦人便开始将楚姆奎称为"死亡之地"了。

到20世纪80年代中期，许多朱特瓦人已厌倦了楚姆奎的生活。那儿的食物固然充足，现代化的"好处"却变得越来越少。人们开始怀念过去的生活，很快，"回老家"便不只是火堆旁的闲谈，而变成了一种真切的渴望。

有些朱特瓦人收拾起为数不多的财物，回到了他们的传统领地。那里远离军队、卖酒的商人、传教士和商店。由于布须曼地建立后，传统领地的面积大大减少，朱特瓦人不能再完全以狩猎采集养活自己。于是，约翰·马歇尔建立了一个小型慈善机构，帮助回家的朱特瓦人学习耕作。

到20世纪80年代末，局势逐渐清晰起来。战争将很快结束，南非人将离开纳米比亚。南非军方占领尼耶多年，也让朱特瓦人对解放战争背后的问题有了更加深刻的理解。随着纳米比亚独立的到来，朱特瓦人越来越兴奋；同时，他们对南非人的同情也日益减少。离开楚姆奎回到自己诺特尔的朱特瓦人，脸上又重新展露出笑容。这种乐观的气氛很有感染力，以至于其他朱特瓦人也纷纷想回到自己的诺特尔。

回到诺特尔的朱特瓦人尽管仍然部分依赖政府的配给过活，但依旧想拾起从前的生活方式。然而朱特瓦人也明白，自己已经无法完全回归传统的生活了。纳米比亚于 1990 年 3 月独立，朱特瓦人又迎来了一系列新的挑战，而最紧迫的问题则是保护种族隔离时代留下来的土地权利。当时，3 000 名赫雷罗人从邻国博茨瓦纳遣返回国，重新定居在尼耶南。他们很快便盯上了楚姆奎的草原，觉得那里是个放牧的好地方。

即便许多朱特瓦人想远离楚姆奎的城镇生活，但大家都不想放弃现代社会显而易见的好处，如抗生素和可靠的水源。许多朱特瓦人也希望孩子能上学受教育。但这些都未削弱朱特瓦人渴望回到传统领地的决心。朱特瓦人在约翰·马歇尔慈善基金会的帮助下，绘制了领地的地图。约翰·马歇尔基金会还帮助朱特瓦人发展社区组织，为几个村庄购买小型的牛群并开钻新井，以保证其全年的用水。

最终，能在尼耶这样不利的环境中，坚持饲养牛群的朱特瓦人为数不多。朱特瓦人的赫雷罗邻居把牲畜当作掌上明珠，时时牵挂牛群的状况。朱特瓦人却不行，除了吃肉的时候，他们对饲养这些温顺的动物没有更多的热情。这是因为在他们看来，在沙漠里放牧非常艰辛，而且无法获得直接、明显的回报。更要命的是，即便是尼耶最勤奋的朱特瓦牧牛人，也很难扩大牛群的规模——狮子轻而易举地猎走他们养的牛，口渴的大象经常破坏他们赖以取水的钻井泵。此外，寄生在牧牛垂肉上的扁虱、有毒的植物都是潜在的杀手。有时，牧牛甚至在夜深人静时就莫名其妙地消失了。

几十年来，迅速而无序的变化导致朱特瓦社群中出现了许多尖锐的问题，而养牛计划的失败无异于雪上加霜。因此，尼耶也充满了紧张的气氛。有些朱特瓦人主张"发展"，而有些朱特瓦人希望回到过去，尽管他们内心深处都明白，旧日的生活已经一去不复返，再也回不去了。

经历了几年挫折、困惑和焦虑之后，尼耶的民众最终达成共识，决定采取新的途径去保护自己的土地并维持未来的生计。1994年，纳米比亚通过了新法律，鼓励农村社区保护那些具有潜在危险的野生动物，而非杀死它们。新法律背后的逻辑是将大象和其他威胁人类的野生动物转化为资产，为社区带来经济收入，以弥补它们对社区的破坏。发展旅游业、销售野生植物产品、提供有偿打猎服务，这些都能产生经济效益。对尼耶来说，只有发展打猎项目才能真正产生效益。这是因为尼耶位置偏僻，远离成熟的旅游线路，加之人口稀少，无法吸引足够的观光游客，发展一般的旅游业无法获得充足的利润。

◆

现在，距离军队撤离已近25年。独立前和楚姆奎差不多的小镇和区域首府，在经历了一段持续的经济增长后，已经改头换面。而楚姆奎现在的面积和20世纪70年代的相比，并未扩大多少。朱特瓦人现在常常抱怨，政府官员常开着漂亮的四轮驱动车在砾石路上飞驰，南边的赫雷罗农民也活得很好，与他们相比，自己太贫穷了。这也许是现在的朱特瓦人和以前的朱特瓦人最大的区别。如今，赫雷罗农民仍然偷偷带着牛群，穿过保留地南边栅栏上的洞，在保留地肥沃的牧场上放牧。朱特瓦人却只会抱怨，拿不出足够的动力去寻找楚姆奎以外的经济机会，甚至连镇上的机会都不愿抓住。有个朱特瓦人除了在学校教书，领固定的工资，还在村子里开了一家小商店，卖糖果、茶、玉米粥和其他必需品。但是除了这个人之外，尼耶其他所有的小商人都来自其他地方。

20世纪50年代，尼耶经历了难以想象的变化。但是，朱特瓦人无论在实际生活上还是情感上，仍然与他们的土地保持着紧密的联系。麦金太尔推出农业项目50多年以后，1/3的朱特瓦人仍然将采集的草原食物视为最重要的营养来源，超过2/3的成年朱特瓦人仍然定期采集和狩猎，即使这种传统方式带来的热量只占其摄入总量的15%—30%。

在楚姆奎政府官员看来，朱特瓦人对采集的持续依赖是个颇让人头痛的问题。他们一再跟我说："朱特瓦人需要正经工作。"采集仍是尼耶朱特瓦人重要的食物来源，部分原因是大多数朱特瓦人没有能力从杂货店购买食物。但如果说这是依赖采集的主要原因，便有失公允了。多年来，朱特瓦人有很多机会改变传统，完全接受其他的谋生方式，但他们拒绝这样做。自20世纪60年代初以来，尼耶在农业项目上投入了大量资金、精力和时间。但在2010年接受采访的尼耶朱特瓦人中，只有不到1/10的人认为，农业是重要的食物来源。此时，麦金太尔的第一批农业项目已经推出了50年。

朱特瓦人选择留在自己的传统领地，并有选择地参与周围不断扩张的资本经济。做出这种选择时，朱特瓦人似乎仍然"需求很少，容易满足"，并将"原始富足"更新为当代形式。许多朱特瓦人宁愿生活在相对宁静的乡村，也不愿到尼耶之外寻找工作。这样来看，说朱特瓦人需求很少，也许符合实际的情况。但现在朱特瓦人也敏锐地意识到，自己的物质生活比大多数纳米比亚人的要差得多。哪怕朱特瓦人知足常乐，但当自己饿着肚子，看着别人开着豪华的四轮驱动车，每晚都有肉吃时，也很难感到富足。此外，尼耶还弥漫着一种生命脆弱的思潮，人们已默默接受多舛的命运，认为变化总会到来，不是这样来，便是那样来。

至少目前看来，觅食仍在尼耶朱特瓦人的生活中扮演着重要的角色。这也说明，狩猎和采集具有非凡的生命力。

第二部分

环境的馈赠

THE PROVIDENT ENVIRONMENT

7

空 心 树

　　1994年,我第一次来到斯昆海德安置营,那时阿努(Anu)还是个蹒跚学步的孩子。有时,老恩格纳一边抽着我的烟,一边给我说着故事,阿努就会和一群孩子围坐在我们身边听着。孩子们都喜欢这位老人,老人也喜欢孩子们。老人需要解手时,孩子们就帮他挂上拐杖,把他带到住所之外。当老人想去灌木丛寻找草药时,孩子们便是他的眼睛和双手。有几次,我陪着恩格纳去灌木丛找药,他告诉我要采集哪些植物,可我压根不懂草药学。最后,他直接不让我帮忙了,让我还是把时间花在别人不能帮他做的事情上——给他买东西,诸如烟草、面包、糖果、肉和茶叶之类。

　　对阿努和她的朋友而言,有个"白人"和他们一起生活是件新鲜事。朱特瓦父母一直告诫孩子们,大多数白人都是潜在的坏人,无论农民、警察还是牧师都如此。朱特瓦人认为,白人里牧师的危害最小。但是,牧师带着上帝的审判,还有些牧师见到年轻女子便会起色心,所以还是要小心他们。

　　朱特瓦的孩子和他们的父母一样,敏锐地观察着周围的白人邻居和白人老板。对朱特瓦的孩子们而言，若想在这个世界上生存，就必须了解白人独特的生活方式，正如他们的祖父母需要了解狮子、大象和黑曼巴蛇等危险生物的生活方式。朱特瓦的孩子对农场主拥有的财富非常惊讶，但他们搞不明白，农场主家里的食物吃都吃不完，农场主们为什么还总是闷闷不乐。

在阿努还小的时候，斯昆海德安置营一片凄凉。那时，人们看不到生活的希望，暴力冲突是家常便饭。死亡随时都会降临，无论死于疾病还是死在他人手上。

但与全世界所有的孩子一样，朱特瓦的孩子也从不怀疑父母和周围其他成年人对他们的爱。所以就算生活艰难动荡，阿努和朋友们也感到很快乐。

2014年夏末，我再次来到斯昆海德时，阿努已经嫁给了克阿克艾的小儿子弗兰斯（Frans），成了我的弟媳，并当了妈妈。那时我已经10年没来过斯昆海德，阿努问我是否还记得她。我承认，很难将20年前稚嫩的小脸蛋儿与现在成熟的脸庞对上。我如实回答了她，她十分生气，问我为什么不记得她了。这是个好问题。她成年以后，浑身散发着一种活力，只有弗兰斯去远方的农场工作时，这种活力才会减退。

恩格纳于2008年去世。他去世后，受到了生前从未享受过的敬仰。阿努告诉我，她和其他人多么希望能从"这个老人"那里学到更多，多么想念他讲的那些易怒的灵魂、诡计多端的豺狼和好色的母狮的故事。

◆

2014年的雨季来临前,斯昆海德发生了一场可怕的干旱,故此雨季的降临让人特别欣喜。那年秋天,阿努坚持要去采集草原食物——"就像老人们那样。"

"恩格纳教会了我如何在灌木丛里找能吃的植物,他懂的可多啦。"

我问道:"去哪儿采集呢?肯定不是这里吧,这里的植物都被牛吃完了。"

"不,昆塔。就是这里!我们就去克阿克艾家后面的灌木丛!这个雨季很好,前几天克阿克艾和叙安娜还带着满满一袋马拉马豆(marama beans)回来,但叙安娜趁大家还在睡觉的时候就全吃完了。"

阿努很小的时候,在斯昆海德几乎不可能找到足够数量的草原食物。当时干旱严重,就连当地的赫雷罗先知也紧张了起来,觉得他们散布的永恒之火的寓言就快要成真了。

阿努的丈夫弗兰斯和叔叔卡瑟(Kaace)拿上挖掘棒,和我们一同去找食物。阿努把孩子绑在背上,领着我们穿过围栏,两只瘦弱的狗蹒跚地跟在后面。我们绕过房子后面的"拉屎区"后又往远处多走了一段距离,然后把注意力转向周围的环境。

那天早上,我们要找的主要是马拉马豆。这种植物从大块茎中生长出来,块茎的根可长到沙漠土壤下1英尺左右。块茎可以食用，富含水分。干旱的时候，这些块茎就是紧急的饮用水源。块茎中会长出许多长茎，又细又软，长度为5—10英尺，散布在沙地上。那天早上，我们想找的便是这些长茎，它们在雨季后也很容易找到。这些细细的长茎上长着独特的象耳形叶子，它们沿着茎向上延伸，叶子旁盛开着精致的黄色小花。带有酒红色条纹的绿色豆荚隐藏在叶子中，每个豆荚约有婴儿的手掌那么大。每个豆荚都有两颗豆子，看起来像大个儿的奶油蚕豆。马拉马豆生吃没有什么味道，黏糊糊的，但富含多种蛋白质和其他营养物质。一旦在火上轻轻烘烤，这些豆子就会变成一道富含坚果味的美味佳肴，营养丰富，油而不腻。

阿努告诉我，恩格纳一直说马拉马豆不仅好吃，而且也是良药。"能治胃痛和腹泻。"她若有所思地补充道。她之所以这么说，大概是想起这些年来我老是因"肠胃不好"而拒绝朱特瓦人分享给我的牛肚、脑子和其他内脏。

马拉马豆果实累累，我们的袋子很快就装满了椭圆形的豆荚。但我们找的也不光是马拉马豆。阿努指向一个只有几英寸高、看似无毒的茎，茎上面长着几片细长的叶子。弗兰斯开始朝那儿挖，很快就挖出了一个类似土豆的小块茎，底部长着独特的茸毛。当地将这种野生的土豆称为"沙鸡的茸毛"，将它碾成浆后与动物脂肪一起烹饪也能得到一道佳肴。接下来的两个小时里，我们又找到了几种野生土豆，每种都略有不同，有些品种相对稀少些。在我看来，这些土豆的茎干与沙地里的其他植物并无不同，阿努、弗兰斯、卡瑟却能一眼发现它们。

我们还找到了肥大的可乐豆木蠕虫。这种绿色的虫子是当地美食,博茨瓦纳的酒店常常把油炸蠕虫作为酒吧小吃。我们还找到6只斑马甲虫,抓到它们后,得马上把翅膀折断,以防它们逃脱。卡瑟说这些斑马甲虫很好吃。但是我第二天发现,袋子里其他东西都被吃掉了,只有失去翅膀的甲虫仍然躺在里面,抽搐着身体,看着十分可怜。

几个小时里,我们走了两三英里路,收获满满地回到了家。那一年,雨水丰沛,菜园收获颇丰,还有政府时不时配给的玉米粥,朱特瓦人已经感到满足,故此斯昆海德的植物茂盛,加之也没有什么人采集食物,我们的收获方能如此丰盛。要是其他人也都一直寻找食物的话,我觉得收获会比现在少得多。回家后我们把马拉马豆取出来,放在一个旧锡罐里,在炭火上烤了一夜,第二天的早餐就做好了。

阿努说,我们应该赶快再去采一次食物。她还说下次去时要穿一条传统的皮围裙,让我给她拍照,似乎想要体验自己从未完全参与的过去。

我参加过许多次采集食物的活动,但这一次有些不同。这次采集时,有种十分强烈的怀旧情绪向我袭来:仿佛是在午后欧洲的森林远足,寻找新鲜的蘑菇来搭配意大利面,或是海滩度假的时候去钓鱼,把钓到的鱼放到火上烤熟享用。

如今,狩猎也和采集一样,属于斯昆海德的过去。斯昆海德最后一个真正的优秀猎手因谋杀入狱,2011年出狱后不久便自杀了。此时,能够狩猎的朱特瓦人所剩不多。哪怕他们仍可以潜入农场，成功追踪和猎杀大羚羊、扭角羚或疣猪，但现在年纪大了，如果被抓住还可能被判重刑，因此他们不得不放弃狩猎。在我们去采集食物之前的几个月，有只迷路的母扭角羚跌跌撞撞地走进了斯昆海德的主营地，为甩掉身后追赶的狗群，不知不觉地跑进了两道栅栏之间。一群吵吵嚷嚷的朱特瓦年轻人已经不怎么会使用长矛，笨手笨脚把羚羊刺倒在地。目睹这一幕的朱特瓦老人们无情地嘲笑他们，但看到年轻人并未按照旧习俗分享肉食后又立即怒火中烧。

在斯昆海德来一次怀旧的采集之旅，喧闹地猎杀一只扭角羚，不能准确地揭示狩猎采集如何塑造了朱特瓦人的世界观，也无法说明朱特瓦人如何看待其所处的环境。若要更好地了解朱特瓦人的世界观和自然观，就要向北出发，来到150英里外的尼耶。那里的朱特瓦人仍然定期采集，自由狩猎。

◆

尼耶的中心有个浅洼，雨水充足时，浅洼会变成一个宁静的浅湖。浅洼边矗立着一棵壮观的猴面包树，现在这棵树快走到了它生命的尽头。这棵树的树干周长约125英尺[①]，说它有一千年的历史也不会有人怀疑，但确切的树龄尚存争议。能说会道的导游声称它有4 000岁，是全球最为古老的树之一；而树龄在1 000—1 500百岁的推测可能更符合实际情况。

[①] 约38米。——译者注

与其他树种不同，猴面包树没有由季节性生长周期形成的年轮。如此古老的猴面包树，树干中央往往出现空洞。故此，确定树龄的唯一方法便是放射性碳年代测定。但这种方法也有问题，必须要确定树的哪一部分是最早长出来的。

即便正缓缓死去，这棵猴面包树仍然像一只巨大的蜘蛛尸体，扭曲地蹲在地面上。几个世纪以来，它的肢体逐渐扭曲，越发松弛苍白起来，犹如患上痛风一般，随着时间的推移逐渐瘫散在地上。现在，除了一个中部的分支伸向天空，几乎所有分支都从主干向四周散开。由于周边没有可靠的参照物，只有站在这棵树下才能感受到它有多么庞大，这时人们才会意识到，那些聚集在树干旁的大象为何看起来如此渺小。象群会从斑驳的灰色树干上挖掉充满水分的树皮和木质。

几个世纪以来，口渴的象群会定期来骚扰这棵树，在树上留下了无数伤痕。但过去20年里，这棵树已经失去了坚不可摧的光环。最大的枝干一直往水平的方向生长，形成一个天然的拱门，象群喜欢躲在下面遮阴。但是终有一天这根枝干会承不住自身的重量而最先塌落下来。2013年，一次雷击让另一根巨大的树枝倒了下来，切断了一部分树干，树干内部的纤维便暴露在大自然的日晒和风雨之中。

古猴面包树活着的时候适应力很强，可一旦失去了生命，潮湿的树干很快就会干枯，收缩成一团柔软的纤维。猴面包树树干材质十分柔软，利于猴面包树适应环境，使得树木像巨大的海绵一样吸收和储存水分，成为巨大的树木储水塔。一般说来，一棵健康的猴面包树约 4/5 是由水分构成的。像这棵这么大的猴面包树，无论雨季还是旱季都可储存多达 55 吨的水分。猴面包树因此能熬过最漫长的干旱期，也不受每年旱季大范围肆虐的野火影响。此外，水还会积存在树枝松弛的褶皱中，形成一个个微小的水池，吸引昆虫、鸟类、蜥蜴和小型哺乳动物，以及捕食这些小动物的蛇和猛禽。

当附近的洼地干涸时，沙漠的象群就来到这棵树下取用树中的水分，树上的果实更成了大象的美餐。大象把触手可及的果实摘完后就会渴望地盯着树枝，希望一阵风起，便能刮下更多果实。大象能如此有耐心，实属罕见。要知道，一头公象只需轻轻推几下就足以让卡拉哈里沙漠中任何中等大小的树落下果实。

对朱特瓦人而言，采摘猴面包树的果实不需要大象这样的耐心。他们只需瞄准树枝，扔出棍子把果实砸下来，或者直接爬到树上，轻而易举地摘下果实。猴面包树皮看似光滑，实则不然。树干上的疤痕和不规则的突起、凹陷为身手敏捷的攀登者提供了方便的借力点。

猴面包树果实外面包着椭圆形的荚果，质地坚硬，呈橄榄绿色。成熟后的果实可有约 8 英寸长，用石头就可轻易砸开。荚果砸开后，可以看见果实整整齐齐地排列在里面。每颗果实的大小都像一颗硬糖，颜色透白，富含维生素 C、铁和抗氧化剂。果实碾碎后与水混合，可以制成一种清凉的酸味饮料；也可把果实磨成粥后食用。但通常情况下，朱特瓦人会把果实直接放在嘴里吮吸，就好像含着酸味糖果一样。

这棵特别古老巨大的猴面包树被称为猴布姆（Holboom），在南非荷兰语中是"空心树"的意思。尼耶中部有三棵巨大的猴面包树，标志着迪杰克村（Djokxoe）的小型朱特瓦社区的边界，猴布姆是三棵树中最大的一棵。

20世纪90年代末，我第一次看到猴布姆。当时我刚住到迪杰克村，村里有个和我有姓名关系的"父亲"（按照朱特瓦习俗，我有很多个姓名关系的父亲），名叫昆塔·纳安（/Kunta N!a'a），他带我去看猴布姆，那时离猴布姆第一根枝干坍塌还没过多久。昆塔·纳安年事已高，是迪杰克村的"守护者"和猴布姆的"所有者"之一。他留着小白胡子，双眼无神，膝盖僵直，腿脚很不方便。昆塔·纳安总对我说，他已经上了年纪，等他去世后，迪杰克村就只剩下一个和我同名的人了。那个昆塔还是一个流着鼻涕、蹒跚学步的小孩。有次我抱着他，他竟然在我的衬衫上撒了一泡尿。

昆塔·纳安腿脚不好，不喜欢走远路。但我们有一辆四轮驱动的汽车，还可无限量地供应烟草和甜饼干。这样一来，他便乐意陪我参观这棵传奇的树了。他说我的朱特瓦语"太差了"，他听不懂，坚持要村里一个英语不错的小男孩儿和我们一同前往，充当翻译。

我们绕过干涸的河床，一出迪杰克村，便远远地望见了猴布姆。猴布姆边上还有一棵姐妹树，它比猴布姆稍小些，但仍然非常巨大。我们把车一直开到猴布姆底部才停下车来。停车后，小男孩儿立即爬出车，一摇一晃地爬上树干，坐在大树下部的树枝上。显然，他的任务不是翻译，而是检查猴布姆的树洞里是否出现新的蜂巢。昆塔·纳安在树下徘徊，一手拿着一包饼干，一手拿着一根从我包里取出的香烟。他来回走动时，踢了踢地上破碎的豆荚壳。此时男孩报告说，蜜蜂没有回来做巢，他便点了点头。昆塔·纳安指着猴布姆树杈上伸出的一根小树枝，解释道，南非军队来到尼耶之前，他经常和别的年轻人一起来到这里，从折断的树枝上收集纤维，再用这些纤维做成弓弦。昆塔·纳安解释说，现在他们不再使用猴面包树的纤维了。如果想制作弓弦或绳索，可以直接用政府补给的玉米粥包装袋，从上面拆下粗麻或塑料纤维。另外，猴布姆最近被闪电击中，使用它的纤维可能会带来厄运，并使即将到来的雨季陷入混乱。我问昆塔，这棵树失去了一根大树枝，他是否感到难过。他耸了耸肩。我又问他，是否听说过关于猴布姆的故事或神话。他又耸了耸肩。他解释道，蜜蜂喜欢在猴布姆上筑巢，所以能从树上获取上等的蜂蜜。另外，树上的豆荚也很多。猴布姆靠近洼地也是一件好事，因为洼地积满水时，许多动物都会来喝水，猎人可以很方便地藏在树后。昆塔·纳安还提到，尼耶为数不多的游客都很喜欢猴布姆。但除此之外，这棵猴面包树并没有特别之处，和寻常的植物没什么两样。

◆

非洲各地农业社群对环境的看法与狩猎采集社群截然不同。与猴布姆的大小和树龄接近的猴面包树如果出现在农业族群中，通常都会成为故事和神话的主题。农业社会通过这些故事和神话将人与人、与土地，甚至与天堂联系在一起。

农民追求的是土地产出大量的山药、小麦，或数代祖先精心选育的上千种植物。要做到这一点，农民的思维和行动必然与狩猎采集者不同。狩猎采集者需要发现，而农民则需要生产。狩猎采集者眼中的环境天生具有生产力，无论是否有人打猎和采集，环境都会持续地生产。而在农民看来，放任自流的土地只有潜在的生产力。如果要充分发挥土地的生产力，农民就要介入。狩猎采集者只需适时巧妙地利用环境，农民则要根据自己的意图改造环境。

但有一个问题。所有农民，无论是卡拉哈里沙漠边缘自给自足的小农，还是大平原上技术密集型、呈工业化规模的小麦种植者，若想丰收，都必须和环境协调一致。这种协调的条件因环境和人而异，但无论如何，最重要的因素都是劳动。农民要是不耕作，土地便会杂草丛生，没有收成，人与环境无法协调一致。同样，如果农民努力劳动但仍然没有收成，人与环境也无法协调一致，农民就会受挫。务农需要一些运气。运气不佳时，农民往往将失败归咎于其他因素，如天神、巫术、气象预报不够准确、管理上的官僚作风。于是，农民便尽力地讨好天神、祖先、科学机构、政府部门和专家，奉上各种形式的贡品，让自己的土地少点风险，多点收成。

如果收到了环境的馈赠，而不用花费什么力气，例如，巨大猴面包树上富含维生素的豆荚，农民也会情不自禁地把这种馈赠看作一种需要回报的交易——有时农民会照看这棵树。这很像法国南部冯杜山（Mont Ventoux）里采摘野生松露的人或萨里森林（Surrey woodland）采摘野生浆果的人做的，他们都会照看自己常去的觅食地和灌木丛。但这种回报只是以象征的方式向神表达感激。

有些狩猎采集社群，如刚果的姆巴提人（Mbuti）或印度泰米尔纳德邦（Tamil Nadu）的纳亚卡人（Nayaka），将环境的馈赠形容为"慷慨"，但不像农耕民族那样发展出象征性的崇拜。狩猎采集社群往往将环境描述为"父母"，以表达对环境的感激。和"父母"生活在一起的各种生物构成了"家园"，共享环境提供的丰富资源。

觅食的朱特瓦人不像姆巴提人那样拟人化地看待环境。朱特瓦人不觉得动物有精神，也不觉得风景有意识、有生命。他们用更实事求是的术语描述环境的馈赠：自然就在那里，为人提供食物等各种有用的东西，自然对待其他物种也是一样。同样，朱特瓦人固然认为环境为他们提供了一切，但不觉得环境"慷慨"。首先，环境提供的资源有时也很匮乏。其次，朱特瓦人不认为环境是个能发挥作用的"东西"。在朱特瓦人看来，环境是各种"东西"之间的关系。这些"东西"都能发挥作用，如植物、昆虫、动物、人、灵魂、神和天气，并且持续不断地相互作用，共同构成了朱特瓦人所谓的"大地的面孔"（earth's face）。

◆

过去30年间，至少在楚姆奎周围，"大地的面孔"变得越来越杂乱。居住在楚姆奎的大多数家庭都会收拾他们的小院子和房屋，但许多公共场所都被成堆的垃圾掩埋了。被太阳晒得变脆的塑料袋缠在荆棘丛中，镇上有些地方到处都是生锈的罐子、风化的塑料、破碎的玻璃和晒得发白的动物骨头，地上的沙子都被埋在垃圾下面看不到了。

游客在前往考得牧自然保护区（Khaudum National Park）的途中往往会在楚姆奎杂货店稍做停留。他们看到满地的垃圾，感到极其失望。游客们本以为布须曼人会"与自然和谐相处"，现在看到他们生活在齐膝深的垃圾中却毫不在意，心中美好的期待瞬间消失，也想不明白为什么会这样。来到楚姆奎的发展项目工作人员和政府官员也颇有同感。听到游客小声抱怨脏乱，政府官员偶尔也会主动向当地人宣传"不讲卫生"的危害。

楚姆奎的朱特瓦人也不喜欢生活在垃圾之中，但也没厌恶到想去清理垃圾。垃圾固然让某些人恼火、沮丧，但并未让人受不了。有些习惯城市生活的人开玩笑说，只有总统来访（大约每5年来一次），楚姆奎人才会齐心协力地清理一次垃圾。但实际上可能连5年清理一次都做不到。现在，楚姆奎南面的灌木丛中建了一个市政垃圾场，配有拖拉机和拖车提供垃圾收集服务，但也只是偶尔去政府、教堂、旅馆和商店装运垃圾。

村子里不像楚姆奎那样垃圾遍地，但并非因为村里的人比楚姆奎人更厌恶满地的垃圾。村庄里可供购买的商品本身就很少，几乎所有东西都会重复利用或改作其他用途，这样就从源头上减少了垃圾的数量。另外，村里所有的空地都被分到了各家各户，于是有人开始清理垃圾。但即便在村里，也能看到随风在沙地上起舞的破塑料袋和糖纸，人们已见怪不怪，就像朱特瓦人对地上的曼杰提果壳也视而不见一样。原来，几千年来尼耶这个地方，就没有垃圾。

说尼耶过去没有垃圾，并非说这里没有废弃物。在朱特瓦人的世界里根本就没有垃圾这个概念。

人类学家通常所说的"污染"出现在所有社会和族群的生活之中，但每个社群对这个概念的理解各有不同而且根深蒂固，由社群划分世界和概念化的方式决定。尽管划分标准各异，但总体来说，污染是不该出现的东西。盘子里的食物是晚餐，地板上的食物就是污染。花坛里的玫瑰是花，红花菜豆地里的玫瑰便是杂草。与所有人一样，朱特瓦人自有对污染的理解。对他们而言，在离村子太近的地方排便令人厌恶。

在大多数途经尼耶的游客看来，户外地上不该有垃圾，出现了垃圾就是污染。游客的想法是后天习得的。在他们生活的大城市，废物得到有效处理，公共健康就有保障，两者之间的关系很明显，因此卫生意识也就显得越加必要。此外，游客对楚姆奎满地的垃圾忧心忡忡，不仅因为他们对清洁卫生颇有执念，还在于他们将尼耶和理想化的自然理念紧密联系起来。在他们的想象中，布须曼人代表着一种特殊的、自然的生活方式。

将自然看作不受人类生活垃圾污染的"原始"状态是个相对较新的观念。毕竟，大多数复杂社会仍将"自然"或"野外"视作危险的地方，或至少并不适宜居住。大多数社会将人类世界与自然世界视作两个不同的概念，但朱特瓦人这样的狩猎采集社群就不这么认为。在他们看来，世界的一切都是自然的，人类世界的文化也是动物世界的文化，"野外"的空间和家庭空间并无二致。因此，即使街上的垃圾也让朱特瓦人觉得烦人，但他们不会将垃圾视作污染，至少不像游客那样看待垃圾。朱特瓦人会觉得，这些垃圾就像卡拉哈里沙漠秋天从树上落下的叶子，或者与散落在猴布姆周围土壤中的猴面包树豆荚一样，没什么大不了的。

8
食　物

在尼耶，采集活动是件令人愉悦的事情。过去，当朱特瓦人完全依赖狩猎和采集获取食物时，基本每天都要出门采集食物。现在，只有在买不到现成食物或某些食物成熟的季节来临时，朱特瓦人才会出去采集食物。但他们依旧认为采集活动是最重要的食物来源。采集活动总由女性发起，队伍也往往由女性带领，男性也会参加采集活动，但总是跟在队伍最后。过去如此，现在还是如此。觅食队一般从清晨出发，这样可以避开一天中最炎热的时候。母亲背着婴儿，会走路的孩子则乱哄哄地跟在母亲后面，一路嬉戏打闹。对孩子们来说，采集活动不但是愉快的短途旅行，也像非正式的学校郊游。通过参加这样的活动，他们能够学会分辨哪些植物能吃，哪些不能吃；哪些是应季的，哪些是以后才能成熟的。

参加采集的人离开村庄时，身上只需要带个用来装采到的食物的包或皮口袋，再带根用扁担杆木（Grewia）制作的挖掘棒就可以了。挖掘棒经过火烤硬化，长不过几英尺，一端有个尖头，轻便易携带。这种棒子很好用，可轻松将植物根茎从卡拉哈里沙漠的软沙中挖出来，比商店里买来的铲子实用得多，也高效得多，必要的时候还可以用来打蛇。

在旱季后期，也就是夏天结束的几个月后，雨季已经来临，草原上的食物最为丰富，即使是在灌木丛中短暂地觅食，也能收获令人惊喜的一系列食物。尼耶朱特瓦人的可食用植物清单大约有100种，可食用的部位包括果实、茎秆、树胶、种子、花朵、花柄、根部、块茎和球茎等。但这些植物并非同等美味，合人心意。有的植物只能作为应急的口粮，非到饥荒之时则难以下咽。朱特瓦人根据食物的营养等级、采集和烹饪的难度以及美味程度，把草原上的食物从"强"到"弱"进行了分类。整个卡拉哈里地区的其他布须曼狩猎采集社群也都对食物进行了类似的分类，但是水果蔬菜的分类各地并不一样。以郭克韦克霍伊人为例，他们住的地方没有永久水源，因此他们认为含水量最高的植物就是"最强食物"。

曼杰提坚果是非常受欢迎的"强"食物，在整个卡拉哈里沙漠都非常稀缺，但尼耶得天独厚，享有非常丰富的曼杰提资源。[1]

和猴面包树类似，曼杰提树的外观也非常引人瞩目。只不过猴面包树外表粗壮、木质疏松，而曼杰提树则精瘦许多，木质更为紧密。成年的曼杰提树会长到约65英尺[①]高。树枝从笔直匀称的树干上有序地伸展开来，形成整齐的圆形树冠，树冠直径约为树高的一半。曼杰提树有性别之分，单性树无法繁殖

---

① 约20米。——译者注

后代,因此通常会形成群落,至少5棵以上的树生在一处,形成小片树林。不过,与朱特瓦人一样,曼杰提树如果长得过于密集,也会"觉得"不舒服,所以很少有树林超过20棵。

曼杰提树特别适应尼耶的环境。树根深扎地下,可以很好地应对干旱。降雨来临时,曼杰提树会像许多其他适应了沙漠气候的物种一样,立刻做出反应。它们的树枝会快速长出茂密的深绿色树叶,其间缀满米白色的小花儿。几周之内,白花就会掉落,露出椭圆形的绿色果实,渐渐长到成果大小。随着生长,果实的颜色会从绿色变为浅褐色,然后落在地面上,在地上慢慢成熟。曼杰提树能否成功繁殖取决于果实的数量。如果年景合适,一棵高大的曼杰提树底下能铺满及膝深的果子。

曼杰提果的果皮之下有一层薄薄的果肉,甜蜜而富有黏性。果肉富含糖分和维生素C,尝起来有点像味道强烈的成熟椰枣。和曼杰提树果核的分量比起来,果肉显得微不足道。朱特瓦人有时会直接把果肉从果核上啃下来,但也常把果肉煮熟,做成像果酱一样的甜品,和肉食一起吃。果肉可晒干保存,但许多曼杰提果都被留在地里,朱特瓦人任其慢慢腐烂。这是因为,在每年曼杰提果最为可口的时候,也是卡拉哈里沙漠食物最为丰富的时节,朱特瓦人的选择太多而被"宠坏"了。此外,朱特瓦人最看重的是曼杰提果的果核,而非果肉,这也是他们任凭果肉烂在地里的原因之一。

曼杰提果外表与圆形的核桃十分相似,而且非常坚硬。大象特别喜欢吃曼杰提果,但颇费力气,要用砖头般的臼齿碾碎它们才能品尝美味。坚硬的壳也是曼杰提树成功适应环境的体现。有了硬壳，大象会把无法消化的种子广泛传播到各处。种子随着大象的粪便排出体外，落到地上，而粪便又正好为种子提供了丰富的肥料，帮助它们发芽。然而，当坚硬的外壳到了人类手中那就不成问题了。因为人类善于使用工具，用两块坚硬的石头就可轻松砸开或压碎外壳。剥去壳后，露出两块小小的坚果，每块大小都和一便士硬币差不多。生的坚果吃起来味道就不错，烤熟了就更美味了。坚果的成分一多半是富含抗氧化剂的油脂，1/4 是蛋白质，其余是各种矿物质和维生素。

过去，朱特瓦人每年都会在最好的曼杰提树林旁搭建临时营地。现在，他们主要生活在村庄里，曼杰提树林就不像以前那么重要了。如果去的话，他们一般会在树林里露营一两天，然后带着一袋又一袋坚果回家。一个新的曼杰提市场已经出现了，有时候整片林地的果子都被一扫而光。这似乎是为了提醒这些收获者，他们周围的世界变化得有多快，楚姆奎的卡万戈和赫雷罗酿酒师发现，曼杰提果捣成泥后可做出浓烈的卡希彭贝酒，酒体清澈，人喝了之后会情不自禁地眯起双眼，哪怕是最厉害的酒鬼也会醉倒在地。

◆

曼杰提果也是"原始富足"这一概念的种子。

1964 年，理查德·李在研究朱特瓦人时发现"他们为寻找食物投入精力很少，倍感震惊"，于是对朱特瓦人的营养和健康状况进行了分析。研究表明，曼杰提果起到了举足轻重的作用。李耐心地测量并分析了朱特瓦人连续 28 天内吃下的所有东西。结果显示，在朱特瓦人摄入的食物总量中，仅占 1/4 的曼杰提坚果却提供了一半以上的热量。相比之下，占 1/3 的肉类提供的热量却只有曼杰提坚果提供的一半。饮食中的其余部分来自采集的蔬果，其提供的热量只有总供能的 1/8。

李希望深入了解朱特瓦人需要付出多少劳动获取食物，才能使输入的能量与输出的能量达到平衡。在他研究期间，经过证实，健康的朱特瓦成年人每周平均工作 17.1 小时以获取食物，其中狩猎一般比采集花费的时间更长，所以这个数据才会如此之高。不过女性的每周平均工作时间一般不会超过 12 小时。

李的调查也显示，朱特瓦人吃得很好。成年人每天平均摄入的卡路里超过 2 300 大卡。这个数据和世界卫生组织推荐的成人卡路里摄入量大致相同，朱特瓦人也自认这样的食物分量已足够多了。

朱特瓦人采集的各种食物有不同的成熟季节，它们按照固定而又交错的顺序成熟。这意味着在一年中任何时候，总有应季食物可供使用。颇令人感到矛盾的是，每年第一场大雨落下之后，卡拉哈里沙漠开始呈现一片绿意，这个时期反而是一年之中食物最匮乏、狩猎最困难的时候。不过，稍一分析就能明白，这是因为，动物在降雨之后离开水源，四散开来，依靠各处的小水塘、季节性降水和大量新发植物的水分就能生存；此时，朱特瓦人赖以为生的多数植物也开启了新的生长周期，块茎或果实通常太小或尚未成熟，难以饱腹。

每年这个时候，朱特瓦人往往饱受饥饿困扰，也会因付出更多努力才能获取足够的食物而抱怨。李的营养调查并未在这个季节开展，但他和其他研究人员连续多年在一年的不同时间测量当地人的体重变化。这最终导致了一个复杂的局面。有些研究人员认为，李的数据不具代表性，朱特瓦人在食物短缺的季节中，通常会感到明显的营养压力；也有研究支持李的结论，朱特瓦人季节性的体重变化并不显著。

当这样的证据指向两个不同的方向时，那么最简单的办法就是假设这两种观点都正确。卡拉哈里沙漠降水变化极大，雨水多和雨水少的情况可说是两个极端。年景不好时，朱特瓦人需要更加努力工作，方能获取充足的食物。当朱特瓦人在狩猎采集上所消耗的能量超过食物提供的营养时，他们的体重和身体状况就会下降，女性的生殖周期也会打乱。

但如果只关注短期变化，便会忽视李最重要的结论——简言之，朱特瓦人不会成为食物的奴隶，陷入无穷无尽的劳动之中。即便在食物最短缺的季节，只要找到了满足短期基本生活需求的食物，他们就会心满意足，不再花费更多精力去觅食。也就是说，即便食物不容易找到，朱特瓦人也从不会对所处环境的富足程度丧失信心。同样，当食物充沛时（一年大多数情况都是如此），朱特瓦人不会放纵自己，大吃大喝，不会为实现短期收益最大化而撑坏自己。相反，他们吃饱肚子便会停下，并对每天得来不太费工夫的食物心怀感恩。

◆

奥马海凯的朱特瓦人热衷对当地阿非利卡农民的身材评头论足。他们常对我说,身高6英尺、体重只有165磅[①]的我,与其他白人比起来就像个小孩。他们还喜欢提醒我,"白人要是结了婚,就会快速发胖",让我有个心理准备。

大多数白人农场主的体形让朱特瓦人颇为疑惑:这些人到底如何看待食物?朱特瓦人推测,农场主的食品储藏室必定总装满了好吃的,生活充满了诱惑。即便如此,朱特瓦人还是想不明白,农场主为何不能适度饮食。

有些朱特瓦人认为,农场主摄入的酒精过多,这使他们难以控制自己的胃口。毕竟,朱特瓦人小酌几杯之后,也很难控制自身的基本欲望,而农场主则大量消费啤酒和白兰地,其后果更难以想象。也有朱特瓦人认为,白人大多不能控制自己的胃口、脾气和性欲而已。有些朱特瓦人据此认为,这是个文化问题,贪婪是从"城里"学来的东西。他们还说,纳米比亚独立后,个别朱特瓦人在首都找到了理想的工作,然后便飞一般地长胖,就像被鼓腹巨蝰咬了一样。

奥马海凯的朱特瓦人则大多抱怨他们的食物不充足,认为要能再胖一点儿就好了。但多年接触下来,朱特瓦人看着农场主干活时气喘吁吁的样子,脑袋里深深刻入了肥胖有损健康的观念。朱特瓦人还注意到,由于体重过大,农场主的膝

[①] 约1.83米、75千克。——译者注

盖越来越脆弱。体重越大,腿就越容易变得像树干一样脆,一旦痛风肆虐,就疼得好似永远无法愈合的伤口。任何来过奥马海凯的流行病学专家,只要在这里观察一段时间后,都会得出同样的结论。不过他们也会迅速指出,过度肥胖不过是一种全球流行病罢了。

◆

第二次世界大战期间,世界经济相对萎缩。战后,工业化的西方世界迅速迎来了经济繁荣,肥胖的流行便在此时首次抬头。之后,"冷战"一结束,肥胖就改道进入苏联和东亚国家并流行开来。如今,肥胖问题也折磨着纳米比亚等发展中国家的中上阶层。朱特瓦人很快注意到,政府高级官员大多不比白人农民苗条多少。[2] 毋庸置疑,当前全球范围内,用于肥胖及相关健康问题的花费已超过饮酒与吸烟引发的疾病治疗费用。

许多因素都可导致普遍肥胖,最受关注的大概就是现代社会久坐不动的生活方式。在发达经济体中,大多数人就业于灵活的服务业,我们的生活不过是从一把椅子挪到另一把椅子。过去在户外玩耍或田野劳作的孩子现在大部分时间都瘫坐在桌子后面,或窝在沙发里,只有大拇指在智能手机的屏幕上飞快舞动。但人类并不总以这种方式生活。当人类还是猎人和采集者时,只要积极生活,维持生命,就能燃烧多余的脂肪。因此,卫生部部长和健康组织都鼓励我们不要久坐,积极锻炼,即便一天只活动 20 分钟也不错。

但这个建议好像也有些问题。

坦桑尼亚的狩猎采集社群哈扎部落是朱特瓦人的远亲。最近有个研究项目为理解肥胖和活动量的关系提供了全新的视角。[3]这项研究旨在确认哈扎人这样的狩猎采集者比久坐的西方人多消耗多少能量。20世纪60年代，在理查德·李研究朱特瓦社群时，只能以活动强度为基础，粗略地估算能量的消耗，简单地测量热量产出。而在本次研究中，研究者不辞辛劳地对哈扎人的尿液和二氧化碳产出水平进行了精确的测量和分析，以准确确定哈扎人消耗的能量。

本次研究表明，哈扎人每天平均行走约8英里，所耗能量和久坐不动的西方人的耗能相差无几。相关研究人员由此得出两个结论。第一，人类的活动水平并未对控制体重发挥很大作用。我们的身体为维持生命需要进行诸多后台任务，如消化食物、为大脑供能等，这些消耗了我们大部分的能量。第二，该研究的主要作者赫尔曼·庞瑟（Herman Pontzer）指出，肥胖率上升的原因不是消耗的能量太少，而是"摄入的食物太多"。

◆

白玉米粥和精制白糖这类廉价精制碳水，是楚姆奎杂货店销量最高的商品。由于囊中羞涩，朱特瓦顾客离开杂货店的时候，几乎总是背着一袋袋的白糖。他们都说，白糖是迄今为止价格最低的能量来源。

如果一整天都没有吃到其他食物，朱特瓦人便会喝几杯浓浓的红茶充饥，每杯茶里都会放上七八茶匙白糖。[4] 20世纪90年代末，有位人类学家在尼耶的村庄开展了调查研究，结果显示，糖约占朱特瓦人摄入总热量来源的一半。研究还显示，当饮食来源从狩猎采集所获食物转变为精制碳水化合物时，尼耶朱特瓦人的平均体重下降了10%。楚姆奎诊所的护士认为，加糖红茶是朱特瓦人饮食中的最大热量来源。虽然朱特瓦人个个身体消瘦，大都营养不良，但也出现了Ⅱ型糖尿病的小规模流行。

全球肥胖率的飙升引起了公共卫生官员的关注，但我们也注意到，尽管现在食物充足甚至过剩，许多人依然保持着健康的体重。有些人体重控制得当，主要是运气好。基因突变是长期持续的过程，有些人获得了特定的基因，便能更好地代谢脂肪和糖分。但对大多数人来说，解决的方案在于我们的另一种基因适应方式：缩短进化适应的缓慢过程。我们有能力通过文化规则控制看似无意识的本能。这些本能包括争斗和性欲等，如今，还要控制我们的饮食。

人类为抑制摄入糖分的本能做了种种努力，突出地体现在减肥食品产业的崛起。据估计，这个新兴产业的产值每年可超5 000亿美元。第一世界消费的减肥食品非常精致，属于昂贵的奢侈品。在楚姆奎和奥马海凯的诊所里，护士向糖尿病患者说明碳水化合物和白糖的危害时，朱特瓦患者虽频频点头，但出了诊所便将劝告抛诸脑后。毕竟除了廉价的碳水和白糖，他们什么食物都买不起。

9
猎 象 行 动

在卡拉哈里沙漠，雨水是伟大的创造者，干旱则是无情的毁灭者。

雨水往往随着炎热的夏季一同到来。每年11月，冬季干燥的严寒刚过，大地上狂舞的尘暴渐渐消散，灼热便滚滚而来，浓密的云团也开始出现在天边。年景好时，一小块一小块的云像阅兵方阵一样紧凑地聚在一起，形成巨大的雷雨云，带来凉爽的强风暴雨。年景不好时，云层虽然牢牢占据着天空，却不见滴雨落下。春季和初夏也常有几朵薄云聚在一起，看起来隐隐约约像是雷雨云，咆哮着，怒吼着，却只舍得洒下点小雨，落到地面之前被热浪一吹，便又化成了丝丝缕缕的灰线。每年这个时节称为小雨季。大雨滂沱是极其罕见的情况，没人指望真的下雨，不过如果真来了一场大雨，便是件值得大肆庆祝的事情。

夏至标志着大雨季的开始。雨季期间，赤道气旋锋面不断地汲取印度洋的水汽，水汽在南部非洲汇集，最后带来倾盆大雨。大雨不来，沙地看起来都是寸草不生的样子。大雨一来，整个沙漠都鲜活了起来：熬过了漫长旱季的树木绽放出缤纷的花儿，鲜嫩的草芽钻出沙地。在卡拉哈里沙漠，只要有雨，就值得庆祝一番。有些罕见的年景会连着下好几天雨，乌云把夏天的太阳牢牢遮住，人人都冷得瑟瑟发抖，但即使如此，大家也不会抱怨下雨这件事。降水密集的大雨季持续的时间不长，一般没有几个月。每年最后几场雨落下之时，长得又厚又高的草地便开始从油绿变为金黄。

起伏的地形可造成对流，但卡拉哈里沙漠一马平川，加之天气多变，要预测何时下雨、哪里下雨、下多少雨，几乎都不可能。好年景的降水量可达干旱年份的 10 倍。有时某家农场所处的地界一整年也没下多少雨，可几英里外的另一家农场降雨量就多出 10 倍。降水量还受其他长期气候因素波动影响。通常连续几个丰雨年之后便会是同样持久的干旱。

纳米比亚尼耶发展基金会（Nyae Nyae Development Foundation of Namibia）筹措了一些资金，在尼耶打井，开发利用各地古老的地下水。此前，尼耶的朱特瓦人饮水只能靠天然的水塘和泉水，辅以含水丰富的植物。殖民政府将尼耶 2/3 的土地割让给赫雷罗人前，尼耶的朱特瓦人控制着 4 个永久水塘，而如今的尼耶只有一个天然的永久水塘。每到雨季后期，各地出现季节性的水塘，朱特瓦人便会分散到尼耶各地。每个小型的朱特瓦家族构成一个游群，一般有 5—15 人，拥有一个水塘，独占水塘的水和周边的动植物资源。朱特瓦人的传统领地便以这些水塘为中心，覆盖方圆二三十英里的范围。

如有其他游群的朱特瓦人要使用自家的水塘，必须得到许可。旱季水塘干涸之时，各个游群便聚集到永久水源附近，等待下一个雨季来临。

朱特瓦人的这套体系运行得很好。永久水塘周围的土地能在旱季供养更多人，但雨季期间反而不行，因为此时可供朱特瓦人食用的大部分植物还处于幼苗期。旱季许多游群聚居生活，也让朱特瓦人有机会和旧日的朋友家人重逢，青年男女也聚在一起调笑嬉闹，甚至坠入爱河。

朱特瓦人认为，雨不仅是气候现象的综合表现，也是唯一由超然世外的造物主出手操纵的自然力量。在朱特瓦人的创世神话里，造物主虽然创造了大地、人类和动物，但心性淡泊，不愿插手凡俗纷扰，便将人间的事务交给另一位神明葛亚娃。葛亚娃生性多疑，嫉妒心强，而且是个骗子。他多行恶事，偶尔也会做出令人惊讶的善举。

雨水并不全由造物主一人支配。以前，朱特瓦人认为"烟生云，云生雨"，故此会在旱季行将结束时点燃大火。雨水也决定着人类和重要的肉用动物的基本特性。朱特瓦人将这一特性称为"恩祷"（n!ow），认为每当大象、大角斑羚或长颈鹿等重要肉用动物被捕杀，或者某人降生、死去时，天气便会发生变化，恩祷也随之显现。

1994年，在我首次来到朱特瓦人社区开展田野调查前，深入阅读了马歇尔夫妇的著作，对恩祷的详细介绍可说是马歇尔研究的一个显著特色。那年11月中旬，小雨季如期开始，但随之而来的是一场可怕的雷雨。雨下了一个多小时，奥马海凯北部地区便都泡在了雨水中。那场雷雨最终成了整个雨季中唯一一场像样的雨。从圣诞节到1月，天空都万里无云，一片澄澈。直到2月云朵才重新出现，不过再也没能重新聚集起来形成厚厚的积雨云并且带来雨水。偶尔也会有几滴雨落下，但这点雨水还没把沙地浸透便蒸发殆尽。到3月底，大家就都清楚今年不会再出现大雨季了。奥马海凯北部草原上只长出了几株草芽，还是11月那场雨之后冒出来的。除此以外一片荒芜，整个草原变成了红白条纹相间的沙海。

我常问朱特瓦邻居是什么造成了干旱，干旱是否与恩祷有关。他们大多耸耸肩，表示既然基督教已经传入，旧时代的魔幻思想便没有立足之地了。

只有斯昆海德那几个旧时代的人能解答有关恩祷的疑问。但我总是喋喋不休地提问，又无法理解某些显而易见的事实，这群老人都感到颇为头痛。因此这个旱季，只要我一提起恩祷，这些人要么突然想起自己有急事要办，要么就悄悄地溜走。但恩格纳只有一条腿，所以每次他都跑不了。

"如果你用火柴点燃香烟，香烟就会冒烟，香烟燃尽时，烟也就会熄灭。恩祷就是这样。"有一次，恩格纳如此解释。他的老朋友们听了纷纷点头，咕哝着表示同意，我听了这番话后，却更加困惑。

恩祷有两种：一种是好的恩祷，另一种是坏的恩祷。好恩祷与雨水、湿润紧密相关，坏恩祷则与干旱相关。恩格纳说，恩祷给予人生命。人还是子宫里的胎儿时就被赋予了恩祷。但没人知道动物的恩祷是何时获得的，但是老人们都认定，某些物种一定有恩祷，尤其是朱特瓦人最喜欢的猎物，如扭角羚和牛羚。每个人出生或死亡时，其恩祷会与天气交互作用。同理，每次捕杀猎物之后，猎物的恩祷也会和天气相互作用。更重要的是，朱特瓦人猎杀一只动物后，动物的血溅到土地之时，猎人的恩祷就会与这只动物的恩祷相互作用。恩祷的相互作用会昭示什么，往往无法提前预测，只能事后通过天气的变化确认。如果人们往火上小便，或烧掉自己的头发、指甲或死皮，他们的恩祷也会影响天气。如果这个人有好恩祷，做了这些事可能会带来降雨；如果只有坏恩祷，这么做就可能导致凉爽和干旱。

"要是杀了一头牛或羊会怎样？"我问恩格纳，"这些动物有恩祷吗？"

"没有，"他答道，"牛羊要是有恩祷，戈巴比斯大屠宰场周围的天气便永不平静了。"

"那我和白人农场主呢？赫雷罗人呢？"我问道，"我们也会有恩祷吗？恩祷只属于朱特瓦人吗？其他布须曼人有没有恩祷，比如那罗人和克库人（!Xu）呢？"

"当然有，"恩格纳说道，"每个人都有恩祷，但你们用的可能是其他名字。我不知道其他布须曼人怎么称呼恩祷。现在斯昆海德的年轻人也都不关心恩祷是个什么东西，但他们也有恩祷，出生的时候身上就带着恩祷了，死亡时恩祷也会消失。"

也许，只有不再尝试理解恩祷到底是什么，而坦然接受它的存在，我才能明白它的意义。与其把恩祷看成一种观念，不如将之看成一种经验的存在。在恩格纳看来，恩祷和树木、沙子、雨水一样，都是实实在在存在的东西。其他人类学家也曾试图解释恩祷，但能看出来，他们和我一样，无法用自己的语言准确地描述这一概念。我们主要透过语法和词汇理解周围的世界。对我们来说恩祷相当于违背直觉。但语言既不是文化的主要媒介，也不具备普世性，无法将一种文化的所有事物都翻译到另一种文化中去。恩祷也让我们认识到，语言有局限，只通过提问必然无法全面深入地了解一样事物。人类学家应尽可能地参与研究对象的日常生活，但实际上我们主要的研究方式还是观察和提问。这样能让我们描述出类似恩祷的概念，但无法真正理解它们。若要真正理解恩祷，就必须融入这片土地，适应这里的四季更迭，感受猎人与猎物之间的密切联系。

◆

这头大象的恩祷出现时，正是一年里天空最为清澈湛蓝的时节。钴蓝色的天空里出现了小片小片的云朵，几乎半透明，沉郁地覆在尼耶东边的天空上。这些云朵不是积雨云，太阳落山时，变成了斑驳的紫灰色晶体，像极了那天早上从大象尸体上切下来的灰色厚皮。

这头大象死在一片茂密的灌木丛中，离灌木丛里沙尘飞扬的小道约有5英里。这条小道通往尼耶东南部的朱特瓦村庄格特科德玛（G/aqo!oma）。我们找到大象尸体时已是赤日当空。这时，六七个朱特瓦人正忙着磨刀，为接下来一整天的屠宰做准备，狩猎队则站在阴凉处看着。大象躺倒在地，眼睛紧闭，仿佛睡着了一般。一根完整的象牙半埋在沙子里，另一根象牙则折断了，像树桩一样，伸向天空。

狩猎队里有一名职业猎人（本次狩猎活动的组织者，获得官方许可）和他的猎犬、一支由朱特瓦人组成的野兽追踪队，还有狩猎活动的客户——来自维也纳的一对中年夫妇。丈夫是一位高个子牙医，胡子刮得干干净净，说话也和声细语。妻子是一位不苟言笑的飞碟射手，曾在专业比赛中获奖。夫妻俩在家时，周末也会在维也纳郊外的庄园里打猎野猪。

牙医已在非洲各地参加过许多狩猎活动，本次狩猎是他送给爱妻的礼物。在他眼里，妻子举起步枪时坚毅、沉着和不凡的英姿就如女神下凡一般。而对妻子来讲，猎杀一头大象则代表自己射击技术的巅峰。她觉得，猎杀别的动物都没有猎杀大象来得更有挑战，也更令人振奋。

他们成功猎杀大象的前几天，我曾去他们的帐篷拜访了他们。那天傍晚，吃过晚餐，他们拿出一根断裂的象牙尖给我看。象牙尖是他们当天早上追踪猎物时在一片灌木丛中找到的，只有不到一英尺长，重如风车木，色如黄油，上面满是一条条黑色的细微裂缝，沾染了些许绿色的树汁。大象一般只用一根象牙凿树皮、挖洞或铲东西。卡拉哈里沙漠天然的磷酸盐化合物很少，因此这里的象牙相对较脆，使用三四十年后，常用的那根象牙就容易折断。猎人们几天前便发现了这根断裂的象牙，认定象牙的主人就是他们正在追踪的大象。

分割大象尸体的那天，这对夫妇特意带上了那根断裂的象牙，想看看被猎杀的这头象是不是此前追踪的那头。牙医的手很稳，他把断裂的象牙放到牙根上，两者严丝合缝。那一刻，这头大象仿佛在死亡中重新完整了。

大象死时固然万分痛苦，但现在这具尸体竟然散发出一种宁静安详的感觉。一名朱特瓦人用刀刺穿大象颈部厚厚的皮肤，把自己的重量全都压在刀上，沿着大象的脊骨将刀一路划到尾部。

第一排子弹射入这头雄象的头骨、脖子和肺部时，它的肾上腺素激增，疼痛与恐慌传遍全身，随后它侧身倒下，闭上眼睛，仿佛沉思着自己的死亡。此时，和它在一起的4只年轻的小象尖嚎着逃进灌木丛，惊慌失措，躲在灌木丛里等待飙升的肾上腺素慢慢降下来，回想这天的痛苦经历，记住这些杀手的气味和声音，哀悼失去的亲属，最后，还要思考自己将如何面对没有老象指引的未来。

✦

尼耶的沙地有许多动物留下的踪迹，最显眼的就是大象的。现在，在尼耶乡下和毗邻的考得牧自然保护区里，大象的数量比朱特瓦人多了一倍。当然以前并非如此。半世纪前马歇尔夫妇来到尼耶的时候，大象不过偶尔出现。当时，数量最多的危险动物是狮子。30年过去了，狮子的数量越来越少，大象的数量则由12头增长到大约4 000头。

人们无法确定，在遥远的年代里，这一带是否有大量的大象。古老的猴面包树干上的伤痕表明，以前一定有大象的踪迹，但其数量是否比得上现在的数量就不得而知了。

我也询问了朱特瓦人，他们说自己的祖父辈没有告诉过他们早年间这里是否有大象，他们也想不起来去问老辈的人，所以他们也不清楚。朱特瓦人现在知道的就是，大象的数量比50年前、100年前多得多。他们还知道，无论多么小心翼翼，大象都是很难相处的动物，有时候还是非常危险的邻居。

许多朱特瓦人都听说过这样的事情：朱特瓦人无意中打扰到了处于哺乳期的母象和她们的小象，母象群起而攻之，把人都弄死了。还有，处于发情期的雄象喜怒无常，常常无缘无故地对朱特瓦人发起攻击。发情期的雄象，雄性激素水平比平时高了60倍，阴茎会开始滴尿，位于眼睛后面的颞腺体会异常肿胀，分泌一种由蛋白质和脂质组成的深色黏稠物，一直流到象嘴里。此时，即便平时最温和的雄象，都会变得难以捉摸、野蛮好斗。发情期的周期难以预测，可能持续1星期到1个月以上。这段时间内，雄象除了交配和攻击，几乎不想别的事情。雄象分泌物的气味对母象极具吸引力，母象即便在很远的地方也能识别出来。如果人在大象的下风处步行，可以轻易避开那些发情的大象。但有时候，若没有得到风向的眷顾，灌木丛又十分茂密的话，人就可能走到离它们太近的地方。

而让朱特瓦人夜不能眠的并非雄激素分泌旺盛且偶尔发脾气的雄象，也不是坚定保护幼崽的母象，而是破坏风车和太阳能水泵的大象。偏远的尼耶村庄要靠这些设备来获取全年的水源，而聪明的大象则轻而易举地就肢解了这些设备。村民在政府和当地开发组织的帮助下，为了防止大象破坏水井、水泵和水管，想出了许多复杂的办法，而大象也总能想出更巧妙的方式来破坏它们。

做大象的邻居固然是件麻烦事，朱特瓦人还是很乐意忍受它们。大象不仅能吸引少量的付费游客来到尼耶并在洼地安营扎寨观看它们，而且尼耶还举办一年一度的狩猎活动。每年召开的分配大会能为朱特瓦人提供约 40 吨象肉，每猎杀一头大象意味着近 3 万美元的现金收入，每年的狩猎活动可为尼耶管理委员会（Nyae Nyae Conservancy）带来高达 60 万美元的收入。这笔钱将用于维护村庄的水源供应，支付管理委员会的开支，并为村庄提供一些基本服务。年终的结余将以现金红利的形式分发给委员会管辖的所有成年人。

过去 20 年里，朱特瓦人花了很多时间讨论尼耶开放商业狩猎的代价和收益。目前，他们得出的结论和政府的一致：商业狩猎利大于弊。但是，朱特瓦人很难理解狩猎者的动机。为何有人花如此大的一笔钱，杀死他们根本不吃的动物呢？为什么有人仅仅为了获取象牙而狩猎呢？这样的困惑早就存在。早在 19 世纪下半叶，狩猎者便进入卡拉哈里沙漠，大肆猎杀大型动物。朱特瓦人一直无法理解他们的动机。但可以肯定的是，正是这些早期的狩猎者使得尼耶在近百年里见不到大象出没。

◆

一个半世纪前，卡拉哈里西部成为狩猎者的天堂。维多利亚时代博学多才的弗朗西斯·高尔顿爵士（Sir Francis Galton）和朋友查尔斯·安德森（Chaeles Andersson）曾来到卡拉哈里沙漠。[1]高尔顿爵士成就颇多，他发现了反气旋，对心理测量学、优生学和差异心理学都有奠基开创之功。

1851年，高尔顿和安德森在一群手持火枪的埃姆拉霍屯督人（Amraal Hottentots）的陪伴下，进入戈巴比斯东北部人迹未至的"荒野"。几年前，苏格兰探险家戴维·利文斯通偶然发现了通往恩加米湖（Lake Ngami）的道路，高尔顿和安德森此行的目的便是要寻找这条路。

但事实上他们发现，比起寻找道路，射杀犀牛要有趣得多。两人从鲸港湾（Walvis Bay）海岸出发，翻山越岭，沿着纳米比亚中部的山脊穿过这个多山的国家。这趟行程跨越了1 000英里，他们捕猎了许多战利品，但此时还未猎到犀牛。故此，当他们抵达"布须曼领地"（即今里特方舟）东南边境的一处水塘，发现这里到处都是各种各样的猎物甚至有犀牛时，他们轻易便放弃了继续向东寻找利文斯通所说的湖泊。高尔顿和安德森留在里特方舟狩猎，最后回到鲸港湾海岸，起航回到伦敦。对高尔顿来说，这是趟光荣的旅行，皇家地理学会还为他颁发了一枚闪亮的奖章。

在里特方舟,野生动物成群结队地涌向水塘,数量之多令高尔顿和安德森震惊。安德森描述道,有天晚上,他5小时内射杀了"至少8头"犀牛,然后才去睡觉。那晚他可能一夜难眠,因为他描述当晚的杀戮时补充道:"我从不喜欢毫无意义的屠杀。"

高尔顿也描述了他狩猎时得到的乐趣,说自己只要一看到动物,就对它们随意射击。但他比安德森更早厌倦了屠杀,于是把注意力转向观察动物的行为,询问当地的布须曼人,能否在卡拉哈里沙漠找到独角兽或狮鹫(布须曼人肯定地说有)。高尔顿还换着法子烹饪他们不断打来的肉类,他写道:"把小犀牛用一张无用的皮子卷起来,埋在土里烘烤,滋味美极了。""我不知道这只动物哪个部位最好吃,是皮还是肉?"

高尔顿烹饪犀牛比安德森射杀犀牛要难得多。那时,里特方舟的犀牛还不害怕人类,它们看到人并不恐惧,更多是好奇。

这对猎人来说是件好事,高尔顿和安德森的火枪射程只有25—30码。高尔顿回想起自己看到"两头巨大的白犀牛"非常喜悦,一行二十来人……慌忙跑过去……直到离犀牛很近方才停下。一头犀牛小跑着上前,想看看到底怎么回事,一排子弹突然射入小犀牛的身体,它便像中枪的野兔一样倒在地上。

当年,卡拉哈里地区也有很多大象。大象与犀牛不同,害怕人类,也知道躲避枪声。早在高尔顿和安德森来到这里10

多年前，欧洲对非洲象牙的需求就已影响到卡拉哈里这片"未经勘察"的土地了。

象牙可谓18世纪的塑料，也是欧洲许多新兴工业的主要原材料。它硬度高、经久耐用、美观易雕，几乎可以用来制作任何东西，比如梳子、餐具、台球或圣诞节的小装饰等。从欧洲人在好望角建立第一个定居点起，200年间，南非的野生大象数量急剧减少。到了19世纪初，狩猎者和象牙商人开始把目光投向北面的卡拉哈里沙漠。起初，他们停留在沙漠的南缘，用手中的枪支交换茨瓦纳人的象牙，而茨瓦纳人也正准备深入沙漠地带。茨瓦纳猎人是步枪新手，通常徒步狩猎。这意味着，他们生产效率较低，而且要携带沉重的象牙和火枪，每次狩猎只能射杀一两头大象。沙漠里的大象也很快学会了躲避人群，并且，当粗心大意的狩猎者射出子弹后来不及快速装弹时，如果大象有意进攻，便会趁此时机冲过来撞倒狩猎者，把他们踩在身下。这一阶段，象牙商人换到的象牙为数不多。后来，欧洲的象牙贸易商亲自深入卡拉哈里沙漠，并带来了马车和马匹，情况发生了很大的变化。有了马，狩猎者便可在更广的范围内活动，马跑得比大象快，狩猎者重新装填武器时，骑马便可逃过横冲直撞的大象。有了马车，就可把成吨的象牙运走。

高尔顿的狩猎活动是为了野味、娱乐和冒险，回国后还能给人们讲讲自己英勇的探险故事，但职业狩猎则远没有这么光鲜有趣。要组织职业的狩猎队伍，人力、补给、启动资金和充足的装备……样样必不可少。欧洲人鲁阿林·戈登·卡明（Roualeyn Gordon Cumming）是卡拉哈里职业猎象的先行者，很早便意识到在此大规模捕猎大象可以带来巨大财富。1841年，他来到卡拉哈里南部，为这次狩猎准备了50 000支雷管、16 000发子弹、400磅铅块，还有500磅火药。[2]

此后30年间，到卡拉哈里沙漠边缘定居的商人和狩猎者越来越多，有北方来的葡萄牙猎人和商人，有西边来的德国猎人，也有东边与南边来的美国、英国和阿非利卡猎人。到1865年，卡拉哈里地区每年被捕杀的大象可达6 000头。高尔顿开辟的从戈巴比斯到里特方舟的线路，此时已成为固定的贸易路线，每年有十几支马车队穿行其上。卡拉哈里西部有个猎人叫亨德里克·房·齐尔（Hendrik van Zyl），来自杭济（Ghanzi，位于今博茨瓦纳境内）。1877年一年之间他便射杀了400头大象。第二年，他在6位同伴的协助下，用一个下午的时间便杀死了100多头大象。

房·齐尔曾是德兰士瓦共和国[①]（Transvaal Republic）的议员，后来成为在卡拉哈里中部永久定居的第一个欧洲人。议员理应维护地区公平正义，房·齐尔却通过控制当地的象牙贸易，狠狠赚了一笔，好勇斗狠的名声也传扬开来。房·齐尔听说有阿非利卡人徒步穿过当地，孩子被布须曼人杀害，便邀请被指控的布须曼游群参加宴会。这群布须曼人吃饱喝足，

---

① 1852—1877年间和1881—1902年间布尔人在今南非共和国北部建立的国家。——译者注

酩酊大醉之时，房·齐尔下令将他们绑起来，请受害人的家人枪杀他们。这家人犹疑片刻便拒绝了房·齐尔，于是他又吩咐仆人射杀布须曼人。那天被杀害的布须曼人共有 33 人，有男有女，还有儿童。

朱特瓦人无法确定自己的祖先是否捕猎过大象。尼耶和奥马海凯的朱特瓦人从不谈论猎象的话题，也没有掌握任何成熟的猎象技术。也许 19 世纪 70 年代后大象从卡拉哈里沙漠消失了，朱特瓦人也逐渐遗忘了猎象的技能。

猎人图依（/Ui）觉得，如果朱特瓦人曾经能猎杀大象，可能会先让大象追逐一个"跑得飞快的人"，其他人再进行伏击。不过，这个想法听起来太过疯狂，连他自己都忍不住笑起来。捕猎大象不仅危险，大象体型也过于庞大，就像河马和犀牛一样，即便一大帮朱特瓦人聚在一起共同享用，大部分象肉等不到吃完就会腐烂。一头大羚羊或一只长颈鹿就可满足布须曼游群的需求，捕猎它们时猎手自身的风险也小得多。朱特瓦人捕猎时使用的是小型长矛和轻型弓箭，它们并不适合远程猎杀大象这样的大型动物。

但有记录表明，其他地方的布须曼人曾经猎杀过大象。约翰·施莱德（John Shredder）住在好望角，1668 年他描述了猎手们猎杀大象的过程：猎手们先把一头大象围困在"平坦的沙地上"，再用长矛从各个方向刺它，迫使大象来回跑动，同时猎手们要躲避大象不停摆动的鼻子，"直到大象身上布满了伤口，血从伤口中汩汩而出，最后大象筋疲力尽地倒下"。[3]

朱特瓦人并未参与象牙贸易，但有些布须曼人参与其中。恩加米湖旁有一条博泰蒂河（Boteti River），戴维·利文斯通曾描述了那里的布须曼人："至少 6 英尺高，肤色比卡拉哈里干旱平原上的布须曼人更深"，他们用"锋利的长矛"杀死了许多大象。[4] 詹姆斯·查普曼既是猎手也是商人，他的许多后代如今还在奥马海凯经营农场。查普曼详细描述了茨瓦纳"主人"如何逼迫博泰蒂河的布须曼人把大象赶到黏腻的泥塘里，再慢悠悠地刺杀它们的情景。查普曼特别夸赞了一位"老道"的布须曼人，称他的"胳膊像女士一般纤巧"，却能在"短时间内杀死 3 头大象"。

19 世纪 80 年代中期，卡拉哈里地区的象牙贸易每况愈下，一蹶不振。猎杀大象的速度远远超过了它们繁殖的速度。甚至所有长牙动物都被赶尽杀绝。大象的数量实在太过稀少，狩猎者获得的象牙也大大减少，不足以支撑商业狩猎队不断攀升的成本。

◆

如果没有象牙猎人，也就不会有尼耶管理委员会了。

20 世纪 90 年代初，自然保护主义者担心非洲的大象、犀牛和其他重要物种很快被猎杀灭绝，也担心生态系统遭到破坏。非洲中部、南部和东部，每年被杀害的动物数目之大触目惊心。猎杀动物主要受简单的供需关系驱动。亚洲有大量消费象牙和犀牛角的需求，非洲人也愿意以相对低廉的价格销售。压制亚洲市场的需求困难重重，非洲的自然保护主义者便将关注的重点放在了供应方。将偷猎定为犯罪行为远不足以禁止猎杀行为。动物资源丰富的地方都处于偏远地区，政府既没有财力也没有人力加强那里的管理。

在自然保护主义者看来，问题的关键在于非洲的农民只能勉强维持生计，他们认为保护野生动物没有什么好处。野生动物常常给他们带来麻烦，甚至一群危险的大象几分钟之内就能摧毁农民一年的收成，饥饿的狮子会在你晚上小便时跟在你身后。这些猛兽可不像食品储藏室里的老鼠或骚扰鸡群的狐狸。许多穷困的农民日子过得紧巴巴，猎杀大象不仅可以摆脱这些危险的野生动物，卖掉象牙还能得到巨额现金。自然保护主义者绞尽脑汁，试图找到两全其美的方案，既可弥补野生动物给当地农民造成的损失，又能说服他们保护而非偷猎这些动物。

这个解决方案便是，赋予当地民众有限的权力，将部分野生动物和其他自然资源私有化。如果当地民众拥有本地野生动物的所有权，妥善利用这些动物并获得收益，就会形成可持续的平衡。这意味着，农村地区的民众可形成组织，赋予这些组织发展旅游企业的权利，它们就能在适当的情况下通过组织收费的狩猎活动来获得收益。这一模式首先在津巴布韦试行，随后在博茨瓦纳和纳米比亚推行（这两个国家的野生动物保护工作开展得非常好）。尼耶是纳米比亚第一批成立这种"管理委员会"的地区，目前纳米比亚各地已成立了50个管理委员会。

尼耶管理委员会成立于 1998 年,迄今为止已有 20 多年历史。尽管朱特瓦人对它颇有微词,但能稳定运行这么多年也足以证明该机构的成功。尼耶管理委员会并未让谁一夜暴富,但为朱特瓦人保持一定程度的自治创造了充足的财富。如果没有这个委员会,尼耶朱特瓦人便不可能享有相对独立的生活。如此,朱特瓦人可以继续住在自己的村庄,这也阻止了赫雷罗人或其他族群赶着牛群集体迁入侵占朱特瓦人的地盘。也许尼耶朱特瓦人的后代会认为管理委员会没有发挥积极的作用,但至少就目前而言,这个委员会产生的收益高于成本,利大于弊。

◆

分割大象是件累人的活。仅靠人力和刀斧来处理 6 吨重的象皮、象肉、各种内脏器官、象齿、象牙和骨头等是非常困难的。中午时分,出现了当地两个村庄的十几个朱特瓦人。他们有条不紊地用剪子将象皮和象肉分开,再把象肉从骨头上割下来。很快,象鼻被割了下来,象脸也被剥了皮,露出里面一块一块的白色脂肪,大象裸露在外的眼球仿佛仍在控诉人类的行径。大象的尸体胀得鼓鼓的,几乎快要爆炸,现在腹腔只有一层薄薄的真皮和脂肪将肠子固定在大象肚子里。我确实担心爆炸的风险,便谨慎地站在尸体另外一边。

为了释放腹腔里的气压,屠夫切开了固定内脏的最后一层脂肪，肿胀的肠子流了湿漉漉的一地。每隔一段时间，就有人戳破一段裸露在外的肠子，里面的气体便立刻从膨胀肠子里溢出，发出一声哨音，空气里也弥漫着粪便与死亡的味道。

当天下午稍晚，更多人赶来帮忙，管理委员会给村庄分发象肉的卡车也到了。吃肉是件顶重要的事儿，此时，在场的每个人都心满意足地忙碌着。有些朱特瓦人没有处理过大象，但大家都不是宰杀新手，哺乳动物无论体型大小，内部器官都不会有很大差别，大家便胸有成竹地动了手。年轻人身手敏捷，便做些需要在尸体上爬上爬下的工作。很快，他们的手脚和衣服就染上了深红的血色，时间一长血渍便看着黑黢黢的。

现场只有一位女士，便是那位维也纳猎手。我问朱特瓦猎人图依，女人参与狩猎，是否会带来霉运？朱特瓦人认为，要是坐在女人刚刚坐过的地方，狩猎时就会遇到倒霉事儿。"这次肯定不算。"图依笑着说，指指死亡的大象，证明我的话说错了。

"你们白人不一样。"他边说边示意我给他嘴里塞一根点着的香烟——他双手都是血。

此时，大象的上腹被切了下来，奥地利女猎手挤到朱特瓦猎人中间，从尸体上切下一块拳头大小的厚肉，扔到她丈夫早已准备好的小火堆上。这个火堆处于尸体下风处，内脏腐败的气味从火盆上一阵一阵地涌来，令人作呕。当天晚上，朱特瓦人邀我一起品尝象肉，如果拒绝便是对大象的无礼，也会冒犯参加晚宴的几百名朱特瓦人。但象肉的滋味还不错，令我颇为惊讶。

◆

现在射杀大象并不特别困难，现代步枪的威力很大，远距离射死大象比击穿一般谷仓的大门难不了多少。但是，参加狩猎活动的猎手追踪的不是随随便便任意一头老象，狩猎的目标必须年龄合适，体型庞大且已经繁殖过，而且得是头雄象。这头雄象被射杀以前，狩猎者和追踪者付出了巨大努力。一连15天，他们都在太阳升起前离开营地，天黑后方能回来。这个阶段，他们要跟踪并观察许多大象，但不会射出子弹。每碰上一头成熟的雄象，都要费心费力地盯梢，直到判断出这头大象是否是适合的目标。大象体型够大吗，还处在性活跃期吗，年龄够大吗？这些都是要考虑的因素。

判断大象年龄最有效的方法是看它的牙齿。和人类智齿的发育一样，大象臼齿萌发的年龄也各不相同，故此，臼齿的数量和磨损的程度是最准确的判断方式。但是大象并不喜欢人类查看自己的牙齿，猎人们就得根据大象头部的形状、身姿、脊柱的状态、象牙的大小和脚印判断其年龄。卡拉哈里沙漠的哺乳动物和爬行动物每次扭动、转弯和移动都会在沙子上留下痕迹。一头大象的足迹便能最终决定，它是否适合在脑门上挨枪子。

如果对一具完整的大象骨架做X射线检查，便会看到它像在踮着脚走路，它的脚踝处像套了一双海绵高跟鞋。肥厚的脂肪和结缔组织像软垫般支撑起大象足部的骨骼，使大象

坤正忙着收割卷心菜和洋葱（1995 年，斯昆海德安置营，詹姆斯·苏兹曼拍摄）

我的养父克阿克艾·弗雷德里克·朗曼和其孙子雅各布斯。克阿克艾现已是纳米比亚政府指定的克肖基西人（即南部朱特瓦人）首领（1995年，詹姆斯·苏兹曼拍摄）

1995年的斯昆海德安置营（詹姆斯·苏兹曼拍摄）

夏季暴风雨过后措迪洛山的雄山（詹姆斯·苏兹曼拍摄）

措迪洛山犀牛洞里的"巨蟒"（希拉·库尔森授权使用）

老恩格纳在斯昆海德安置营(1994年,詹姆斯·苏兹曼拍摄)

朱特瓦农场工人在工作,一旁观看的是农场主(戈巴比斯,保罗·温伯格拍摄)

纳米比亚独立后,奥马海凯的许多朱特瓦工人被赶出农场,只得蹲守在马威沃赞雅达等赫雷罗人定居点的边缘地带(阿德里安·阿尔比布拍摄)

20世纪50年代,约翰·马歇尔正在拍摄(哈佛大学皮博迪考古和民族学博物馆授权使用,该藏品由皮博迪博物馆劳伦斯·马歇尔和罗娜·马歇尔赠送,藏品编号 pm# 2001.29.254,数字藏品编号 #97010003)

约翰·马歇尔在尼耶的社区会议上(1989年,阿德里安·阿尔比布拍摄)

南非军队来到楚姆奎(保罗·温伯格拍摄)

朱特瓦士兵在尼耶阅兵(1989年,保罗·温伯格拍摄)

外出采集时,阿努展示一根"布须曼老烟斗"(詹姆斯·苏兹曼拍摄)

尼耶雨水充足时,池沼满溢,变成浅水湖(詹姆斯·苏兹曼拍摄)

昆塔·纳安带领队伍经过猴布姆（詹姆斯·苏兹曼拍摄）

昆塔·纳安（詹姆斯·苏兹曼拍摄）

一天充实的采集结束后,袋子里装满了马拉马豆、短盖豆和其他美食(詹姆斯·苏兹曼拍摄)

大量的曼杰提坚果(梅根·劳斯授权使用)

宰杀大象是繁重的工作(詹姆斯·苏兹曼拍摄)

制箭(尼耶,保罗·温伯格拍摄)

猎人很少独自出发（詹姆斯·苏兹曼拍摄）

提亚埃是斯昆海德最好的猎手,对拍照非常讲究(詹姆斯·苏兹曼拍摄)

没有火,就吃不上肉(詹姆斯·苏兹曼拍摄)

2013年旱灾死了很多牛,人们因祸得福,牛肉充足(詹姆斯·苏兹曼拍摄)

20世纪80年代末,尼耶尚有很多狮子出没,人们为牛建造了更结实的畜栏(阿德里安·阿尔比布拍摄)

孩子在楚姆奎摇滚明星酒吧（Tsumkwe Rock Star）外跳舞。此处是楚姆奎条件最好的、也是唯一一家砖结构灰浆酒吧（詹姆斯·苏兹曼拍摄）

坤展示自己的菜园（2014年，詹姆斯·苏兹曼拍摄）

可以安静地行走。大象的脚底长满了老茧，老茧上有一道道裂纹，看上去像棵花椰菜，老茧磨损之处便是光亮亮的。观察这些纹路和老茧便能判断大象的年龄。大象足底的老茧越平滑光亮、范围越大，大象的年龄就越大。

本次捕猎行动前两周，狩猎小队追踪了好几头大象，但最后发现这些大象年龄太小，不能捕杀。

这对维也纳夫妇的尼耶之旅为期3周，这头雄象便是在第3周的倒数第二天射杀的。无论是否猎到大象，第二天客户都会沿着赫雷罗兰的道路一路远去，最后飞回自己的国家。狩猎之旅结束几天前的一个晚上，我曾问过他们，如果这次空手而归，他们会怎么想。夫妇二人的回答是："那我们就当来了一次精彩的徒步旅行。"

狩猎者的钱花得很值。那天猎杀了大象之后，他们脚步轻快，举手投足间仿佛有了一种归属感，一种欲望满足之后的平静。在许多狩猎社会，剥夺猎物生命的行为和创造生命的行为一样，会引发深刻的情感和生理变化。狩猎者难以用语言形容这些变化，但朱特瓦人可以，他们用"恩祷"表示这样的变化。

热衷于商业狩猎的猎手感到难以表达自己与狩猎的密切关系，也很难向从未打过猎的人描述杀死动物的感觉。在手无缚鸡之力的都市人面前，猎手们尤其不善言辞，因为都市人把动物当作宠物，肉类则是餐馆出售的菜肴或是商店里玻璃纸包好的商品。而猎手们觉得，打猎必得亲身体验。狩猎是触电的感觉：感官的放大，肾上腺素的激增，捕猎后的精疲力尽，以及死亡的迫近激发出的本能反应。捕猎大象也是如此，同样要经历这些感受。但如果问问这些猎手感觉如何，他们很难描述。文采飞扬的欧内斯特·海明威（Ernest Hemingway）也热爱打猎。若请他向没有狩猎经验的读者描述打猎的感受，在一般读者看来，他所写的也无非是盲目屠杀野生动物的非理性狂热。海明威说道："人分两类，其一是猎人，其二不是。"故此，海明威描写打猎或捕鱼时，既不为猎手代言，写的也不是猎手。实际上，他在和猎手交谈时，言语间充满暗示，读者必得和他拥有相同的经历方能心有灵犀。

◆

每年约有 5 000 名猎手进入纳米比亚，其中 2/3 来自德国、奥地利和美国。捕猎季一开始，各大国际机场便熙熙攘攘，满是排队的猎手，等待海关查验他们定制的毛瑟（Mauser）、雷明顿（Remington）和萨维奇（Savage Arms）猎枪。打猎是昂贵的爱好。对于能射杀大象、狮子或犀牛的人，陈列柜里的战利品不仅是征服自然的证据，也展示着人类世界里的胜利。全球最富裕国家的成年人年均收入也不够支付猎杀一头猛兽的费用。故此，来到纳米比亚的猎手大多都不会选择这些猛兽，他们会捕猎价格更合理的动物，如扭角羚、大羚羊、跳羚或疣猪等，这样只要在众多的私人动物农场里选一个就可以了。

如今的狩猎者都精打细算，狩猎也有了一套标准的流程。顾客会在报价单上选择好捕猎的目标，提前支付相关的费用，准备就绪后踏上打猎的征程。猎物出现后先追踪一小段距离，追到近处后一枪射杀猎物，便大功告成。这样一来，顾客的捕猎体验或多或少地得到了保障。狩猎农场的主人只要确保有足够的猎物以供顾客预定，并熟悉这些动物出没的地方以便顺利找到猎物。一般说来，饮水点和盐渍地是动物最常出没的地方，再谨慎的猎物也会在这些地方出现。有些猎手认为，捕猎的乐趣在于追踪猎物的过程。优秀的狩猎向导能保证顾客享受这些乐趣，故而追踪猎物之时有意带着顾客绕来绕去，以便他们回去之后能讲出体面的故事。有些猎手觉得，自己的收藏品种增加一个战利品最为重要。故此他们不喜欢太费周折，只要打到了战利品便会高兴地坐下来，在池塘边喝起啤酒，和其他猎人愉快交流步枪口径大小、当地标本剥制师手艺如何以及下一个猎物该是什么。此时，农场主和雇员们只要随声附和，哄得顾客开心即可。鲜血和死亡交织而成的情谊时而沉重，时而欢愉，现在则成了农场主的营生。他们须得尽心尽力地配合顾客来演出一台好戏。狩猎农场雇用的追踪者和劳工也勉力而为，引导猎手处理猎物。捕猎得来的肉食大部分都进了他们和家人的肚子。有些顾客，尤其是美国顾客，付小费颇为慷慨，甚至比支付给他们的薪水都多。

10
尖　峰　角[①]

1488 年，巴尔托洛梅乌·迪亚士的队伍从莫塞尔湾的天然港口登陆上岸，这个港口的东南角距尖峰角高尔夫庄园（Pinnacle Point golf estate）只有几英里。高昂的果岭费和呆板的奢华会所装修，无不意味着这家高尔夫庄园颇受富商和野心家的欢迎。庄园坐落于一连串陡峭的悬崖之上，悬崖下面便是波涛汹涌的海湾，顾客来到这里不仅为打高尔夫球，也为观赏山海美景。

对高尔夫庄园的顾客来说，尖峰角的地形挑战颇大。打飞的高尔夫球经常啪嗒啪嗒地滚出球道，掉入海底。好在为高尔夫球手配备的球杆都非常精良，能让球手尽可能发挥出自己的优势。每根球杆的重量和形状都设计得非常精确，符合人体工程学，这让球手尽可能挥打有力，百发百中。高尔夫球手们在球座间穿梭之时可能想不到，约 7.1 万年前，尖峰角上生活着另一个民族，他们也曾一心想着让小型抛射体精准

---

① 南非南海岸城镇莫塞尔湾南面的一个小海角。自 2000 年以来，对尖峰角一系列洞穴的挖掘揭示，17 万—4 万年前，曾有中石器时代人类在此居住。——译者注

地飞过长长的距离。[1] 高尔夫球手的装备固然是当代社会富足生活的有力象征,但他们也会惊讶地发现,数万年前在这一带生活的人类制造出的抛射物,使人类达到了劳作消耗与营养补给的平衡,并创造了原始的"富裕社会"。在尖峰角高尔夫庄园打球的人大概料想不到,自己休闲娱乐的自由时间还比不上早年间生活在这里的原始部族。

高尔夫球场往下 200 英尺的崖壁上有一些洞穴。这些洞穴位于高水位线以上的安全位置,嵌入岩壁之中,不太容易看见。考古学家根据迹象发现,近 15 万年前便有人类在这些洞穴中居住了。7 万年前,住在这些洞穴里的人便掌握了精湛的技艺,能够制作出复杂的组合箭头。

不久以前,古人类学家大多认为,早期智人在生物学上和现代人几乎没有差别,但在认知上依然属于"原始人"。现代人具备复杂的象征思维和解决问题的能力,而在发现尖峰角遗址和其他数个遗址前,几乎没有证据表明早期人类具备上述现代人的特征。古人类学家还指出,迄今发现的艺术作品和任何"复杂技术"均未超过 2 万年历史。创造艺术作品和应用复杂技术,人类需要使用不同的材料,以及具备设计、制作和使用工具的技能。这些工具包括带刺的鱼钩、带柄的斧头和长矛等。

在尖峰角遗址的重要发现之中,最有价值的是数百块赭石。考古学家发现在有人类活动痕迹的土层中,这些赭石埋得最深,其历史可追溯到 16.2 万年前。这些赭石呈异常明亮的红色，经考古学家确认，来自洞穴以北几英里外的一个采石场。最大的那些赭石上有研磨和刮擦的痕迹，这说明它们是制作赭石粉的原料。遗址内各处痕迹显示，当时的人们把赭石粉和动物脂肪混合在一起，制成颜色鲜艳的膏体。这种膏体集化妆、防晒、防虫功能于一体。

尖峰角的洞穴里偶然出现的赭石碎片将人类认知革命发生的时间大大提前了，即在生物学意义上的现代人出现不久，认知革命便出现了。赭石粉在非洲南部广泛使用。最近，尖峰角以西约 40 英里处素负盛名的布隆伯斯洞穴（Blombos Cave）①遗址又发掘出了一个 10 万年前的颜料"作坊"，这里制造的赭石膏体储存在有珍珠母层的鲍鱼壳中。附近的其他沿海洞穴还出现了制造鸵鸟蛋壳珠串的痕迹，这些发掘的珠子和如今许多布须曼人做出的珠子一模一样。

从技术角度来看，尖峰角最有价值的发现就是制作精美的小型细石器。它们基本上都是长度 1—3 厘米的小石片。其中，洞穴中最古老的细石器可追溯到 7.1 万年前，最近的则大概是 6 万年前。洞穴中发现的细石器，不同时期的在大小和形状上有细微的差异，这表明在不同时期之间，制作石器的技术也在不断发展。[2]

这些细石器如果不能与长杆结合在一起，就几乎没有任何作用。长杆的安装可以用树脂胶黏合，也可用动物蹄筋或

---

① 1990 年代末在该处发现骨制工具、经过装饰的赭石块和磨光的矛尖，所属年代大约是 7 万年前。——译者注

植物纤维绳捆绑。可以断定,这些石器能用来投掷物体,但目前无法判断,它们到底是飞镖还是箭头。无论是弓还是飞镖投掷器(有时也称梭镖投射器),都非常容易腐烂,可能在几万年前就尘归尘、土归土了。由于殖民时期的布须曼人没有使用梭镖的传统,这些细石器便很可能是箭头。20世纪的布须曼人和旧石器时代的人类社群使用的狩猎技术原理基本相同。如果这些石器确实是箭头,那意味着人类发明弓箭的时间比原先估算的早得多。这也表明,早期智人比我们以前想象的要聪明得多。

细石器的原料是硅结砾岩,并非由击碎原有的石材而成,这是它们最有意思的特点。硅结砾岩是一种坚硬的石英岩,特别适合切成薄片,但这种材料颇不易得,也难于加工和处理。硅结砾岩精准切片之前,需要仔细加热。这些石制箭头的制造过程复杂而烦琐,包括采石、控制火候、凿石等步骤。这意味着要造出这些细石器,不仅需要原材料和加工,还需要多年的经验与反复实验。

考古学的历史上出现过很多宏大的假设,这些假设让这些平凡的发现获得了非凡的意义。考古学家的工作,就是利用这些偶然留存下来的古代生活片段,重构整个世界。考古学家的构想越有突破性,论证自己的想法时就会越谨慎。在南部非洲的旧石器时代的历史中,海平面随着冰河期的到来和消失而上下起伏,这一事实使他们的工作更加复杂。这些细石器被丢弃在尖峰角洞穴的时候,海平面只比现在低二三十米。但约 18 万年前，海平面比现在低约 460 英尺。这就是说，那时尖峰角离海边有 60 英里的距离。十几万年前沿海居民使用复杂技术的许多证据，也许已经淹没在海浪之下。

还有一些重要的考古发现，也证明了非洲南部居民使用弓箭的历史，比大多数考古学家之前推测的早得多，其中最有趣的遗址是西布杜洞（Sibudu Cave）。西布杜洞位于今南非的甘蔗之乡夸祖鲁-纳塔尔省（KwaZulu-Natal Province），是位于内陆的岩石洞穴，在尖峰角东北 700 英里。考古学家在西布杜洞里发现了 6.1 万千年前制造骨工具技术的证据，这一发现将这项技术的历史往前推了 2 万年。重要的遗迹包括一根打磨精细的骨针，还有沾有血迹和骨头的细石器。显而易见，它们的用途只有一个：作为箭头。[3]

上述发现的确令人信服，但在边界洞（Border Cave）遗址发现的证据最清楚明确。边界洞也是位于夸祖鲁-纳塔尔省的岩石洞穴。其发现明确证实，在 5 万年前或更早的时候，非洲南部居民就拥有和 20 世纪布须曼人相同的狩猎采集文化。[4] 边界洞遗址尤为特别：一系列偶然的地质变化使洞穴异常干燥，本易转化成灰尘的有机物质因干燥缺水而得以保存。在边界洞里，考古学家发现了一些 4.5 万年前的骨质箭头、一根挖掘棒、一种由树脂胶和鸵鸟蛋壳做成的珠子。现在，卡拉哈里地区的桑人加工鸵鸟蛋壳的首选工具是不锈钢指甲剪，在此之前，他们制作鸵鸟蛋壳珠子的方法和边界洞遗址发现的珠子的制作方法完全相同。

边界洞里还出土了一根细木棍，上面有许多刻痕。这根木棍应该是2.4万年前被人遗落在洞里的，很像20世纪布须曼人给箭头涂毒药的工具。经过对刻痕的分析发现，刻痕内部残留着微量的蓖麻毒素。这根木棍虽然比边界洞里其他的遗存物品年轻很多，却是狩猎用毒的最古老的证据。这项证据表明，科伊桑人可能很多年前就开始使用毒药，甚至还可能就是尖峰角的细石器制造者。有机毒物中的蛋白质保质期都很短，暴露在自然环境后很快就会丧失毒性。因此，年代久远的使毒证据确实非常难得。有了这项证据，我们便几乎能断定，早期的狩猎采集者曾尝试使用本地的有毒物质。毕竟，像黑猩猩和卷尾猴这样头脑远没有那么复杂的灵长类动物，都对药用植物有着令人惊讶的了解。我们也有理由认为，更为聪明的原始人类可能会以较为简单的方式使用毒药。

◆

所有文献报道过的狩猎采集科伊桑人，都使用相似的工具和技术。虽然昆人生活在耶尼北方，坎姆部落①（/Xam）远在南边2 000多英里②外的好望角，但是无论在设计上还是功

---

① 在欧洲殖民者到来之前，坎姆布须曼人已经在南非中部生活了数千年。他们与自然有着深刻的联系，我们仍然可以从中了解到我们作为人类的意义。他们是故事诉说者、洞穴画家和造雨者。他们被殖民者无情地杀害，并在持续数百年的种族灭绝事件后最终灭绝。——译者注
② 约3200千米，此处数据似有误，尼耶至开普敦的距离约为1900千米。本书地理距离数据似存在系统性错误。——译者注

能上,两个族群使用的传统狩猎装备都很相似。

基因研究显示,卡拉哈里地区北部和南部的科伊桑人,早在3.5万年前就已经分开了。这样说来,这些工具和基本技术在此之前就已广泛使用。此后,它们也未被其他技术实质性地取代,这刚好能证明这些工具和技术完善、有效。

今天,除了铁制箭头和矛头,尼耶猎手与非洲南部的布须曼狩猎者使用的狩猎装备也极度相似。朱特瓦人的狩猎装备包括:一根短柄矛,矛柄连接的金属矛头长约8英寸;一根硬木制成的挖掘棒,其中一端呈扁平的尖状,可兼做木棒;一套弓箭,箭整齐地放在箭筒中。箭筒是近乎完美的圆柱形,用硬树皮制成,筒身绕了三四圈硬筋,顶部是生牛皮制作的筒盖,大小正好。装备里还有在野外露宿的其他必需品:生火用的棍子、保暖用的毛毯、备用的弓弦,有些人还会带一把斧头。有些朱特瓦人喜欢把矛和挖掘棒挂在箭袋上,再把箭袋挎在肩上。也有人喜欢用整张小羚羊皮做个整齐的袋子,把装备都放在里面,箭袋也系在上面,随身携带。全套狩猎装备加起来不过5磅,挂在猎手肩头刚刚好,既不因太重而成为猎手的负担,也不至于轻得在猎人奔跑时上下甩动。

弓箭在猎人的装备中最为重要,无论在哪里都是如此。以往,弓弦都由长颈鹿、大角斑羚或大羚羊后肢或背部筋条制成。(现在,由于尼龙不会因下雨软化,也不容易磨损老化,因此许多狩猎者更偏爱使用尼龙弓弦。)弓臂则使用剥去树皮的硬木,如扁担杆木,两端削尖,柔软而富有弹性。弓臂中部整齐地绑上筋条，干燥后便固着其上并形成一个手握。弓的两端也要绑上筋条，以保证弓弦不会移位。没有箭的弓毫无用武之地，箭的作用最为关键，制作也最精细复杂。此外，了解布须曼人使用的箭，能让我们理解为什么布须曼人没有费心制造其他猎弓文化中使用的更大更有力的弓。朱特瓦人使用的箭看起来毫无威力。每支箭的重量不会超过 1 盎司①，长度也很少超过 25 英寸②。箭杆由一根硬质的空心芦苇制成，用细筋线加固。然后，再将一小条 3—4 英寸长的实心骨头或木头两端削尖，一端牢牢插入箭杆，另一端用以连接箭头。最后，用筋条绕成一个小箍，把套在箭杆上的箭头和箭杆固定在一起，再抹上树脂加固，干燥后，一支箭就完成了。以前，箭头都是骨制的，现在则几乎全用扎篱笆的铁丝制作：先将铁丝打平，再将一头削尖成宽不过半英寸、长不过 3/4 英寸③的带刺箭头。

这样的弓箭尺寸都不大，如果不辅以其他方法，狩猎者只能射杀松鼠这么大的动物。所以，毒药才是朱特瓦人能成功捕猎的关键。

虽然朱特瓦人和其他布须曼人都能够轻易地制造出更大的弓，用更大的力气射出更有威力的箭，但这样做会降低狩猎的效率。人类制造出既轻便易携又有足够杀伤力的弓箭（如

---

① 约 28 克。——译者注
② 63.5 厘米。——译者注
③ 半英寸是 1.27 厘米，3/4 英寸约 1.9 厘米。——译者注

能射死长颈鹿或大角斑羚的弓箭），也是不久以前的事儿。现在，如果使用制造精巧、材质精良的复合弓射杀一头长颈鹿，猎手的弓拉力至少要达到 95 磅。如此一来，猎手使用的弓要比阿金库尔战役①（Battle of Agincourt）中英国弓箭手的长弓还要高出 10%，比朱特瓦人的弓大出足足 9 倍。即便有了如此大的弓，要命中猎物的心肺，猎手射箭的位置和角度必须十分精确。

但只要朱特瓦猎人确保射出的箭能穿破猎物的任一处皮肤，小型弓箭便能杀死猎物。因为无论箭头射在何处，中箭的动物都会中毒倒地，只不过速度有快有慢罢了。射中颈部或心肺附近，比射在多肉的腹部或腿部毒发更快。一旦箭头射中目标，芦苇秆就会和嵌在猎物皮肤里的带刺箭头分开，这样箭头就不易从猎物身上掉下，猎物也不会发现身上突然多了个箭杆而过度受惊。这一点十分重要：根据体型大小，中箭的动物可能需要几小时甚至几天才能完全丧失行动能力。待时机到了，猎手们靠近猎物，迅速用矛将其杀死。

布须曼人使用的毒药因地而异。[5] 边界洞中发现的有毒化合物，用的是从当地蓖麻中提取的酸性物质。埃托沙（Etosha）的海阔姆人则通过慢火熬制黑斑羚百合（一种沙漠玫瑰，许多发达国家用其装饰温室）根部的汁液提取毒素。

狩猎所需的毒素必须少量即可致死，但又能使猎物肉质

---

① 1415 年英法百年战争中著名的以少胜多的战役。英军以步兵弓箭手为主力，击溃了法国的精锐部队。这场战役成为英国长弓手最辉煌的胜利之一。——译者注

保持无毒。制造这种毒药,必定经过了大量高风险的试验,因为只有反复尝试和试错才能如此成功。这样看来,朱特瓦人等卡拉哈里沙漠北部和中部地区的狩猎采集社群使用的毒药非同凡响。它们不仅非常有效,而且来源也很神秘。

◆

卡拉哈里沙漠到处都是非洲没药(Commiphora africana,也称 African Myrrh)的小丛林。这些参差不齐的小树一般不会比人高,通常在早春开花,结出的红色小浆果不可食用。非洲没药的叶子是毒箭甲虫(Diamphidia)最喜爱的食物。毒箭甲虫看起来无害,形状和大小与瓢虫相似,但颜色好似抛光的铜块。毒箭甲虫将卵产在非洲没药的叶柄上,在叶子上覆盖上自己的排泄物,形成一层保护膜。一段时间后,卵会掉到地上,深橙色的幼虫便从中孵化出来。幼虫会在沙子里挖一个洞,大约一码(约 0.91 米)深,然后在洞里生活一年甚至更久,最后化成蛹。

毒箭甲虫的幼虫不易找到。朱特瓦人常在好几处没药丛底下东挖西挖,才能寻获一些。找到幼虫后,猎手首先会用手指轻轻翻滚幼虫,让它们变得更柔软。然后,他们把幼虫的头拧下来,把浆状的内脏挤到箭头底部,这便是猎杀猎物的毒药。有时,朱特瓦人会将幼虫晒干,碾成粉末,使用时把粉末和唾液或树汁混合,重新化成糊状。制成后,只需在箭头上抹几滴,多了就浪费了。猎人往箭头上抹毒药时极其耐心谨慎,简直像钟表匠修理高档手表或神经外科医生动手术般小心翼翼。涂抹毒药之前，他们得仔细检查自己手上有没有细小的裂口或伤口，还得确保周围没有什么东西能使他们分心。箭头一旦上了毒药，就小心存放在高处的树枝间，或小屋的屋顶上，以防止好奇的孩子接触到毒药。

朱特瓦人打孩子，我只见过一次。那天，这个朱特瓦人正给我演示如何将毒药涂抹到箭头上，结果他年幼的儿子过来故意吓了他一跳。其他国家的父母，大多会因为小孩子摆弄斧头、小刀和砍刀等危险的物品惊慌失措，但蹒跚学步的朱特瓦人可以玩各种危险的东西，父母一般都视若无睹，不加干涉。然而这回朱特瓦孩子挨揍，却无人责怪他的父亲。毒箭甲虫毒液的解药目前尚未找到。一旦毒液进入血液，就开始破坏红细胞，降低血液的携氧能力，让中毒的猎物缺氧而死。虽然卡拉哈里沙漠的动物行动灵巧，善于躲避猎人的追捕，但有了毒箭甲虫毒素，朱特瓦人便可轻松地捕猎了，进而在严酷的沙漠环境中生存下来。毒药也使得狩猎成为一项不完全依靠蛮力的活动，一位成功的猎人需要具备埋伏、追踪等许多知识和技能。

在卡拉哈里沙漠狩猎并不容易，使用毒药的精妙技术不仅降低了狩猎的危险性，也提高了捕获猎物的效率，使猎人捕获的猎物满足了狩猎采集社群 1/3—1/2 的热量摄入和大部分蛋白质需求。尼耶朱特瓦人因有产量较高的曼杰提树，摄入的肉食稍少，而海阔姆人居住的环境有大量动物聚集，摄入的肉食便相对较多。从肉食摄入量看，科伊桑狩猎采集者是大多数不局限于北极和亚北极气候的狩猎和采集社会的典型代表，对他们来说，肉食是他们主要的食物来源。

◆

在殖民时期，与布须曼人接触过的欧洲人很少在这些原住民古老的技术中发现精湛的技艺，只有少数人看到了布须曼人身上值得钦佩的地方。当时，欧洲人认为布须曼人与世隔绝、一贫如洗，是劣等的种族，故此其技术和艺术一样都"和孩童一般"，非常"原始"。事实上，尽管看上去穷困粗鄙，朱特瓦人这样的狩猎采集社群其实很愿意拥抱新鲜事物。狩猎采集社群和农业社会不同，狩猎采集者不是传统的奴隶。如果看一下当代的狩猎采集社群的情况，便会发现他们不会固守成规，抱着没有益处和效用的做法不放。在接受新事物的时候，他们也不会盲目接受，挑到篮里就是菜。如果新的方法能提高狩猎或采集的效率，并且接受起来又很方便的话，他们就会热情高涨地改弦更张。纵观狩猎采集布须曼人和其他族群接触的历史，便可发现科伊桑人迅速接受了新型材料，并将之运用到自己的生活里。比如，遍布卡拉哈里地区的科伊桑人一接触到铁，几乎马上便改用铁制作箭头，而且分散在各地的科伊桑社群，在彼此隔绝的情况下，都做出了同样的转变。

无独有偶，在过去两个世纪里，非洲南部次大陆的狩猎采集布须曼人也热情地接受了电线、塑料、橡胶、麻绳、各种织物、玻璃珠、锉刀、马克杯、小刀、斧头、圆锅、平底锅、步枪弹壳、打火机、火柴、鞋子和水瓶等新事物。这些东西到了布须曼人手上，往往会被发掘出别的用途：弹壳成了烟斗，油罐成了乐器，塑料袋熔化又重塑成沉甸甸的挖掘棒棒头。科伊桑人刚接触狗时，对狗没有太多好感，但狗很快便成为狩猎的伙伴。在19世纪末20世纪初，奥马海凯及其周边的某些朱特瓦人得到了火器，并被这些武器的准头和威力深深震撼。但是，树上长不出弹药和火药，朱特瓦人对贸易也没有兴趣。而且最终他们也看到了火器的危险性——有了火器，被枪击或抢劫的可能性就会大大增加。住在斯昆海德的老达姆给我讲过一件事。这个故事发生在世纪之交，主人公是他的祖父。奥马海凯西边的施泰因豪森（Stainhausen）住着德国人，达姆的祖父从那边偷来了一把步枪。祖父一辈子没用这把枪打过任何东西，最后把枪拆了，枪管当作挖掘棒，枪托当作棍子用。

◆

卡拉哈里沙漠的动物数量不多，而且在这样的环境中狩猎极具挑战。优秀的猎人需要技巧、毅力、勇气和足够的耐心，此外还需要运气。狩猎的成功与失败往往在毫厘之间。射箭时，早一瞬间放手或风向轻微改变，便会毁掉一次精心准备的狩猎，让几天的工夫毁于一旦。猎人都尽其所能，以期让神明多眷顾自己些许。猎手们有很多避祸求福、祈求好运的个人仪式，如不吃某些食物、狩猎前不和妻子发生肉体关系。有时，猎手们还会祈求骗子之神葛亚娃让他们在狩猎的路上碰上一只大型动物。但他们也明白葛亚娃可能不会理睬，甚至故意给他们添点厄运。

如果村子里还有肉食，朱特瓦人便不太会外出打猎。这是因为在狩猎采集社群里，囤积肉食并不合适，会招致神明降罪，也可能会被（最近过世的）祖先的魂灵施以惩戒。但如果缺乏肉食，朱特瓦猎人就会抓住一切机会，绝不放过任何碰上的动物，如箭猪、跳兔、鸟类，甚至豺狼。在朱特瓦人经常捕获的猎物中，2/3 都是小型动物。虽然猎杀的小型动物比大型动物多得多，但猎人们的梦想依然是捕猎大型食肉动物。

11
神明的礼物

"这是神明的礼物!"库斯(//Uce)一边嚼着一大块肉一边说着,表情好似进入了天堂,肥肉上的油顺着下巴滴到裙子上。罗森霍夫农场是座废弃的农庄,紧挨着斯昆海德安置营。农场的院子里蹲着一大群人,怀着同样愉快的心情,用大勺从黑色的大锅里舀出油腻的炖肉,盛进各式各样破旧的搪瓷盘和马克杯。而旁边,鲜红的肉被切成数百根细条,挂在一棵巨大的骆驼刺枝条上,一群群苍蝇围着肉条兴奋地嗡嗡作响。骆驼刺下还聚集着一小群猎犬,一动不动地坐着,大张着嘴巴,紧紧盯着树枝,只盼这些奇怪的"水果"能掉一些在地上。

一个上午,大家都聚在一起宰杀分割这头猎物,到了下午盛宴便开始了。首先是肝脏,直接扔到炭火上烤;随后是一锅炖肚子,配菜是腰子和耐嚼的心脏。这些都吃光了之后,大锅里又炖上了油腻腻的肘子和骨髓,咕嘟咕嘟地沸腾着,形成这顿盛宴狂欢的最后一幕。太阳落下山去,每个人都油光满面。朱特瓦人一般不会在这么短的时间内摄入如此多的蛋白质和脂肪。现在，大家的身体正努力消化过量的营养。政府在购买斯昆海德农场的时候也一起买下了罗森霍夫农场，但尚未决定如何使用这里，便一直废弃着。不久以后，罗森霍夫便被人擅自占用。1994—1995 年间，斯昆海德安置营爆发了多次暴力事件，于是我便在罗森霍夫农场生活了几个月。罗森霍夫农场的居民属于擅自占用废弃农舍，与几英里外斯昆海德的朱特瓦人不同，他们没有获得粮食援助的资格。

那天黎明前，破旧农舍的围墙南边传来一阵阵叮叮当当、咔嚓咔嚓的声音，伴随着疯狂的震动，所有人都被吵醒——"神明的礼物"出现了！紧接着便是一阵激烈的狗吠，听上去情绪异常高涨。当时，库斯的孩子们早已醒来，躺在床上，无聊地听着父母如雷的鼾声。听到动静，他们便起身，一路小跑着去看看到底是怎么回事。一会儿工夫，他们便瞪大了眼睛飞跑回来，嘴里不停喊着，"肉！肉！"

住在这一片的居民们睡眼惺忪地从梦中醒来，跌跌撞撞地跟在孩子们身后，结果发现了一头体型硕大的雄性羚羊。大羚羊的眼睛睁得很大，充满恐惧。不知怎么的，它长达一米的羚角卡在了农舍外缘栅栏的铁链上。这些栅栏是解放战争期间竖起来的，很是坚固。羚羊的脑袋垂得很低，在肩膀下面笨拙地扭来扭去，好像在向一位看不见的神明磕头。

我们这群人靠近羚羊时，它的前腿还在不停往后蹬，疯狂地向上扭动脑袋，试图逃跑。羚羊的本能，便是遇到危险时，尽量利用羚角保护自己。但现在，它的羚角被死死卡在栅栏里，无法施展。一般说来，如果大羚羊确定无法逃脱，便进入战斗状态。它会退入荆棘丛，以保护自己的背部，迫使对手正面交锋。大羚羊体重可达 250 千克，脖子和肩膀的肌肉非常强壮。这意味着大羚羊冲向对手之时，任何动物都可能被它的角刺穿。不论是谁，只要看到两只雄性大羚羊发情时愤怒地冲撞刺戳的情景，必定会不寒而栗。

但是，眼前的这只大羚羊已经败下阵来。它的角被栅栏困住，身体完全暴露，弱点一览无余。它耷拉着脑袋，仿佛已宣告投降，重达 400 磅的肌肉和筋骨处处散发着绝望的气息，眼睛狠狠地盯着站在边上的人群。

我们无从了解这只羚羊何时被卡在了栅栏里，也不知道它是怎样被卡住的。猎犬为何没早点叫起来呢？它是受到惊吓才不管不顾地跑进栅栏里的吗？它难道错把栅栏的影子当成了威胁，一头撞了过来？或是被豹子追赶才慌不择路？后来我们查看了羚羊的足迹，发现它是慢慢走近栅栏的，这样一来，羚羊被卡住便莫名其妙了。它似乎小心翼翼地探头过来，双角穿过栅栏上的洞眼，便卡在那里动弹不得了。

现场的朱特瓦人考虑的不是大羚羊为何会被卡住，每个人心里想的都是，现在该如何杀死它。羚羊的角伸向栅栏的另一边，腿脚早已没了力气，已经没有任何威胁。人们开始七嘴八舌地争论：用棍子打死它，还是割断它的气管更省事？

争论了一会儿，只见朗·乌鲍勃（Long Oubob）拿着长矛慢悠悠地走了上来。朗是个干练的中年男子，独居在水库旁的小棚屋里。他光着脚,穿过这小群人,一言不发地把长矛刺进了大羚羊肩后的肋腹。这一下矛头全部没入羚羊的身体,只露出木杆。此时,他抓住木杆,往外拉出一段,又马上用上全身的力气,猛地一插,同时还特地把矛杆扭动了一下。矛第一次刺进羚羊的肋骨,刺入肺脏之时,它便开始颤抖。待到第二次刺入,粉红色的血从羚羊的嘴里冒出来,它的前腿开始不停地颤抖,弯曲下来,最终瘫倒在地。于是,神明送来的礼物就只能等着人类宰割了。

我听到库斯感叹这头大羚羊是神明送来的礼物,便扭头问她,谁是她心目中的神明。是朱特瓦人信奉的骗子之神葛亚娃吗?朱特瓦猎人饥肠辘辘之时,葛亚娃偶尔会引导猎物来到他们打猎途经的路上。神明是不是基督教信奉的上帝呢?上帝固然是全能的神,但时刻要求信徒心存感恩,看上去不怎么宽宏大量。

此时,我和库斯已在这个农庄共同生活了好几个月。人类学家总爱聊些神明、自然、历史等话题,她总和我说,应该把这些问题留给在乎这些事情的人。现在这当口,库斯显然无意谈论神明,没有回答我的问题。库斯的反应并不意味着她受了冒犯。事实上,对宇宙起源的问题,这里的朱特瓦人大多心态开放。毕竟几代人以来,白人农场主一直在向朱特瓦人灌输基督教义。

最近,有一群南非比勒陀利亚(Pretoria)和布隆方丹

（Bloemfontein）等地的五旬节派①（Pentecostalism）青年教徒，不过十八九岁的样子，每隔一两个月就会跑一趟斯昆海德传教。这群年轻人会在树下举办临时的礼拜，然后爬上他们的小货车，前往下一个农场，继续传教活动。这些传教的人，不会给听众直接生灌教义，而把重点放在巧妙地说服朱特瓦人，让他们觉得自己有必要"和耶稣建立起个人关系"。他们还总和朱特瓦人强调，人类拥有的一切都是上帝的眷顾，向上帝表达感激之情非常重要。恩格纳听了这套说辞，总会发笑。他和我开玩笑说，政府肯定就是上帝，他们在斯昆海德为大家派发食物，而且营地管理员总和居民们说，你们要感谢政府。也有不少朱特瓦人，在获得救赎的承诺之中找到了慰藉，领会了基督教的福音。

在分享了这顿美餐的朱特瓦人看来，大羚羊的自我牺牲本身就是神性的证明。肉类是朱特瓦人最重要的食物。但自从白人农场主到来后，野味已成了罕见的食物。有些农场主会每隔一两个月打一只扭角羚或大羚羊，让农场里的朱特瓦劳工饱餐一顿。有些农场主则偶尔杀一只山羊或小公牛给劳工们开荤。

奥马海凯一带曾有大量野生动物。白人农场主不仅用子弹捕猎，而且为了管理自己的牲畜，还用铁丝网和栅栏把土地一块一块圈起来。这种做法限制了角马、麋鹿、斑马等动物的

---

① 五旬节派教会是基督教新教派别之一，产生于19世纪末20世纪初。——译者注

迁徙。越来越多的牛群也把野生动物赶出了季节性草地。

有些当地的动物适应了农场主出现之后的新环境。优雅的扭角羚长着螺旋形的羚角，就像顶着巨大的王冠。牛栏对它们来说不在话下，轻轻一跃便跳了过去。小岩羚和小羚羊这类小型动物也能在牛场之间穿梭，它们无须跳越围栏，而能从围栏底下钻过来。此外，大部分食肉动物都被农场主消灭了，没有了天敌，这些食草动物的生活就比较舒适了。豺狼和蜜獾等动物则改变了习性，成为这一带的拾荒者和小偷。农场主对大型食肉动物毫不客气。我来到奥马海凯之时，狮子、野狗和鬣狗早就被他们猎杀得差不多了，只留下猎豹和花豹。猎豹是猫科动物中的幽灵，尾巴轻松一甩，便能从人的视野中消失。花豹则十分多疑机警，只要有一丝一毫的机会，就能从一场搏斗中飞快溜走。

像恩格纳这样旧时代的人常为野生动物的大量消失倍感惋惜。现在，野生动物只能活在老人的记忆中，或是成为私人保护区的有偿猎物，供付了大价钱的猎手游乐。恩格纳常常一本正经地伸出手指头，一边掰着指头点数，一边念叨他曾经打到的猎物。

"大角斑羚！扭角羚！长角羚！牛羚！赤猾羚！小羚羊！小岩羚！长颈鹿！斑马！"恩格纳唱歌似的一样样数过来，"我们年轻时常常打猎。结婚的时候，要把打猎得来的肉交给妻子，再给她的父母吃，这样爱情才算圆满。"

恩格纳自己也承认，哪怕他腿还没瘸、视力敏锐的时候，自己也不是个有天赋和热情的猎人。可是现在，年轻的朱特瓦人不知道野生动物活动的路线，不知道如何做出像样的弓，也不知道去哪里才能找到毒箭甲虫的幼虫，制造出箭毒来。看着年轻人丢掉了祖先赖以生存的能力，恩格纳倍感遗憾。他认为，斯昆海德现在的社会痼疾大多由狩猎活动缺失造成。同时，恩格纳又觉得年轻人不知道如何获得箭毒，不知道如何制作弓箭，未免不是好事一桩。以斯昆海德现在的状况，如果青年人真的掌握了狩猎的技能，难免自相残杀起来。

✦

在1994年的斯昆海德，尚没有疑神疑鬼的白人农场主时刻关注着朱特瓦人的行踪。朱特瓦人虽然吃不饱饭，但有大把的时间。有些朱特瓦人馋肉了，便动起脑筋，把精力放在自己最擅长的事情——偷窃牲畜上。有些朱特瓦人还掌握着捕猎大型动物的技能，便悄悄在白人的农场里追踪扭角羚、大羚羊和疣猪。但是，大多数人害怕因偷猎被捕，只能在斯昆海德地界之内捕捉小型猎物。

比起专门的狩猎工具，斯昆海德的一大帮孩子更喜欢弹弓。他们先找来硬质的树杈，放在热沙之中，木质稳定之后，绑上报废内胎做的橡筋，一把弹弓便做成了。小男孩一天到晚拿着弹弓，练习射中目标。孩子们大多能随意捡起一颗石子，从远处准确地射向毫无防备的珠鸡、地面上的松鼠和豺狼。但他们最常击中的还是蜥蜴、蛇和小鸟。射死的蛇和蜥蝎，一般留在原地无人理会，而小鸟则被埋在火堆的余烬里烤着。小鸟的羽毛受热熔化，便会形成一层硬壳，烤熟后就能毫不费力地从小小的鸟身上剥下来，好像剥巧克力球外面的银箔一般。

斯昆海德还有许多跳兔。跳兔大概是神明创世之时用剩下的边角料拼凑出来的。它们外表像是袋鼠，后腿肌肉非常发达，长长的脚像兔脚，尾巴又长又密，像猫尾巴一样，毛茸茸的粉色耳朵若是安在松鼠身上就太大了，但若是放在兔子身上又太小了，所以跳兔无论什么时候看着都像只一脸惊讶的小老鼠。在斯昆海德，人们会用传统的方法捕捉跳兔。要是没有步枪和聚光灯的话，传统的方法也是唯一的方法。为了抓住跳兔，朱特瓦人发明了一种特殊的长矛。矛杆由许多根一码长的细棍组成，用动物筋或橡胶把它们头尾相接连起来。矛头也和一般的矛不同，用栅栏上的铁丝制成尖钩。白天跳兔休息时，会回到地下的洞穴。长矛可以伸入洞穴，沿着洞里通道蜿蜒前行，直抵跳兔藏身的巢穴。然后只要迅速地一推一拉，就能飞快地钩住一只跳兔。这时，猎人可以扒开洞穴，挖出跳兔，用棍子把它打死，或直接扭断脖子。每次吃跳兔的时候，亲切的朱特瓦人总是把兔头分给我。这玩意儿煮熟后，眼睛就瞪着我，嘴巴大大地张开，龇牙咧嘴地好像在盯着我笑。而我是有礼貌的客人，便总是把盘子里分到的大部分食物都让给别人。

捉跳兔要挖坑，捕禽鸟就要做很多准备工作。朱特瓦人捕捉的鸟种类很多，珠鸡、鹧鸪和鸨这样体型大的禽鸟价值也较高。猎人们一般用装有弹簧的陷阱捕鸟。陷阱所用不过是细长的扁担杆树苗、一圈埋在沙子里的小树枝和一头系了活结的麻绳。

捕捉的跳兔、箭猪、珠鸡等小型猎物只能算是美味的零食。即便逮到一只大跳兔或大箭猪也好不到哪里去，一大家子人一起分享，每人只能分到一两口肉，有时甚至只是漂着点油花的肉汤，拌在玉米粥里喝下去。

农场里的朱特瓦人不能自由地捕猎大型动物，因此捕猎几乎成为他们生活的一大块空白，若是这个朱特瓦人没有工作，这块空白便无法弥补。于是很多人用酒精填补空虚的生活，至少喝酒能让他们发泄自己的烦恼情绪。打猎给朱特瓦人带来的不仅是营养，还是其自身和外部世界建立联系的途径，给予朱特瓦人生活的目标，也让宇宙充满了真实可知的触感。打猎所得的肉食不仅能填饱朱特瓦人的肚子，给他们力量，还给他们带来一种发自内心的喜悦。朱特瓦人认为，这种深刻的喜悦是男女共坠爱河、紧密联系的黏合剂。白人农场主结婚，以戒指和忠诚的承诺表明婚姻的神圣，而朱特瓦人结婚，则用肉食表明婚姻的神圣。

奥马海凯朱特瓦人的遭遇和卡拉哈里沙漠的其他布须曼族群的遭遇非常相似。20世纪上半叶，沙漠里的布须曼人基本上还过着自主狩猎的生活。海阔姆人是所有桑人中最具活力的猎手，他们的传统领地就在埃托沙盐池（Etosha Salt pan）

一带。后来，这片土地成为国家公园。到了1948年，为了保护自然，海阔姆人不得继续居住在国家公园里面。他们被装进卡车，送到附近的白人农场当劳工。1961年，奥马海凯南部的寇族人和那罗人被迫将最后的土地让给白人农场主和赫雷罗人。生活在纳米比亚最北部的昆族人将土地割让给了各奥万博部族，如尼甘耶拉（Nganjera）、库瓦亚马（Kwanyama）和恩敦加（Ndonga）。在边境另一边刚刚独立的博茨瓦纳，20世纪70年代颁布的新法律不再承认狩猎和采集是使用土地的合法方式，于是以放牧为生的农场主便迅速地占领了地下水丰富的土地。同时，政府决定将布须曼人迁入永久定居点，这让布须曼人丧失了独立生活的能力，形成了一种依赖政府救济的文化。

到了20世纪80年代，博茨瓦纳和纳米比亚尚有约7万布须曼人。一些布须曼人仍偶尔狩猎采集，但全靠狩猎和采集根本无法养活自己。只有极少数地方的布须曼人还保留着父辈和祖父辈狩猎的技能，如卡拉哈里野生动物保护区、博茨瓦纳的库采地区（Khutse region）、尼耶和纳米比亚的卡普里维地带（Caprivi Strip）。

◆

狩猎采集的朱特瓦人并不挑食。对于几乎所有大自然的馈赠他们都毫无怨言地吃掉，并感到发自内心的快乐。朱特瓦人从不精心加工或提炼食物。获得了渴望的营养成分，身体内部就好似要大张旗鼓地欢庆一番，饮食的快感便油然而生。让本来就营养过剩的顾客吃米其林星级餐厅的美食当然也是一种享受，但远远比不上真正饥饿的人吃到简单的食物。后者的体验无疑更加深刻而快乐。在卡拉哈里沙漠，只要是能吃的东西，便有人吃，尤其是肉类。人们一般不太吃猎豹、花豹、狞猫等食肉动物，我碰到的吃过这些动物肉的人可谓寥寥无几，但他们都说这些动物是惊人的美味。有人说狮子肉的味道很奇怪，要慢慢适应，只有上了年纪的人才吃得惯。

除非迫不得已，人们一般不吃鬣狗和秃鹫。这两种动物的肉尝起来就像"吃屎"，吃了还可能生病。奥马海凯奥米兰巴南部的岩脊、措迪洛山这样的多岩地带，常有狒狒出没，但朱特瓦人不吃狒狒。朱特瓦人把有些物种看作"动物人"，但狒狒很特别，它们实在太像人了。此外，朱特瓦人觉得家养的狗和野生的狗也绝对不能吃。

寒带与亚寒带地区的狩猎采集社群有个说法：麋鹿和驯鹿等动物会爱上人类。这些动物向猎人表达爱意的方式就是"奉献"自己，它们站着一动不动，凝视着猎人，猎人就能轻易射中它们。

我把寒带猎人的这一说法告诉朱特瓦人，他们觉得动物自愿向猎人投降的说法简直太可笑了。朱特瓦人说，哪怕一只受伤的老牛羚，牙都掉光，眼窝深陷，只剩最后一口气，如果遇到了猎人，它也会露出惊恐的眼神，笨拙蹒跚地逃跑。朱特瓦人觉得动物和人一样"热爱生命"，它们生活的环境里，各种食肉动物全都虎视眈眈，随时都有被吃掉的危险，爱惜自己的生命完全可以理解。

过去 10 万年间，非洲南部的大型食草动物只有成年的大象和犀牛不必担心被周围的食肉动物吃掉，可以自由自在毫无顾忌地生活。在其他的食草动物中，大自然会偏爱擅长侦察和躲避危险的动物。有些动物善于防御，比如长着密集尖刺的箭猪，还有皮肤又厚又松的蜜獾，它即便被猎豹咬到也能蠕动着逃脱。但善于防御的动物为数不多。还有些动物善于隐蔽，有的能伪装自己，有的则藏身于地下，且巢穴通道复杂或出口众多，一旦隐蔽的地方被巨蟒或豺狼发现，也能偷偷遁走。但大部分体型较大的有蹄类动物都进化出了敏锐的视力、出众的听觉、灵敏的嗅觉，它们机警过人，反应迅速，一旦跑起来便速度惊人。

以前，卡拉哈里沙漠动物的密度远高于目前的状况。现在，奥卡万戈三角洲的湿地仍然生活着大量动物。我们不免想到，1.1 万年前卡拉哈里北部还是一大片广袤的浅水湖时，动物的数量一定非常庞大。即便 50 年前在卡拉哈里广阔干燥的平原上，牛羚、跳羚和赤猂羚的数量也大得超乎想象。每年旱季，它们都会沿着固定的路线迁徙，来到季节性水源所在的区域。生活在卡拉哈里南部的寇族布须曼人以及生活在博茨瓦纳卡拉哈里中部野生动物保护区东部的郭克韦克霍伊人依然记得，以前经常看到大群的迁徙动物，数量多到一眼望不到头。迁徙的队伍要走三四天，才能完全通过他们居住的区域。

后来，博茨瓦纳人开始大量养牛，尤其1954年之后，为防止疾病在牛群中传播，兽医们立起了许多围栏。于是，通往季节性饮水点的传统迁徙路线被切断，成千上万的牛羚在迁徙途中渴死，牛场的围栏外满是它们的尸体。据估计，仅在1983年，就有7.2万头牛羚在试图穿过围栏时死亡，未能进入卡拉哈里中部野生动物保护区以北的骚湖（Lake Xau）。此后，大群大群的迁徙动物便消失了。

哪怕在卡拉哈里沙漠还有大量的牛羚和大羚羊等迁徙动物的时候，狩猎也不是简单的事情。猎人不可能大摇大摆地走进草原，挑一个今天想吃的动物，举起棍子敲过去，猎物便应声倒下，成为人们的盘中餐。实际的情况是，猎人常常忙活了好半天，最终空手而归。

◆

往上数两代，所有尼耶的朱特瓦男孩都必须学习打猎，所有成年男子都必须定期出去打猎。但规则总有例外。视力特别差或身体有残疾的朱特瓦人可以免去打猎的责任；还有个别男人觉得和女人在营地后面厮混更加自在，不想结婚，也可不参加狩猎。现在，尼耶的朱特瓦儿童大多要上学（一般只上一两年学），人们也无法像过去那般自由狩猎，熟练掌握或具备狩猎技能的年轻男子数量远远少于以前。但一个朱特瓦男人如果既不会打猎，又赚不到钱买肉，就得打一辈子光棍。在朱特瓦人看来，女人既喜欢肉又像肉一样。

年轻男子若是爱上一个女人，就要"猎捕"她。猎人必须小心地靠近自己的猎物，用箭射中猎物。而求爱的时候，男人也会像追踪猎物一样，盯紧自己中意的女人，调风弄月，拨雨撩云。故此说女人像肉一样。

而说女人喜欢肉，是因为"朱特瓦人都喜欢吃肉"。所有的食物之中，肉最富营养，也最为美味。一个女人要是遇到了能提供充足肉食的男人，可不能错过他。若有人说"女人喜欢肉"，这话里暗含的挑逗意味，在朱特瓦语和英语里，大体是一样的。

◆

朱特瓦妇女向配偶索取肉食，反映的是代表智人进化方向的情绪和需求。

约 500 万年前，现代智人遗传学上的遥远祖先很少吃肉。他们的身体和消化系统和现在大猩猩的十分相似，只有身体需要某种特定的矿物质时，他们才会吃一些白蚁或动物的腐肉，除此以外，他们所有的能量和营养几乎都来自植物。

至少从营养角度看，做食草动物非常辛苦。一只食草动物，必须把几乎所有非睡眠时间都用来吃东西，所有能量也都消耗在消化食物上。大猩猩吃的草、树叶和水果大部分都不是很有营养。这些食物进入体内还要被大量加工才能消化。因此，大猩猩每天都花一半时间吃东西，剩下时间都用来休息和消化食物。约在 250 万年前，人类祖先开始喜欢上了吃肉，于是走上了一条与其他近亲动物截然不同的道路。近亲的后代就是现在的非人类灵长类动物，它们每天从早到晚都在进食，吃下大量富含纤维的树叶和蔬菜。

早期原始人吃肉的证据便是动物骨骼化石上明显的屠宰痕迹。这些痕迹主要是原始石头工具留下的划痕、凹痕和撞击破损。目前发现的最古老的确凿证据，只能追溯到200万年前的东非，但人类远祖可能在此之前便开始屠宰动物。在迅速扩张的原始人类族谱中，南方古猿是重要的一支。他们极有可能制造了宰杀动物的石器工具，在这些骨头上留下了屠宰的印记。南方古猿体型比现代智人更小，形态上与现代倭黑猩猩和黑猩猩相似，只是脑容量略大些。南方古猿和现代黑猩猩在食肉习惯上有明显的区别。现代黑猩猩喜欢每隔一段时间就抓几只疣猴，撕碎吃掉。而南方古猿的食谱更广泛，捕食动物的技能更全面，能逮到一些体型比自身更大的物种。它们也可能是老练的食腐动物——把食肉动物从猎物的尸体旁赶走，将剩下的猎物据为己有。正如今天，朱特瓦人和肯尼亚的马赛人有时也会赶走正在享用自己猎物的狮子。与现代狩猎采集社群一样，南方古猿以大型动物为食还能获得一个明显的优势，即这些动物往往含有更多脂肪，花费同样的精力捕猎，能得到更多的能量。

南方古猿改变饮食习惯进食更多肉类的时期，与原始人类进化过程中的一个重要阶段正好吻合。在这一阶段，原始人的大脑快速发育，逐渐向直立行走的方向发展。这样一来，手臂就解放出来，可以做许多事情，然后进一步进化出灵巧的双手，能够胜任精细的工作。

从南方古猿进化到能人，再到直立人，最终进化成为智人，这个过程大约花了 200 万年。在此期间，大脑容量增加了一倍多。大脑体积的快速增加，受到许多选择性压力的驱动。但如果原始人没有变得越来越爱吃肉，大脑便不可能进化。发展和维持大脑活动所需的能量远远超出纯素饮食所能提供的能量。大脑重量不过人体总重的 2%，但人在静息状态下，大脑也会消耗我们约 20% 的能量。黑猩猩的脑耗能约占总耗能的 12%，而其他非人类哺乳动物的脑耗能通常远低于 10%。建立和维持高能耗的大脑工作机制，不仅要消耗富有营养的食物，同时还要把原本供给其他器官（尤其是一刻不停的消化系统）的能量转移到头部。摄入富有营养且高蛋白的肉类，便能帮助我们同时实现这两项任务。

只靠肉食本身，不可能让原始人的智力持续提高。尽管肉类含有丰富的热量、氨基酸等营养物质，但又黏又硬，只有将其完全剁碎，弄成鞑靼牛排①的样子，人才能咀嚼下咽。故此，早期人类从偶尔的肉食者转变为专业的杂食者，变化的关键是烹饪。烧熟的肉更易咀嚼消化，烹饪往往也会让肉食更加美味。

同时，烹饪也大大拓展了早期人类的食物范围。[1] 许多植

---

① 又称鞑靼牛肉，将切碎的生牛肉搭配生鸡蛋黄以及各种调味料做成的一道生食料理。——译者注

物的块茎、茎叶和果实,生吃都难以消化,甚至会引起中毒,可一旦煮熟后便营养丰富,味道鲜美。烹饪让原始人不像其他动物那样挑剔食物。饮食的适应性增加,又掌握了浓缩营养的烹饪能力,这意味着原始人不再受制于某一特定的生态位,相比其他生物能在更广阔更丰富的栖息地生存下来。大草原上的危险比森林里更多。人类掌握了火,便能规避草原上的许多生存威胁,而其他高级灵长类动物则只能生活在相对安全的森林里。在朱特瓦猎人传统的狩猎装备里,火棒和弓箭是同等重要的工具,不过近年来,火棒被火柴和打火机取代了。尼耶的朱特瓦人会在夜晚降临前烧旺篝火,以挡住狮子、鬣狗和大象等不受欢迎的造访者。

早期原始人系统性用火的证据并不完整。长期以来,无人能肯定地说原始人进化到现代智人前便已经开始系统性地使用火。最近,南非北开普省的一处洞穴中发现了 100 万年前营火的遗迹。这表明至少 100 万年前,烹饪就已在人类的进化之路上发挥了举足轻重的作用。能人是最早使用工具的人,也是最早"真正"的原始人。尽管尚未出现强有力的考古证据,但我们相信能人已经开始烹饪某些食物。约 180 万年前,直立人登上了历史舞台。从大脑发育来看,直立人便是能人烹饪能力的受益者。[2] 能人经常使用基本的石制工具——把石头放在一起撞击,就能擦出火花,还会点燃边上的干草。能人这种脑容量是黑猩猩的两倍的生物,通过撞击两块合适的石头便掌控了火这样重要的力量,这也不是什么不可思议的事啊。

火不仅让原本素食的原始人获得了肉类营养的宝藏，也促使我们发展出了新的生理机能。黑猩猩和大猩猩等灵长类动物的肠道比人类更长、更大。它们需要更多的结肠空间，肠道细菌才能有足够的时间与空间从多纤维、多叶的饮食之中汲取营养。素食的原始人需要消化叶子，消化道也定然如此，但有了烹饪这个"预消化"的过程，消化道即便缩短一部分也不妨碍生存。烹饪也重塑了人的脸型。煮熟的食物更柔软，这意味着肌肉发达的颌骨不再是选择优势。故此，进化中的原始人头部虽然变大，但下颌反而缩小了。快速缩小的下颌有利于人类发展出独特的发声器官，但牙齿的形态变化则滞后于下颌的缩小，于是矫形牙医便永远都不会失业。[3]

人类祖先热爱吃肉的另一个后果是医院的心血管病房人满为患。心脏病药物治疗方案层出不穷，投资者从中不断获利。医学权威建议我们控制肉食的摄入，但这些建议常常被抛诸脑后。在第一世界的发达国家，日常饮食之中肉类十分丰富。医学建议，"健康"的肉类摄入量为每日 70 克，而目前全球每年平均肉类消耗量约为 50 千克，几乎是建议水平的 2 倍。欧洲大部分地区、北美和澳大利亚是全球家庭平均收入较高的地区，平均肉类消耗量是建议量的 4 倍；而美国的肉类消耗量是建议量的 5 倍。高速发展的发展中经济体中，有钱人消耗的肉食也已和西方国家消耗的一样多。超市货架上的肉类产品哪怕出自工业化的养殖场，并且索然无味、质量低劣、类固醇含量极高，它们对我们的吸引力也非常巨大。[4]

✦

理查德·李的数据显示,完全依赖狩猎采集为生的朱特瓦人,摄入的肉类总量与第一世界处于同一水平。目前,肉类提供的热量约占美国人摄入热量总和的15%。但朱特瓦人不摄入大量碳水化合物,而且更喜欢脂肪含量高的肉类,还经常食用内脏和软骨。这样的肉食能提供更多能量、维生素和矿物质。此外,朱特瓦人更喜欢把肉放在水里煮,而不在明火上烤,这样脂肪就不会流失。在狩猎采集朱特瓦人摄入的总热量中,肉类提供的热量约占30%。

比起其他人类学家研究的狩猎采集社群,觅食朱特瓦人摄入的肉类最少。寒带的狩猎采集社群几乎只吃肉食,其他狩猎采集社群约2/3的热量摄入来自动物(包括鱼类)。阿纳姆地(Arnhem)的澳大利亚土著摄入的营养77%来自动物产品。巴拉圭的阿切族(Aché)摄入的热量70%来自动物产品。南部非洲坦桑尼亚的哈扎人是科伊桑人的近亲,两者基因和语言的关系最为密切。哈扎人摄入的营养中48%来自动物产品。[5]研究者分析了旧石器时代原始人的胶原纤维同位素,发现现代智人历史上,肉食摄入水平高是个常态。现在人们普遍认为,吃肉多是高风险的饮食结构,像狩猎采集者那样吃那么多肉是走入了进化的死胡同。但目前的事实显然不是这样,当代"原始人"饮食法(Paleo diets)的倡导者就对此强烈反对。

完全理解食物和健康之间的科学关系尚需时日。如果在不久的将来出现了新证据，全盘推翻有关肉类和动物产品的饮食建议也不足为奇。目前，我们无法解释为何狩猎采集社群的饮食含有大量肉类、但其心血管疾病发病率却如此之低的原因。狩猎采集者并不具备什么特殊的基因。个别富裕的朱特瓦人和桑人也住在城市里，想吃什么就吃什么，想什么时候吃就什么时候吃。他们也都大腹便便，大多也患上心脏病，不少因此英年早逝。目前最有说服力的解释是，狩猎采集者的食谱更为广泛，他们的食物富含纤维素和抗氧化剂，几乎不摄入碳水化合物丰富的食物，故此肉食吃得多也没有什么危害。但确切的解释目前尚未出现，或许他们工作的时间特别少也是个原因。

◆

原始人的智力发展不全靠肉类中特定的营养物质。狩猎活动本身也改变了原始人和其他物种间的互动方式。南方古猿的祖先只能采集静止的食物，而后世的原始人类已经开始发展打猎的技能。动物远比原地不动的莴笋机智聪明，它们不会待在原地不动等着猎人来捉，打猎便要运用智慧。此时的猎人可能会观察和模仿其他肉食动物捕猎的技能，并根据自身特点对之加以改进，方能成功逮住猎物。这个过程有助于推动自然选择的演化，而且明显加快了人脑布罗卡氏区（Broca's area）的发展。布罗卡氏区是负责人类交流复杂思想能力的脑区。

早期的猎人缺乏有效的武器，极可能集中精力抓捕小型猎物。但是直立人喜欢吃大型动物的肉。如果他们不愿捡食猛兽吃剩的猎物残骸而决定靠自己狩猎大型动物的话，便很可能采用持久狩猎（persistence hunt）的方式。顾名思义，持久狩猎意味着长距离地追捕猎物，直到猎物筋疲力尽、动弹不得，猎人们便可以轻易靠近猎杀。少数布须曼人和博茨瓦纳的寇族人目前仍在使用这种方式捕猎扭角羚等猎物。持久狩猎能提高耐力，使人类具备不可思议的长跑能力。

人类学家和考古学家对狩猎、吃肉和人类进化三者的关系做了很多研究，却忽视了人类非常显著的一个特点，这就是同理心。人对他人或动物都有同理心，即将自己投射到对方的世界，从对方的角度体会感受周围的一切。

12
狩猎与共情

1995年伊始,我在朱特瓦人社群的田野调查已开展了6个月。此时,道格(Dog)认我当了主人。道格是斯昆海德最勇于追求温情的狗。别的狗总是夹着尾巴,无精打采地四处游荡,不希望别人注意到自己。它们不愿和人有身体接触,但若有人拍拍它们,它们也会惊讶地回以感激的傻笑。在这里,狗和人的互动,大都是狗被人踹,或被人扔石头砸。

这些狗仅有的快乐时光,就是加入一支觅食的队伍,追踪走丢的山羊,或成群结队地在村庄和附近的灌木丛中东奔西跑。这时它们才会摇起尾巴。

每一只狗在村子里都有一户主人,但朱特瓦人不会将狗看成寄托感情的对象,也不会把它们当成"家庭的一员"。人都时常难以果腹,狗也只能自己照顾自己。晚上,狗便绕着火堆搜寻食物的残渣,如果填不饱肚子,它们就会捕捉蜥蜴、老鼠、昆虫等各种沙漠生物。有个男人曾和我说,他的狗学会了捕蛇吃。但有只狗被眼镜蛇咬死了,此后狗便不太敢招惹蛇了。

我给道格食物，而且愿意给它关爱，它便把我当主人。那时我刚到朱特瓦社区不久，常感陌生和不安，道格的陪伴便是它给予我的回报。趁人看不见的时候，我常把盘子里的剩菜塞给道格。后来，我给了它一只专门用来吃食的碗。我经常挠挠它的耳朵，抓抓它的胸口；它经常靠着火堆，蜷缩在我脚边。我认为只要我肯带上它，它便会陪我去任何地方。但有一次我把他带到自己的卡车上，它立即陷入了恐慌。所以此后，每当我去别的地方时，都把它留在斯昆海德。

道格是典型的非洲犬，是非洲特有的犬种，埃及的象形文字就有非洲犬的形象。约 2 000 年前，非洲犬慢慢出现在各地的人类定居点。在不同地方生活的非洲犬，经过许多代之后，便慢慢进化出亚种，以更好地适应特定的环境。化石遗迹表明，约 1 200 年前，非洲犬首次出现在南部非洲，约 700 年前进入卡拉哈里沙漠地区。卡拉哈里沙漠的环境更适合能快速奔跑且行动隐蔽的非洲犬。这里的狗须得独立觅食，吃捕猎者及其他人类吃剩的食物，必要时能迅速逃离。道格的肩高只有 1.5 英尺，看着更像惠比特犬（whippet），而不像自己的远亲罗得西亚猎犬（Rhodesian ridgeback）。罗得西亚猎犬也是非洲犬的亚种，肌肉发达，甚至可以追捕狮子，深得好望角的霍屯督牧民喜欢。道格的毛色不是非洲犬典型的纯米色，身上长着斑纹。奥马海凯的非洲犬，祖上都和白人农场主带来的狗杂交过，故此几乎不再有纯种的非洲犬，它们身上多少都带着各种外来犬种的基因特征。

我与道格的关系并未持续多久。在我收养道格数月后，一次旅行回来，却发现它蜷缩在黑刺金合欢的灌木丛深处，这样别人够不到它，它也不会被荆棘扎到。我叫着道格的名字，它的尾巴也不断拍打着地面，但本能的恐惧让它不再靠近我，我也没法摸到它。透过交错的荆棘，我发现了问题所在。道格的背上有几块伤，毛皮和血肉都模糊成一团，伤口深处露出了森森白骨，白得像被漂过似的，伤口周围的皮肉呈现烫伤后的焦黑状。经过打听，我得知了它受苦的原因。我曾买过一瓶工业酸，用来清洗管道，用剩下的便随手放在一边。有些孩子发现了这个瓶子，他们见过我使用这瓶东西，于是也想试验一下它的腐蚀能力。他们把酸浇在不同的物体上，结果就浇了道格。道格继续在灌木丛下蜷缩，一天后，器官开始衰竭。我拿了些食物和水推进灌木丛里，但它没有任何回应。最后我们只能劈开荆棘丛，把它弄出来。此时道格已经奄奄一息，痛苦不堪。我的朋友凯斯（Kaice）见状便用铁锹迅速在它脑袋上猛击了一下，让它死得痛快些，然后我就用铁锹给它挖了一座小坟墓，埋好后，我把它的食碗庄严地放在上面做标记，随后做了简单的祷告。

我要求朱特瓦邻居惩罚伤害道格的孩子，让他们意识到他们给道格造成的痛苦，但是邻居十分不解。他们认为，"道格不过是只狗"，孩子们只是好奇而已，不应受惩罚。

在朱特瓦人看来，我喂养和抚摸道格都是很奇怪的行为，而给道格办了像人那样的葬礼更是荒谬至极。其实，我早就注意到朱特瓦人对狗的态度和我不一样。面对白人农场主和宠物狗的关系,朱特瓦人就经常指指点点,感到奇怪。当农场主开车时,狗可以坐在车厢里的座位上,布须曼工人却只让狗待在车斗里。相比之下,狗有肉吃,受尽农场主的宠爱,布须曼工人却只能吃玉米粥,还经常挨打;农场主很少允许朱特瓦人进入自己的房子,狗却可以睡在农场主的床上。每当朱特瓦人议论起这些事情,总是哈哈大笑。农场主的这些"怪癖"也成为朱特瓦人永不过时的笑料。

最后,凯斯向我提起了这个沉重的话题。

"昆塔,"凯斯说道,"你们白人的问题是觉得狗的行为和人类一样,甚至你们的狗都要把自己当成人类了。于是,它们不是人,它们只是狗啊。狗的世界和人的世界不一样。"

朱特瓦人不仅对狗的痛苦很冷漠,对所有动物的痛苦都很冷漠。即便我明白朱特瓦人认为狗和人"不一样",我也无法理解这种冷漠。有个普遍的观点认为,朱特瓦人等狩猎采集社群与生活在一起的动物发展出了深厚的共情关系,但现实截然相反。后来我才慢慢明白,共情正是朱特瓦人冷漠的原因,他们的共情与我们理解的共情并不一致。

朱特瓦人认为,在某种程度上,动物也是人。它们不是生物意义的人(humans),而是文化意义的人(people)。动物要生活,也会思考。朱特瓦人断言,每种动物都有独特的身体形态、习俗习惯,它们体验世界的方式、与世界交流的方式也和别的物种采用的方式不一样。

宠物的主人都认为，自己"分享"给它们的爱以两者的共情关系为基础。而人和动物之所以能共情，则是因为这两个物种存在诸多相似之处。例如，狗会社交，它们对人忠诚，与人有感情，会感激主人。但是，朱特瓦人等狩猎采集社群对自己的动物邻居，抱着完全不同的同理心。他们认为，和动物共情，不是看动物有哪些与人相似的特征，而要从动物的视角看这个世界。如果和动物共情，就不能像人一样思考，把人的想法和情绪直接投射到动物身上，而要用动物的眼光看问题。

朱特瓦人认为，用动物的眼光看问题并不是对动物产生同情与怜悯之心，而是从更广泛的存在角度去理解动物的幸福、死亡、痛苦不过是整个宇宙秩序的一部分。在这个宇宙秩序下，所有物种都应接受自己的角色。有些物种是猎物，有些物种是捕猎者。还有些物种，比如人和狗（花豹特别喜欢狗的味道），既是猎物，也是狩猎者，到底是哪个角色，则视具体情况而定。

朱特瓦猎人对猎物的共情并非独一无二。全球各地的许多狩猎民族也认为自己对猎物有类似的共情心。这种共情产生于狩猎行为。对朱特瓦人来说，共情在追踪猎物的技巧中体现得最为充分。而追踪猎物，则是人类最早、最神秘的解读术之一。

◆

在斯昆海德的朱特瓦人里，只有提亚埃（/I!ae）很爱自己的狗。

"我的狗都是勇敢的猎手。"提亚埃第一次给我看他的杂交狗和另一只稍大点的狗时,向我解释道。那只小一点的狗,身形好似狸犬,勇猛好斗。体型大点的狗很强壮,身上有斑纹,牙齿长得很好,但看不出是什么品种。当时,这两只狗正一起啃着什么动物的大腿骨。在提亚埃不去狩猎的时候,他的狗就会在斯昆海德跑东跑西。主人名声在外,狗也便无所畏惧。它们敢从别人的火堆里偷偷扒出食物残渣,在垃圾堆里翻找食物,偶尔还追着小孩子咬两口。

提亚埃比我大10—15岁,是斯昆海德最有名的猎人。他比一般朱特瓦人高大,身材魁梧,无形之中给人一种威胁感。当地的农场主都害怕他,警察每次到安置营来都会打听他在不在。斯昆海德的人和他打交道都小心翼翼,庆幸他的暴脾气留在狩猎中释放。

提亚埃不太爱说话,也不提自己的过去。但他喜欢拍照。有次他穿了一身海盗的衣服,十分夸张,在镜头前认真地摆姿势。他拍照的时候,常拿着一些道具,比如刚杀死的疣猪下颌、自制的吉他,或者一件刚装饰完的衣服。

提亚埃每次拍照总要露出自己的大耳环,戴上经过精心装饰的、心爱的珠饰帽子。他还喜欢敞开衬衫,展示出胸膛上的文身。他左胸上文了一枚苏联军队风格的五角星,右胸上则是个带有石头底座的十字架。这两处文身都是他在监狱的时候搞的,用碎玻璃片划开皮肤,再用炉灰把伤口染成墨绿色。我问他这文身有什么含义时,他耸了耸肩,说道:"别的囚犯都有文身，看着不错，我就文上了。"他脸上还文了些小印记，3个大雀斑大小的圆点，分别位于两只眼睛的正下方和下巴的中央。

提亚埃不同于其他猎手，更喜欢和狗一起狩猎。他常在黎明前悄悄离开，然后几天后，在黑夜里带回猎获的兽肉。提亚埃从不参加斯昆海德的社区项目，但也能分到援助的食物。他能提供许多肉食，按照朱特瓦人共享食物的传统，他的家人便很少挨饿。

农场生活显然不适合提亚埃，他也不愿意过那种生活。所以，他做了自己世界的主人，比奥马海凯其他朱特瓦人更随性自由。农场的围栏非但限制不了他，反而激发了他的热情。围栏成了提亚埃通往极乐世界的入口，他融入周围的世界，生气勃勃，轻松自在。如果运气好遇上了猎物，他便尽情追踪猎物。

提亚埃把弓箭藏在灌木丛深处，防止它们落入好斗的醉汉手中。他猎杀过各种各样的动物，最擅长捕猎的是疣猪。如今，对于朱特瓦人传统上捕猎的猎物，奥马海凯中数量最多的便是疣猪。每隔几个星期，他就送我一颗疣猪的獠牙当作纪念品。他告诉我，当地的白人农场主为疣猪獠牙开发出很多新用途，比如做成钥匙扣，或者安装在开瓶器上当把手。

相比带着狗在农场偷猎的自由自在，提亚埃在斯昆海德的日子打不起精神来。他对安置营的生活越来越失望，并开始酗酒。渐渐地，酒精浇灭了他对猎物的向往，手中的长矛也变得虚弱无力。

2001年的春天，我最后一次见到提亚埃。那时，他已丢弃了华丽的服装，换上一件破破烂烂的军大衣，哪怕是在酷热的夏天，也将之牢牢裹在身上。他的皮肤已变黑长斑，肌肉流失，消瘦得只剩一副骨架。除了几句问候，我们再没别的话，事后回想，对他未让我拍照甚感惊讶。我猜他感染了艾滋病，因为在那个时候，艾滋病已开始在卡拉哈里沙漠各处蔓延，一旦感染，人就如行尸走肉，只能默默等待死亡到来。

几个月后，我再回到斯昆海德，提亚埃已经消失了。但是，他并非如我所料地进了坟墓，而是进了监狱。别人告诉我，有天晚上他喝醉了，暴怒中勒死了妻子。随后，他小心翼翼地把尸体靠在一棵树上，摆出打盹的假象，方才逃走。但是很快，提亚埃便被警察抓回来送上法庭，被判处10年有期徒刑。在10年的牢狱生涯中，他接触不到损害健康的自酿酒水，也就恢复了健康。刑满释放后，由于害怕被妻子的家人纠缠，他并未回到斯昆海德，而是去了偏僻的马威沃赞雅达。一到那里，他便举起酒杯，庆祝自己重获自由，再次将灵魂交给了死神考西。在酒精的迷惑下，他强奸并殴打了一名年轻女子。清醒之后，得知对方已经去了警察局，他明白自己被送回监狱只是早晚的事。当天晚些时候，警察便在村外奥米兰巴的岩脊附近找到了他。被发现时，他脖子上缠着一根绳子，挂在一棵骆驼刺的树枝上，身体在风中轻轻摇晃。

我到斯昆海德的第一年，提亚埃还是个精干的猎人，我请他教我如何追踪猎物。他虽然觉得我的请求很奇怪，但答应试试看。提亚埃解释道，追踪猎物的技能可以展示给别人看，但是没法教。他认为，猎物的踪迹到处都是，每个人都看得见，但是要学会去解读这些踪迹，就得知道它们是如何形成的。

朱特瓦猎人追踪猎物的技能和制作毒箭同等重要。如果没有掌握追踪的技能，在广阔平坦的卡拉哈里沙漠狩猎，便是不可能的事。这里没有山丘，猎人无法居高临下地将平原上吃草的猎物一览无余。猎人的视野常受茂密的灌木丛阻隔，只能看几米远。爬到树上或白蚁冢上，能看得更远，但在卡拉哈里沙漠大部分地区，要想找到猎物，最可靠的方式还是得看懂它们留在沙子上的踪迹。

提亚埃说得没错，单靠别人教，学不会追踪猎物的技能。我在卡拉哈里地区前前后后待了 20 年，除了提亚埃，还有好几个猎手教过我如何追踪，我也一直努力学习，但收效甚微。要成为优秀的追踪者，身体要和环境进行持续的对话，还要把自己设想成留下足迹的动物，猜测它们的想法。动物的踪迹如同诗歌，自有一套语法、韵律和词汇。解读一首诗歌，远没有读懂一串字母、理解其字面意义那么简单。解读动物的踪迹，也是如此。提亚埃眼中清晰明确的踪迹，比如草叶的轻微弯折、岩石上一道浅浅的划痕，我则完全视而不见。追踪猎物要能读出细微痕迹间的关系，解读出留下这些痕迹的动物有何种情绪、处于什么境地、抱着何种意图。这对我来说是个艰巨的任务，要做到这样，需要一生的实践。虽然我没能从提亚埃那里学到追踪猎物的全部技巧，和他一起追踪猎物的经验也让我明白,在卡拉哈里沙漠狩猎,最关键的便是追踪,但只学会追踪,并不足以成功逮住猎物。

提亚埃觉得,追踪猎物给了他持久的快乐。斯昆海德的中心地带是人们生活的区域,地上不长草,人们往来的足迹便很显眼。提亚埃只要看看这些脚印,便能兴致勃勃地说出来来往往的人都是谁,他们都干了些什么。在能熟练解读踪迹的人看来,斯昆海德没有秘密,每个人的每个动作都会在沙地上留下清晰的痕迹。我到斯昆海德时,在这里重新定居的朱特瓦家庭,很多在以前也都互不认识。但人们很快就熟悉了别人的脚印,一旦出现陌生人的脚印,人们立刻就会注意到,马上询问探听发生了什么。地下情人若要相会,必得谨慎再谨慎;盗羊贼偷别人鞋子来伪装自己身份的事情,大家也都知道。

提亚埃和喜欢探查邻居八卦的人不同,他喜欢远离斯昆海德繁忙的中心地带,去解读沙漠中发生的故事。

提亚埃觉得,沙漠好似一张巨大的动态画布,许多生物在上面描绘着自己的故事。他表示,如果在穿过卡拉哈里沙漠的时候,"像城里人一样"目不斜视,只看前方,这里除了鸟、苍蝇、牲畜、紧跟在牲畜后面的屎壳郎,剩下的便是一片死气沉沉。提亚埃走路时,眼睛在地面上来回扫视,从沙地上杂乱的痕迹之中,读出有趣的故事。他边走边看,手指也没闲着,不停比画来比画去,仿佛要在空气中画出那些留下痕迹的动物。

有一次，提亚埃指给我看一道巨大的月牙形弧线，那是黑曼巴蛇经过时留下的印记。弧线旁边有些划痕，那是一只象鼩察觉到蛇靠近后，仓皇逃窜时留下的。几米开外，便是这只象鼩被蛇袭击致死并被吃掉的痕迹。提亚埃警惕地说，这条黑曼巴蛇肯定藏在附近。他还带我去看了蜜獾与豺狼为了一根山羊腐骨争斗的痕迹，还有猎豹发现周围有人时隐藏自己幼崽的地方。

分析上述踪迹固然有趣，但最能激起猎手提亚埃兴致的还是解读疣猪、扭角羚、大羚羊和小岩羚的踪迹。提亚埃能从一组看起来无关紧要的印痕和磨损扭曲的草茎中，看出这些动物的行为和动机，详细地解释它们要去哪里，它们为什么要去那里，它们在做什么，又从哪里来。他还会告诉我这些动物的性别、体型和状态，比如它们是否健康、是否饥饿、是否有紧张或愤怒的情绪。如果动物的踪迹很新鲜，他便会边思考边向我解释，此时是否该回到斯昆海德，取来狩猎的装备，带上他的狗，再回来追踪猎物。

提亚埃认为，猎物既是他的同伴，也是他的对手。猎物知道他是猎人，它们害怕他很正常，他要逮住并杀死猎物也很正常，双方均无可厚非。

提亚埃善于描述各类猎物的特征，比如它们的行为方式、饮食结构和社会习性。他告诉我，雄性扭角羚很少关心雌性，它们横行霸道却又缺根筋儿，雌性扭角羚则相反，互相关心，不喜欢独处；大羚羊是勇敢的独行侠；疣猪机灵又聪明，常常集体出没,并且睚眦必报。

提亚埃讲起这些动物的特性便滔滔不绝,还根据它们的习惯、饮食、颜色、性行为、牙齿、抚育幼崽的方式、脂肪含量等为其分类。这些分类的标准,都明晰而有意义。但提亚埃发现,要明确地区分人和其他物种,则非常困难。人的适应性太强了,和许多动物都有相似之处。人类可以像狒狒一样爬树,像大型猫科动物一样潜行追踪,像野狗一样奔跑,像箭猪一样挖洞,像凶猛的公象一样搏斗。提亚埃认为,不同物种处于同一个世界,彼此相互作用。非人类物种只有一个共同点,那便是它们都可以被人吃掉。朱特瓦语中,意思和"动物"最接近的词是"!ha",这个词是朱特瓦人对"肉"的通称。同理,如果豹子谈论它们世界中的动物,很可能也会把朱特瓦人和其他能吃的生物都称作不同种类的肉。

我从未和提亚埃一起打过猎。我动作太笨拙,声音太大,行动也不够敏捷,也实在害怕偷猎被抓的后果。另外,提亚埃也不喜欢打猎时有人在边上。有一次我们散步时,他的狗发现了一只雌箭猪,远远地便躁动不安起来。提亚埃想都没想,捡起一块石头一下击昏了箭猪,又用棍子猛击它的脑袋。返回营地的路上,他兴致勃勃地跟我说,箭猪肥厚的皮是最甜美的肉食。给箭猪褪毛时,他顺手给了我几根刚毛作为纪念。

提亚埃是个实干家,对动物世界观的感知出自亲身实践,但他无法用语言讲清动物如何看待世界。这种东西只可意会,不可言传。每次发现猎物的新踪迹,他便会轻轻战栗一下,仿佛这个踪迹在他身上轻轻掐了一下。"就是一种感觉,"他解释道,"有时掐在脖子后面,有时掐在腋下。"提亚埃还说,狗闻到猎物的气味,也有类似的感觉,并补充道,朱特瓦人不管多饿都不吃狗肉,这也是个原因。

斯昆海德有几个朱特瓦人,想在纳米比亚独立后搬迁到尼耶去,提亚埃也是其中的一个。别的朱特瓦人不想再和鬣狗、大象共享水源,对回归传统的生活持保留态度,也担心那里的朱特瓦人太过野性。"他们会用毒箭射我!"有人这么说。但提亚埃一想到能过上自由狩猎的生活,就激动不已。独立之初,奥马海凯的另外两个朱特瓦人长途跋涉去了尼耶。尼耶可没有能自由狩猎的农场,于是他们很快加入了尼耶捕猎最多、最专业的猎人队伍。脱离狩猎生活多年之后,重新回到狩猎动物的世界,让他们感到无比兴奋。提亚埃也认识这两个人,但最终他和大多数朱特瓦人一样留在了奥马海凯。奥马海凯是他最熟悉的地方,能让他的灵魂获得一种归属感。

◆

尼耶的猎人不会像提亚埃那样独自捕猎。白人农场主时刻提防偷猎和外人的侵扰,奥马海凯的猎手就得躲着他们。尼耶的朱特瓦人不必担心这个,只要把自己隐蔽在猎物看不见的地方就行。传统的狩猎一般要持续好几天,在灌木丛露营最好能有人做伴。两三个人的狩猎小队一起工作,比单兵作战成功率更高。

目前，南部非洲尚有几个地方可供桑人随意打猎而不被起诉，尼耶是其中最大的一个。但现在经常打猎的男性比过去少得多。因为尼耶的打猎能手，现在基本都步入中年。他们常常抱怨，青年人中愿意狩猎的本就不多，技术熟练的就更少了。

尼耶朱特瓦人可以随时在尼耶管理委员会下辖的范围内自由狩猎，但委员会规定，狩猎只能使用"传统方法"，禁用一切其他武器。只有花了大价钱买下商业狩猎权的猎手，才能在尼耶使用猎枪。纳米比亚法律和委员会条例还规定了朱特瓦人不得捕猎的物种，其中就有朱特瓦人以前最爱的长颈鹿和穿山甲。穿山甲因中药市场需求巨大，遭到严重的偷猎，现已成为濒危物种。

如此一来，在尼耶狩猎只能徒步，也只能使用弓箭、长矛、传统陷阱，但朱特瓦人对此并无不满。经常狩猎的朱特瓦人为数不多，他们用父辈、祖父辈的方式体验周围的环境，将打猎看作一个享受过程。在这个过程中，他们的身体和感觉会逐渐与猎物的世界融合，尤其是猎物受到致命一刺的那个时刻。

猎人采集食物时常常步子缓慢，但出发则必须行动迅捷，步履轻快。他们往往一边扫视着地上的踪迹，一边聊着天。有时几位伙伴会分散开来，这样搜寻便能覆盖更大的范围。但大多数情况下，他们会排成一列，嘴上说着杂七杂八的事情，手指却沿着动物的踪迹飞快地指来指去，熟练地打着手势。若是运气好，狩猎开始时便可能发现猎物的新踪迹。但是，在运气不好的时候，走了几天也一无所获，空手而归，这并不少见。

朱特瓦人喜欢肉多的大型猎物，如扭角羚和牛羚。这类大型猎物大多特别厌恶炎热的天气。酷热的天气容易消耗动物的精力，它们不爱四处走动，这便让打猎成为一件难事。太阳一爬上高高的树梢，它们就躲进阴凉的地方，直到傍晚才露面。这时便是狩猎最好的时机。猎人也许五六个小时前就已发现了猎物的踪迹，此时却才有机会逼近它们，充分发挥猎物不具备的优势，即更好的耐力和长距离奔跑时相对较快的速度。

朱特瓦猎人通常依据猎物留下的踪迹，事先判定到底要捕猎哪只动物。例如，一群扭角羚或大羚羊会留下许多足迹，猎人能轻易判断出哪只最符合自己的需求、哪只最容易猎杀、哪只脂肪最多。一旦明确捕猎的对象，猎人便会沿着一组特定的踪迹前进，狩猎的进程也会发生改变。此时，他们往往会加快脚步，一般只用手势交流，如果要说话，便会压低声音，语速较快。如果风向合适或者没有起风，猎人就会循着足迹继续追踪。如果猎物处在下风处，且此时已离动物较近，他们就会来回移动，不时穿过动物的足迹，以在下风向靠近动物。随着猎人与猎物的距离越来越短，他们的感官也愈发完全地融合在一起。

确定猎物的位置后，猎人便进入了猎物的感官世界，强烈地感受到猎物的一举一动，即猎物的所见、所嗅、所听。此时，猎人的每个举动，都由猎物所知所感决定。猎人们弯着膝盖，缩着肩膀，遁迹潜行，手里紧紧攥着弓，同时从自己和猎物两个角度感受周围的世界：作为猎物，他们对猎人的窸窣作响、一举一动都十分警觉；作为猎人，他们则聚精会神，隐身于环境之中，悄悄靠近猎物，以一击即中。此刻，若有一片玻璃般透明的云从头顶掠过，掀起片刻微风，带来一阵凉爽，猎人便可能暴露。同样，若是惊起一只小鸟，或扰动了地上的松鼠和蜥蜴，也会惊扰猎物。只有潜行到距目标 40 码[①]左右的地方，一箭命中，这种感官融合的世界方才如气泡一般破灭。

如果射中了目标，不等猎物回过神来，轻巧的芦苇箭杆便已掉落。这样，猎物只会觉察到轻微的疼痛，好像不过被马蝇恶狠狠咬了一口，或被一只愤怒的黄蜂蜇伤，虽然普通人若是碰到了这种黄蜂，也会吓个够呛。到了这个时候，猎人仍会小心翼翼，不让猎物看到自己。若是被猎物发现，它定会受惊逃跑。而未受惊吓的猎物慢慢会因疼痛晕头转向，继续留在原地，不会走得很远。顺利的话，中箭的猎物几小时内就会死亡。但若是长颈鹿或大羚羊等特别大的动物，则要等上一天多，它才会变得虚弱无力。此时猎人方能靠近，用长矛将其杀死。

即使中箭的猎物特别大，一时不会死去，猎人也不必继续追逐。猎物逃跑时产生的压力会影响肉质，追逐猎物也会耗尽猎人的精力。这时，猎人会记住这只动物的足迹，然后原地扎营过夜。要是此处离家不远的话，还可以回家，但回家会增加潜在的风险。在等待时，毒药将猎人和猎物联系在一起。猎人们曾向我描述起自己感受到隐隐的疼痛，出现的部位对

---

① 约 36.5 米。——译者注

应着猎物中箭的部位。中箭猎物器官里的氧气渐渐被毒药消耗，在这个过程里猎人也常感心神不宁。但这些感受并不特别强烈，让人特别烦心，有心可感，有迹可循，但又渺若烟云。

在等待猎物毒药发作的期间，猎人若是回到人类的世界（如回到村庄），猎人与猎物之间的共情就可能会切断。一旦回到了村子，即便嘴上不说，大家也会共同期待这猎物，这会使猎人更加焦虑。他们便开始胡思乱想：箭头上的毒药是否新鲜？剂量是否足够？箭头刺得是否够深？毒素是否能渗进血流？会不会出现一场暴风雨把猎物足迹冲走，再也找不到倒下的猎物？

这个当口，猎人便不能再吃肉食，以免破坏自己与猎物的共情联系。他们也不能接触女性，毕竟女人"像肉一样"。但猎人此时已奔波了一整天，走了一二十英里的路，饥肠辘辘，此时不吃肉食也很难做到。在20世纪90年代末，尼耶南部的尼卡穆特卓哈村（N≠amtjoha），有位猎人射中了一只杂毛公羚羊，打算第二天一早再去追踪它。当天晚上，他与母亲、妻子分吃了一只乌龟。那晚的睡梦中，他感到一阵疼痛，惊醒过来，破晓时分疼痛又突然停止。他深信疼痛突然消失，预示他和猎物的纽带被切断。于是天一亮，他就循着猎物的踪迹去找，很快便发现猎物已被鬣狗撕碎分食，只剩残骨。

同样在尼卡穆特卓哈村，几年前有个朱特瓦男性，带着家人从奥马海凯迁入尼耶。他觉得这些禁忌都是旧习，向来敷衍了事。有次狩猎，他射中了一头长颈鹿。长颈鹿是朱特瓦人最喜欢的猎物，体形也最大。据说，他当晚回了家，和妻子同了房。第二天，他带着人顺利找到了中毒倒下的长颈鹿。但正当他们准备生火煮鹿肝之时，被尼耶唯一的狩猎管理员发现。整个村庄的人都因为他违反规定而遭逮捕，没收的鹿肉塞满了管理员小小的路虎车。几年后，这个男人从一辆卡车后面"摔"了下来，离奇地死去。直到死前，他对此事都耿耿于怀。

到了这里，如果一切顺利，狩猎便只剩下形式化的最后一步。如果猎物中箭时没受惊吓，就很可能还留在附近；如果它受惊逃跑，或毒药起效太慢，猎人就得走很远的路，才能找到自己的战利品。猎物找到时若尚有一丝气息，猎人会毫不客气地了结它的性命。此时，猎物的感官世界已被毒药引起的疼痛、麻痹与创伤笼罩，也不会有什么反应。

朱特瓦猎人觉得，杀戮的时刻既不会感到兴高采烈，也不会悲痛欲绝。我曾问过一位猎人，当切开猎物的喉咙时他心里是什么感受，他说和切面包没有区别。这完全可以理解。狩猎成功后，猎人便会被强烈的虚空笼罩，沉浸在虚空之中便感觉不到其他事物。朱特瓦人不觉得每种动物都有灵魂，但是他们认同许多动物都有强大的生命力，尤其是那些有恩祷的动物。

即便动物的生命力可用灵魂类比，但它们不会遵循支配人类行为的法则。不同物种显然有不同的生活准则和行为规范，朱特瓦人分享肉食的规矩就非常独特。

13
肉食和平等

我在斯昆海德的头几个星期，总有个时不时醉酒的老人如影子般跟着我。只要我一扭头，他就迅速躲起来。我紧张地问克阿克艾·朗曼这人到底怎么回事。

"啊对，那人是水泵贾恩。"克阿克艾告诉我，随后解释他的绰号为何是"水泵"：旧农场深井泵的柴油发动机只有他一个人能发动起来。

"水泵的真名叫作佐玛·库安泰（≠Oma //Amte），"克阿克艾补充道，"他还会跟你说，斯昆海德是他的农场。"

佐玛观察了我几个星期，终于确定我没有威胁，可以聊天。不久后，我们就建立了某种友谊。

佐玛是斯昆海德资格最老的居民。我来到斯昆海德几个月前，他发现了一种直发霜，便每天早晨都把这东西抹在头上。科伊桑人头发都是自然的小卷，紧紧结成一个个小团。佐玛想要整洁的发型效果，直发霜的用量远远超过建议，使用的频率也远高于说明书的规定。这样做带来了意想不到的副作用，他刘海底下的皮肤开始褪色、脱皮，气候干燥时便会一片片剥落，天气潮湿时又出现斑点，像是顶着一圈令人不安的光环。

佐玛一放下戒心就开始向我抱怨，自己要弄成直发有多困难。他认为自己的头发比别人更难拉直，这很不公平。斯昆海德的朱特瓦人都认为白人的直发像山羊一样难看，但佐玛看法不同。他觉得如果拉直了自己的头发，白人农场主的权力就会转移到自己头上。他解释道，斯昆海德来了许多新人，如果他要建立权威，一头直发就很重要。

斯昆海德被政府接手前是个商业农场。那时佐玛就是这里的工头，是地位最高的工人。工头的职位很重要，代表着白人老板的权威。奥马海凯的农场不论多偏远，老板都拥有绝对的权力。

"如果你是工头，"佐玛解释道，"你就是老板在农场里的眼睛和耳朵，是工人的领导。老板要是不在，你就全权负责。"

工头的工资比其他工人的多。如果农场主给工人提供住房，工头的房子也是最好的。工头通常有进入农场主住处的特权，有时农场主还会请他在门廊喝杯咖啡，顺便安排一下当天的任务。工头的妻子一般在农场主家里当家仆，还能把农场主的剩饭剩菜带回家，这也算是一种报酬。

当工头显然也有代价。工头经常会遭到冷嘲热讽，是闲言恶语和猜忌非议的对象。其他工人尖刻地称他们为"witvoets"，这是南非荷兰语，翻译过来就是"白脚人"（whitefoots）。

"他们是'白脚人'，"克阿克艾说道，"即便他们的皮肤也是红的,看起来也和我们一样,但他们背地里是白的,真相就藏在鞋袜下面,他们是白皮的恶棍,那个老佐玛就是。"

如果农场的院子里发生斗殴,工头一般都不会参与。如果工头和其他桑人工人打架,老板就会来查看情况,大发雷霆,赏大家一顿鞭子。

"老板不会打工头,打工头就等于打自己,挨打的都是一般的工人。"克阿克艾解释道。

当工头固然有很多物质上的好处,但社会代价太高,朱特瓦人一般不愿担任这个职位,只有在少数几个农场是例外。比如在斯昆海德,工人大多来自一个大家族,工头的津贴也由大家共享。这样,大家便觉得能够忍受工头的特权。

1990年纳米比亚独立前,佐玛已经习惯了斯昆海德农场的旧生活,也习惯了在白人手下干活儿。他的老板脾气还算和善,人也不算坏,给工人的待遇比较合理,也很少虐待工人。这样的农场主委实不多。当了一段时间的工头后,佐玛从内心接受了这种等级制度,工头的领导身份让他颇为欣欣然,他十分享受这一特权地位赋予他的权威。

1994年我来到斯昆海德时,佐玛和一大家子人住在一栋简陋的两居室砖房里,离农场主的房子不远。10多年前他就当上了工头,此后一直住在这栋房子里。他在户外搭了一个做饭的地方,找了两块波形铁皮挡风,栅栏的铁丝网上挂了几只锡铅合金杯,还有两口发黑的煮锅,沙地上燃着一个小火堆。他还用旧水龙头搞了一个洗漱区,给主院那边的老水塔接了根开裂的旧水管,把水引了过来。

1994年,大约200名没有土地的朱特瓦人被安置在了斯昆海德,佐玛忐忑地迎来了新居民。他毕竟是个工头,与新搬来的人不同。佐玛试图将自己的权威强加给新居民,换来的却只有嘲笑。为了得到新居民的尊重,佐玛又给他们送了自制啤酒和肉食。新居民想都不想就享受了这些美味,可在酒精的作用下,他们又指责他收买人心,一心想当他们的领导。

老佐玛和我成为朋友的时候,他已经认清现实,明白自己当领导的愿望无法实现,别的朱特瓦人永远都不会尊重他。但他仍然履行着作为工头的职责。农场主以前的花园虽然破败不堪,佐玛依然勤勤恳恳地照料着遗留的部分。他给稀稀拉拉的草坪浇水除草,还用水泥和砖块给花床围了圈围栏。不过,他的心思很快就不在这些事上了。随着时间的推移,佐玛花在头发上的心思比花在花园上的还多,对自己仅剩的几头牲畜也漠不关心。以前,每年圣诞节农场主都会送给他一头小牛。斯昆海德被卖给政府时,他已经拥有20来头牛了,这按朱特瓦人的标准算得上是一大群牛。可是佐玛无心料理自己的财富,把钱都用来买酒,整天酒醉不醒。

斯昆海德移交政府还不满一年,佐玛的牛群就只剩下几头瘦骨嶙峋、疏于照料的小母牛了。偷牛贼都知道佐玛一到晚上便烂醉如泥,根本听不见牛群的动静,便偷走了不少牛。还有些牛被佐玛贱卖,卖牛的钱全都用来买直发霜和酒。最后,克阿克艾实在看不下去,表示自己要替佐玛照看仅存的几头牛。

最终，沉溺于酒精的佐玛失去了一切，包括自己的生命，他在斯昆海德留下的那栋砖房也成了幽灵般的坟墓。斯昆海德附近有个农场，每次一有客人来农场打猎，农场主就会请佐玛过去帮忙，给佐玛一些肉食和现金作为回报。而佐玛也会趁机顺走农场主的一些酒。有次狩猎队外出时，有人说佐玛偷了农场主的酒。其实农场主早知道佐玛偷东西，为了教训佐玛，他便在白兰地里加了一些有毒的物质。佐玛低估了农场主的狡猾，而农场主也低估了佐玛对酒的狂热。掺了毒药的酒味道难以下咽，没想到佐玛为了求得一醉，不管不顾地喝了下去。此后，佐玛就再也不会偷酒了，和他一起喝下毒酒的，还有几位亲人。第二天，农场主便毫不客气地把几具尸体扔回了斯昆海德。

在生命的最后几年，佐玛受到嘲弄固然残酷，但在朱特瓦社群之中倒也常见。朱特瓦人不仅嘲弄"白脚人"，也尖刻地嘲弄所有妄自尊大的人。为了在沙漠的恶劣环境中长期安定地生存，朱特瓦社群实行严格的平等主义。实现平等主义的社会均衡机制（social leveling mechanism）有很多，让自视甚高的人遭受嘲弄便是其中之一。说到社会均衡机制时，现在的朱特瓦人仍将促使他们侮辱和嘲笑别人的情绪称为嫉妒。

◆

朱特瓦人若是依靠狩猎和采集觅食，优秀的猎人脸皮就得厚一点。特别成功的猎杀行动之后,大家总是兴高采烈地庆祝一番,但逮到了猎物的猎人很少获得赞扬。相反,按照朱特瓦人的惯例,猎人和猎物还会遭到侮辱。不管猎物大小和状况如何,应该分到肉的人都会抱怨,要么抱怨猎物太小,要么抱怨把肉弄回营地费了太大的劲儿,要么抱怨说肉不够大家分。

朱特瓦人认为,成功的猎人向大家展示猎物时必须表现出极大的谦卑,拿出一种近乎道歉的态度,永远不该吹嘘自己的成就。

当然,每个人都知道骨瘦如柴的猎物和肥厚敦实的猎物有区别,也明白哪怕瘦巴巴的猎物,有吃的总比没吃的好。道理人人都懂,但大家都会维持这出滑稽的戏码,一边忙着往嘴里塞肉填饱肚子,一边还不忘抱怨上几句,分发食物的人也咧嘴笑着吐槽猎人。猎人则从来都不把这些侮辱放在心上。人人都扮演着自己预先排定的角色,演出一场目的明确的戏。这些难听的话固然谁都不甚在意,但恶言恶语的背后隐藏着一把带有潜在恶意的利刃。平等主义维系着朱特瓦人的社会生活,演戏的目的便是强化"严格"的平等主义。

一个朱特瓦男人曾为理查德·李解释这种做法的原因,颇有说服力。"一个年轻人打猎得到许多肉,便会认为自己是个领袖或者大人物,觉得别人都是他的仆人,或者能力不如他。"这人继续道,"朱特瓦人不能让这样的事发生……所以我们总说他打到的肉不值一提。这样就能让年轻的猎人冷静下来,更加谦和。"[1]

没人当真的侮辱和猎人夸张的谦逊让我们明白,游群生活和乐平静的表面下,个人利益与集体利益的牵扯始终暗流涌动,有时甚至会爆发争吵冲突。一个猎人,尤其是技术娴熟、精力充沛的猎人,要时刻注意不能太成功,不能太出风头,更不能认为别人欠了他,也不能认为他欠了别人。

朱特瓦人有许多办法来平静人心,打击傲慢的气焰,把潜在的等级差异掐灭于萌芽状态。羞辱猎人和猎物就是一个办法。这样的嘲讽并不局限于优秀的猎人,也并非全无恶意。人人都是别人嘲弄的对象,也都一逮住机会便要戏弄和嘲笑别人。

◆

如果说侮辱能打消猎人产生高高在上的感觉,不让他们觉得脚下的兽皮鞋已配不上尊贵的自己,其另一个功能便是创造"分享是第二天性"的氛围。

分享采集来的食物,没有严格的规则。采集食物的人便是所有者,他会把食物分给睡在自己火堆旁边的人。但外出采集往往有许多人参与,去哪里采集、哪些是应季的食物,都是大家共享的信息。故此,游群中没有哪一个家庭分到的食物比别家多出很多。如果有个家庭偶然分得多了,那么吃得少的人家就会去别人的火堆讨食物。

分发肉类则需非常谨慎,以免引起嫉妒和愤怒。分肉比分烟草还要慎重。肉类对狩猎采集朱特瓦人非常重要，若是分肉时感到受了轻慢，朱特瓦人便会把礼貌、规矩统统抛在脑后。分肉若是坏了规矩，或出现疏忽，就会引发强烈而持久的怨恨，比发生了伤心事更难以忍受。

分发小型猎物并很困难。这些肉通常只分给年幼或年老的人。这种方式挺有道理：很小的动物没法分给很多人，把它们分给无法自己获取食物的人，一方面确保了这类人得到适当的照顾，另一方面也能避免大家嫉妒。

分配大型猎物最为困难。大型动物的肉大概平均分完之后往往还有剩余。刚吃饱肚子的时候，社群会紧密地团结在一起，但最珍贵的肉食突然多了出来，社群的凝聚力就要经受考验了。朱特瓦人太清楚剩余财富的力量了：它们便是权力和控制的种子。故此，猎人分发肉食的时候，都会严格遵循惯例，小心处置。

无论什么猎物，只要是猎来的肉，就"属于"最先射中猎物的猎人，哪怕他的箭借自其他猎人。但猎人的所有权受到许多条件的制约。独享猎物是不可思议的事情。一个家庭绝不可能在肉变质前把所有肉吃完。如果这种情况下仍不把肉拿出来分享，便意味着猎人所在的游群已经丧失了功能，不再是个社群。

猎物的主人负责宰杀和分肉。首先要分给和他一起打猎的其他猎人以及这些猎人的家人、姻亲、亲近的同名亲属。之后，才会把肉分给其他人，直到分完为止。拿到自己名下的肉之后，这些人会按照同样的原则和模式再次分配手里的份额。在分肉的过程中，每人都会仔细地检查每个步骤，最终大家拿到的分量肯定都很合适。

◆

纳米比亚独立后，官方正式任命了两名朱特瓦首领。此前，朱特瓦人既没有首领也没有国王。除了口头说服，任何人都不能以任何方式要求他人遵从自己的决定。狩猎采集的朱特瓦人是无领导社会（acephalous society）教科书级别的案例。他们既没有正式的等级制度，也没有明确的治理体系。社群成员的关系主要通过基于共识的惯例维持，不依赖任何个人或机构的权威。

朱特瓦社群之中，最接近制度化领导的职位是每个游群的三两个诺特尔考西（n!orekxausi，即领地的拥有者或村庄的守护者）。诺特尔考西是朱特瓦人传统领地（即诺特尔）使用权的继承者。英语中没有对应的词表达这个意思，所以一般翻译为"所有者"或"领导者"。但诺特尔考西不觉得自己是领导，社群中其他朱特瓦人也不觉得他们是领导。诺特尔考西的权力仅限于拒绝或允许其他游群利用领地内的动植物资源。他们不具备解决争端的正式角色。讨论游群何时、以何种方式转移到何处的时候，诺特尔考西的话语权也不比别人大。他们获得的物质资源也不比别人多。

没有正式的领导角色，不等于没有领导。每个游群都会出现性格、智慧、能力、魅力和号召力出色的人。这些人的影响力大于其他社群成员，但他们担心自己引起嫉妒，施加影响力时往往会格外小心。

狩猎采集布须曼人历史上也出现过一些有名的领袖人物，如特森卡逊。1923年，特森卡逊杀死了戈巴比斯的地方官。这些领袖的影响力超越了单个游群的范围，但他们的权威几乎都产生于非同寻常的情况，并只持续了很短暂的时间。

◆

斯昆海德是位于戈巴比斯的小地方，是已知世界的边缘。1994年夏初我来到斯昆海德之时，国际国内的重大事件并未在这里掀起多少浪花。若是偶然有人鼓捣好了一台破旧的收音机，政客的声音才会在电波中嘶嘶作响。近代以来的惨痛历史让朱特瓦人觉得政客的承诺带不来实际的价值。

当时，选举热已在纳米比亚其他地区蔓延开来。部长和国会议员忙着动员自家党派的基层党员寻找各种机会，力图巩固摇摆不定的议会席位，争取更多的政治权力。独立固然带来了喜悦，但人们对国家的未来仍然疑虑重重，觉得前途未卜。这种心情使得未来纳米比亚的多次选举，都少了点欢庆的气氛。1994年11月，纳米比亚举行了第二次全民民主选举。而斯昆海德的朱特瓦人对选举丝毫不以为意。1989年独立前的几个月，朱特瓦人在联合国监督下进行过一次全民民主选举。但选举过后，他们的生活没有任何变化，一如既往的困难。

他们觉得自己并不理解选举,却被强制着参与决定与自己毫不相干的未来。我有个朱特瓦同伴名叫巴尔特曼(Baartman),他说朱特瓦人认为投票不过是"选个新老板",丝毫没有自己当家做主的感觉。

选举前的一个下午,一支四驱车小车队热热闹闹地穿过斯昆海德。这些车都涂着某个政党的标志色,一路不停地按着喇叭。四散各处的人们站起身来,围拢在一块,想看看这喧闹的场面是怎么回事。但大家发现这不过是政客竞选拉票的活动,更要紧的是他们没带任何分发的食物,便静悄悄地散开了。

起初,前来宣传的活动家感觉很困惑,不理解朱特瓦人为何对演讲的内容毫无兴趣,随后又感到非常恼火。

此时,还有三两个朱特瓦人尚未走得太远,一位活动家便上前询问:"布须曼人难道不知道,我们在为你们的自由奋斗吗?"可他的听众显然不为所动。(最近,又有个政党到过斯昆海德,这回听众的注意力就集中得多,但他们是带着肉食和饮料过来的。)

"这些人又笨又蠢。"这位活动家耸了耸肩,从车上卸下一捆小册子,扔在一棵骆驼刺树下,又爬上了车。车疾驰而去,继续寻找愿意倾听的民众,掀起一阵尘土。一些朱特瓦居民这才慢吞吞地走过去,查看这捆东西。

除了克阿克艾,斯昆海德的人都不识字,这些小册子里的图片也不够多,吸引不了朱特瓦人的兴趣。小册子的纸又厚又滑，无法当作卷烟纸，就被丢在树下没人理会。

布须曼人极少参与纳米比亚主流政治变革的原因很多，其中不少是客观因素。布须曼人仅占全国人口的2%，基本都在偏远的农村地区，或分散在白人的农场里和公共地区。人们将布须曼人视作酒鬼、乞丐和家仆。他们是边缘化的少数民族，在政治上没有任何话语权，就连布须曼人自己也这么想。

有些布须曼人觉得，恩格纳那样的旧时代人要为现在的局面负责，认为他们是自己受主流政治排挤的根源。"旧时代的人太软弱了，"有人对我说，"他们愚蠢得很，整天就只知道打猎吃肉。所以我们现在总是低人一头，别人也不在乎我们说什么或想什么。"

人人都觉得白人农场主也有责任："布尔人到我们这儿，就是来糟蹋布须曼人的，他们偷走了我们的地，偷走了我们的工作，自己倒富了起来。"

布须曼人还一致认为戈巴人，也就是"黑人"，也好不到哪儿去。"他们眼里没有布须曼人，视而不见，仿佛我们是鞋底下的沙子。"

最后，大家都觉得，独立以后农场主固然不能像以前那样任意殴打压榨布须曼人，但独立带来的所谓平等，并不是大家心目中真正的平等。

◆

纳米比亚现已废除了建立在种族或民族基础上的等级制

度。该国新宪法和法律都自豪地宣布，公民无论种族和民族身份，都平等地享有权利。新宪法和法律还重申，联合国《世界人权宣言》规定，公民享有的"基本权利"神圣不可侵犯。

纳米比亚新宪法的思想源头可以追溯到许多重要的历史文献，如英国的《大宪章》、法国的《人权宣言》、美国的《独立宣言》和联合国的《世界人权宣言》。但无论是这些大名鼎鼎的重要文献还是纳米比亚的新宪法，都有一处重要的疏漏。虽然新宪法宣称"任何人不得因性别、种族、肤色、民族、血统、宗教、信仰、社会或经济地位歧视他人"，但也强调了财产权的重要性。这便意味着物质上的不平等非但可以接受，而且还是自然而然的现象，是不言自明的事实。

生活在奥马海凯的朱特瓦人没有土地和财产。在他们看来，物质不公是最明显的不平等，也最令人无法接受。物质不公并非某种意识形态立场，而是活生生的现实。1995年底，克阿克艾的哥哥坎卡（Kan//a）也来到斯昆海德。不久，他就对我说："我不懂这里的自由到底是什么。只要我们没有土地，不能自主地生活，我们就什么也不是，永远都在赫雷罗人和布尔人的控制下。他们想做什么就做什么……压榨我们，殴打我们。我们却只能说，'是，老板'、'不，老板'。政府派来的官员甚至直截了当地说，我们要是不按他说的做，他就把我们赶走。"

坎卡想的和大家一样。他们觉得，要是有些人的财富比别人多很多，基本的"平等"就是一句空话。坎卡认为，物质平等是所有平等的先决条件。

狩猎采集社群的平等主义不是与20世纪兴起的共产主义联系在一起的意识形态教条主义，也不是充满理想色彩的新时代"社群主义"（communalism）。狩猎采集社群是高度个人主义的社会，人们明白无误地争取个人利益，而互动的结果便是严格的平等主义。在朱特瓦社群中，嫉妒是个人利益的影子，个人利益总受嫉妒约束，而嫉妒反过来又保障每个人都得到公平的份额。

嫉妒是朱特瓦社会经济的"看不见的手"，但其作用与亚当·斯密《国富论》中著名的"看不见的手"截然不同。斯密认为，个人"只追求自己的利益"，但在此过程中还会受"看不见的手"指引，"促成一个并非个人本意的结果"。斯密认为，这个结果便是高效地提升社会利益，而个人即便有意提升社会利益，效率也远比不上"看不见的手"。斯密相信，贸易和企业必须追求个人财富，且不受监管干预，方能确保最公平、最有效的"生活必需品分配"，进而提升社会利益。事实上，不受约束的资本增长加剧了不平等，而斯密所说的"看不见的手"根本就不存在，所以才"看不见"。但狂热的自由市场派仍在鼓吹这个隐喻，将其重新包装为下渗经济学[①]。

颇为讽刺的是，狩猎采集社群的平等主义表明，即便斯密

---

① 下渗经济学，源于美国的经济学术语，用于讽刺给富人减税可惠及穷人的主张。该主张反对以征税手段来缩小社会中的贫富差距，也往往反对对贫穷阶层进行社会救助。左派讨论美国政治经济问题时常用下渗效应代指该主张，含贬义，多用于讽刺。——译者注

的"看不见的手"是无稽之谈,他的观点"个人利益的加总可保障'生活必需品'最公平的分配"却是正确的。不过,这一原理在朱特瓦社群运作的方式和斯密所想相距甚远。在狩猎采集社群里,个人利益受到嫉妒的限制,两者共同构成了严格的平等社会,完全容不下有利可图的交换、森严的等级制度和严重的物质不公。

狩猎采集朱特瓦社群的冲突大多源于嫉妒,斯昆海德便是如此。嫉妒安安静静地藏在朱特瓦人社交生活的阴影里,只有人们争吵或斗殴的时候,它才偶尔露一下脸。为了让嫉妒安分守己地藏在角落,朱特瓦人的日常交往必须礼数周到,言谈妥帖,他们会尽量照顾别人的情绪,避免让人感到委屈。

◆

除了朱特瓦人,强烈抵制等级制度的社群还有很多。强烈的平等主义倾向在狩猎采集社群中广泛存在,故此不能武断地视之为某一社群的文化特征。科伊桑人是人类历史上人口最稳定的群体,对此,平等主义功不可没。智人能消灭与之竞争的其他原始人类,轻易地快速扩张,也得益于平等主义。我们大都生活在贫富悬殊的社会,但我们和狩猎采集的先祖们一样,对严重的不公深感不安。排斥不公是人的本能,将之描述为嫉妒颇有贬低之嫌,毕竟我们现在把嫉妒看作罪恶,而非调节社会的非凡力量。塑造现代人类历史的力量有两个:一是对财富、地位、权力的追求,二是意图推翻现有等级制度的民众运动。

我们固然会因他人的成功感到快乐,但看到成功人士遇挫,我们也同样感到快乐。

在标志着21世纪第一个十年结束的经济动荡之后,全球许多国家都爆发了"占领"运动,并以各种形式持续发酵。这些"占领"运动说明,人们面对不公依然会感到非常愤怒。

最初,批评者认为各地的"占领"运动缺少统一的意识形态指导。参与运动的"占领者"接受采访时表达了对现实世界的普遍不满和"吃掉富人"的强烈欲望,但他们的回答也充满自相矛盾的地方,态度也颇犹疑困惑。这些问题的根源在于,"占领"运动要反对和打破的东西有很多,却没有赞成和支持的东西。在一片矛盾嘈杂的众声喧哗之下,所有怨懑和不满的声音最终在"我们都是99%"的口号下达成了片刻的一致。这个口号反映了所有抗议者都认同的事实:民众看到了极度的物质不公和社会不公,并感到极度愤怒。

"占领"运动有个特别值得注意的现象,即这场运动固然关注不平等问题,但参与运动的人关注的都是相对贫困问题,几乎没有人注意绝对贫困问题。从基本物质条件看,"占领"运动盛行的国家是世界上最富裕的国家。今天,任何第一世界国家最穷的人都很难与100年前甚至50年前该国最穷的人相比,也很难与"发展中"国家中最穷的人相比。[2]

◆

人们常常认为,平等主义意味着没有私有财产。既然如此，朱特瓦人等狩猎采集社群是平等主义者，他们就肯定没有财产所有权的概念。如果所有东西都平等分享，那人们怎么会拥有东西呢？正是这套逻辑让产生于基督教文化的自由市场派痛斥共产主义和社会主义，将信奉共产主义和社会主义的人斥为危险的疯子。来到南部非洲的殖民者，一边把布须曼人的土地据为己有，一边津津乐道于这套说辞：既然布须曼人没有所有权的概念，夺走他们的土地又怎么能算偷呢？

卡尔·马克思（Karl Marx）指出，私人财产是产生不平等的先决条件。朱特瓦人很可能赞赏马克思的观点，但与自由市场派也能达成共识，认为没有私人财产简直不可思议。没有私有财产，便不会有分享的行为，故此私有财产在朱特瓦人的社会生活中扮演着重要的角色。朱特瓦人要规避不平等带来的风险，无须放弃私有财产，只要改变看待私有财产的方式即可。朱特瓦人等狩猎采集者认为，私有财产本身不是问题所在。不断积累私有财产的欲望以及控制私有财产生产和分配的欲望才是问题产生的根源。

在朱特瓦人等狩猎采集社群，人们财产有限，也有现实原因。狩猎采集社群没有固定住所，朱特瓦人一年迁徙十数次，迁徙时必得把个人物品都带上，故此财产多实在是种拖累。男性一般只有衣服、毯子、狩猎装备和一些小玩意儿，比如乐器；女人就只有衣服、挖掘棒和首饰。这些物品全归个人所有。偷窃别人的东西会受谴责，而觊觎别人的东西则是人的天性。毕竟，如果人们什么个人财产都没有，也没人惦记别人的财产，赠予和接受礼物又有什么乐趣呢？要是没有送礼物和收礼物的乐趣，人们又该如何表示友谊、尊重和爱呢？

◆

赠送或接受礼物的行为给朱特瓦狩猎采集者带来乐趣，这往往比礼物本身更重要。狩猎采集社会也大都如此。现在，赠送礼物虽然不像狩猎采集时期那么重要，但仍给朱特瓦人带来巨大的乐趣。

殖民者来到南部非洲后，朱特瓦人也卷入了以劳动力交换为基础且不断扩张的殖民经济体系。此前，朱特瓦人延迟交换的唯一形式便是赠送礼物。朱特瓦人并非随随便便就会互赠礼物，往往有固定的对象。赠送礼物的目的是巩固个人关系。即时回报容易把赠礼搞得像交易，故此送出礼物的人不会期待马上得到回报，而是期待今后能以某种方式获得回报。狩猎采集的朱特瓦人一生中会发展许多正式赠礼的关系，这种关系被称为埃科扎罗[①]（hxaro，即互惠）。朱特瓦人大多都会和自己游群或附近游群的人建立这种互惠关系，但几乎人人都有来自远方游群的埃科扎罗伙伴。年轻的朱特瓦人通常有12—15位礼物伙伴，年长者礼物伙伴的数量则往往能达到年轻人的两倍。传统上最受欢迎的礼物是鸵鸟蛋壳做成的首

---

① 互惠（系统），流行于非洲昆人间的一种延迟互惠系统，即一个人在赠送礼物时期待在将来的某一时间，接受者将回馈给赠送者一个礼物。埃科扎罗伙伴会试图让回馈的礼物在价值上和接受的礼物相等，但其最重要的作用还是维持伙伴间的社会联系。昆人选择埃科扎罗伙伴往往非常谨慎。——译者注

饰、箭头、长矛、乐器和刀具。

现在生活在奥马海凯的朱特瓦人大多没有埃科扎罗伙伴。尼耶朱特瓦人的埃科扎罗伙伴也比以前少得多，对伙伴关系的重视程度也大不如前。尼耶仍有狩猎采集的朱特瓦人，他们生活在流动的小型游群之中。赠礼网络好似一张无形的蛛网，各种物品便通过这张网络流通起来，将尼耶各处，甚至尼耶以外的人们联系起来。朱特瓦人常把埃科扎罗伙伴送的礼物转赠给其他地方的埃科扎罗伙伴，礼物的流动如实地反映了友谊的流动，而友谊则是朱特瓦人社交世界的基础。18世纪，铁器、陶器等来自卡拉哈里沙漠以外的物品也通过埃科扎罗网络进入了与世隔绝的尼耶。

在朱特瓦游群内部，人与人的联系非常密切。藏匿一份新礼物固然不太可能，但赠礼之时也无人声张。在农耕社会和工业社会里，送礼大多是象征财富和权力的公开行为，但朱特瓦人送礼仅为巩固友谊。赠礼时不让别人知晓，并非要藏匿礼物和往来的关系，而为避免引起他人嫉妒。大张旗鼓地赠送礼物就好像猎人吹嘘自己狩猎的成果，会遭人嘲笑。互赠礼物时，朱特瓦人不甚在意礼物本身是否等价，礼物的价值也没有统一的衡量方式。例如，一串鸵鸟蛋壳项链和一张皮毯，难说孰轻孰重。对朱特瓦人来说，某样东西只要成了礼物，其价值就和其他礼物一样。

与其他狩猎和采集社会一样，朱特瓦人若是想要别人的东西，便会向对方索要，也通常能得到满足。人类学家将这种行为称为"要求分享"(demand sharing)。要求分享不会导致任意索要和占有别人的物品，不会破坏私有财产的观念。虽然偶有例外，但一般来说，索要别人的物品都需仔细考虑。索要礼物还可延续现有的赠礼关系，甚至发展一段新的赠礼关系。通常，人们赠礼的时候，也会考虑对方期望得到什么样的礼物，以尽量满足对方的心意。

人类学家也非常关注赠礼行为的战略效益，指出朱特瓦人等狩猎采集社群通过赠礼建立人际网络，以便遇到困难之时有所依傍。他们认为，狩猎采集社群没有正式的领导角色，赠礼行为能帮助个人默默扩大影响力。

狩猎采集的朱特瓦人确实通过赠礼关系扩大了共享网络，提升了社群抵御风险的能力。朱特瓦人还在不同游群间建立起牢固的纽带，以在困难时期互相帮助。但朱特瓦人赠礼关系亲密且私密，表明其情感目的往往大于实际效用。社交和拜访朋友是朱特瓦人最重要的快乐源泉。恩格纳有位旧时代的老友名叫泰·达姆（Thai Dam）。泰曾说道："无论你去哪里，都可以和朋友一起开怀大笑，即便你饥肠辘辘，内心也会倍感快乐。"

人类学家通常不愿研究抽象模糊的概念，比如"幸福"，而倾向从经济利益和物质利益的角度理解人类的动机，以更好地反思自己所处的社会。但是人类学家公认，以满足情感需求的人际关系为基础建立起强大完善的社交网络，是获得幸福的决定性因素之一。心理学家、哲学家和动物行为学家早就意识到,强大的社会网络能带来满足感,当代都市生活的社会原子化①(social atomization)倾向则会导致悲剧。朱特瓦人等狩猎采集社群的合作网络建立在关爱与情感的基础之上,而源于嫉妒的平等主义也发挥了维系作用。

---

① 社会原子化,指由于人类社会最重要的社会联结机制——中间组织(intermediate group)的解体或缺失而产生的个体孤独、无序互动状态和道德解组、人际疏离、社会失范的社会危机。——译者注

第三部分

新 时 代

NEW TIMES

14
狮子的危机

颓废方丹[①]（Twyfelfontein）坐落于一座由红砂岩堆砌而成的开阔山谷，山谷两侧是风化的山丘和山峰。乍眼一看，似乎只有蝎子才会选择在这种地方生活。事实上，这里生活着大量犀牛、大象、长颈鹿、斑马，甚至还有狮子，它们能很好地适应沙漠生活。在非洲大陆和南美大陆刚刚形成时，这片干涸的山谷还是一大片浅湖。如今湖泊早已不在，但水流仍从山谷脚下的一股泉水中涓涓冒出。颓废方丹位于尼耶以西数百英里处，是纳米比亚最干旱的地区之一。因此数千年来，这股细泉成为滋养生命的源泉。已发现的考古证据证明，人类6 000年前就已聚居此地。但几乎可以肯定，颓废方丹的人类史比这更久远。

如今，颓废方丹已列入世界遗产名录，吸引着源源不断的游客前来参观。有人选择在社群营地露营，但大多游客还是住在附近的高档旅馆。旅馆里的游客可以在泳池戏水玩耍，

[①] 颓废方丹，世界最大的岩刻画集中地，是联合国教科文组织确定的世界遗产地。——译者注

还可啜饮冰啤，恐怕无法想象在颓废方丹这样的环境下，口渴的感受如何。

如果精力充沛，在颓废方丹就不难发现附近的长颈鹿、斑马和大象等动物。不过要看狮子的话，还是作罢吧。这里的狮子像飘忽不定的幽灵，脖子上佩戴着无线电项圈，只有研究大型捕食动物的科研人员，才能根据项圈发出的信号监控狮子的行踪。不过这里倒是有只老狮子，其独特的爪印十分易于辨认，即使没有无线电项圈也找得到它。只不过，这只狮子和身后的长颈鹿、疣猪一样，都是刻在红砂岩壁上的一幅岩画罢了！

乍一看，岩壁上的动物并无异常。但凑近仔细观察，就会发现岩画上的狮子有点小问题。狮子和家猫一样，长着18趾，后爪各4个，前爪各5个，只不过前爪第5趾的位置与脚踝距离略长，要仔细看才能看到。故此，狮子踩在沙子里时，只会留下4个明显的趾印。在颓废方丹岩画上，狮子的头和躯干都仅有轮廓，爪子却按爪印的形状雕刻出了细节，每个爪印上都有5趾，有些本该是4趾的地方也刻画成了5趾。制作岩画的艺术家似乎为了确保这个异常的细节不被忽视，还费心在狮子尾巴末端的毛簇周围也额外刻画了5个趾印。这种特殊的处理方式表明画上不是普通的狮子，而是一个变身为狮子的萨满。

◆

南部非洲有数千幅布须曼岩画，狮子的形象其实出现得并不频繁。不可否认的是，在出现定居农业和牲畜养殖以前，狮子曾和人类一样，是南部非洲最成功、适应性最强、分布最广的掠食者。无论在哪片土地，群居而全能的狮子都能过上好日子。它们同人类一起，舒服地享有着食物链最顶端的地位。

如今的奥马海凯再也没有野狮游荡了。卡拉哈里地区仅剩的狮子，只能待在食肉动物保护区的铁丝网围栏后，毫无生气地来回踱步。尽管狮子落入如此境地，奥马海凯的朱特瓦人大多仍不愿用"恩凯"（n!hai）称呼狮子，而用"朱姆"（ju'm）称呼它们。有人曾告诫我，"恩凯"这个称呼很危险，因为"狮子可能认为你要叫它杀了你"。后来我问恩格纳：朱特瓦人为何特意管狮子叫"朱姆"？这个词是否还有其他含义？

恩格纳解释道："我们说'朱姆'，听起来就像在说'人'（Ju），狮子听到了就会混淆。"他随后补充道："但是，朱特瓦人将狮子称为'朱姆'，还因为'有些狮子也是人'。"

除了"狮子是人"的这个可能性，朱特瓦人还认为狮子是最像人的动物之一。狮子和人的相似之处显而易见。狮子是家族群居的动物，它们的领地往往还和朱特瓦游群的领地重合。狮子和人一样，喜群居，彼此亲热，爱夜间唱歌，也爱肉食。当然，朱特瓦人也注意到狮子和人存在许多巨大的差异，如雄狮常恃强凌弱，毫不眨眼地杀死其他狮子的幼崽。此外，狮子十分讲究等级制度，狮群中的母狮也常是狩猎者。

有些科伊桑人认为狮子是自己在动物世界中的近亲，海阔姆人便如此认为。他们住在尼耶西边的埃托沙盐池（Etosha salt pan），其祖先就是在颓废方丹创作岩画的艺术家。埃托沙的狮子和尼耶的不同，它们悠然自得地生活在大片领地之上，以捕食大群猎物为生。一到旱季，狮子就成群结队地涌入埃托沙的水塘。海阔姆人认为，自己和这些狮子同为领地的所有者。埃托沙的狮子本以凶狠著称，但在海阔姆人口述历史中，狮子能与自己和睦相处。海阔姆人还谈到，男性猎人容易被母狮吸引，以狮人的身份加入狮子的世界；许多萨满可以随意变身为狮子，因此，颓废方丹的岩画才有了人类的象征符号。海阔姆人与狮子的亲缘关系，一方面建立在两个物种明显相似的基础上，另一方面也有个事实基础：生活在埃托沙附近的狮子数量明显比尼耶的多得多。

朱特瓦人和狮子的关系，不像海阔姆人与狮子的关系那般亲密，但他们觉得狮子也是个不错的邻居。朱特瓦人和狮子已经形成永恒而无形的契约，能和睦地共享水、空间、肉食等资源。无论朱特瓦人和狮子的契约，还是海阔姆人和埃托沙狮子的契约，从本质上看都一样，都是一种互不侵犯的共识。无论狮子还是人类，都完全有能力杀死对方，因此狮不犯人，人不犯狮。早在20世纪50年代，考特查游群的岑克索·佐玛（Tsemkxao ≠Oma）就侃侃而谈，向伊丽莎白·马歇尔·托马斯解释了人狮契约的基本逻辑。他说道，只要人猎杀狮子，狮子就会对人形成威胁。反之，如果人不猎杀狮子，狮子就不会对人造成威胁。为了维持与狮子共存的契约，朱特瓦猎手猎到动物后，偶尔会和附近的狮子分享一小部分肉。同样，如果狮子在狩猎中美餐了一顿，偶尔也会让朱特瓦人取走部分属于他们的份额。但实际的情况是，朱特瓦人会趁狮子饱腹后无心战斗时把它们赶走，不过这种纯粹的机会主义做法，只有最老到的朱特瓦猎手才做得到。东部非洲的猎手也常把饱餐的狮子从猎物边赶走，享用剩下的残躯。但朱特瓦人认为，这样就算是和狮子共享猎物。

尼耶朱特瓦人与狮子的和平共处最终难逃破灭的结局。自20世纪80年代起，约翰·马歇尔开始在朱特瓦人中间推广养牛。事实证明，让百来只行动缓慢又温顺多肉的小牛来到尼耶，对当地的狮子来说，实在是太大的诱惑。毕竟，与狮子保持契约关系的是朱特瓦人，又不是小牛。20世纪80年代中期约翰·马歇尔设立养牛基金，考特查游群成了第一批受益者。1987年，虽然考特查游群的农场主十分小心，但仍有19头小牛成了狮子的口中餐。在其他村庄也开始养牛后，狮子袭击的次数也随之增长，朱特瓦人越发因这个与他们共存了上千年的物种犯愁。这时，有人开始要求尼耶委员会发枪，但也有人为猎杀狮子的想法而深感不安。他们认为，如果人和狮子不能和睦共处，进入丛林狩猎和采集就会变得非常危险。

负责野生动物保护的楚姆奎官员拒绝提供枪支，朱特瓦人便自己动手，保护牲畜。有人用矛刺死扑咬在牛身上的狮子，也有人用毒箭射死了两头狮子。还有个村庄在参加养牛项目之后，引来了很多狮子，最终村民们不得不丢下牛群和村庄，搬到了相对安全的楚姆奎。

20世纪90年代，近两千名赫雷罗人迁入尼耶南边的地域。赫雷罗人世代养牛，养牛的经验比朱特瓦人丰富得多。他们视狮子为眼中钉，所以在他们搬来不久以后尼耶的狮子数量便急剧下降，这才让人与狮子的冲突告一段落。

◆

尼耶南边的边界竖着一道巨大的围栏，让人望而生畏。围栏从东到西径直延伸数百英里，一直伸到博茨瓦纳边境。它现在的作用是防止动物穿越，同时也能防止牲畜疾病的传播。但建造围栏最初的目的是阻止人的自由流动，至少在当时是这样。"布须曼地"是以尼耶为中心的区域，是给布须曼人的保留地。围栏将布须曼地和南边的赫雷罗兰分隔开来。这两片土地以前都是尼耶朱特瓦人的核心领地，现在就这样被围栏一分为二。

现在，围栏北面的尼耶有数千英亩的肥沃草原和茂密的金合欢树。但在赫雷罗兰一侧，大片的草原已被沙地和沙漠灌木丛取代。沙漠绵延数英里，间或点缀着几棵凄凉的树，树下有几头吃草的牛，身形瘦削，乳房干瘪，时不时甩甩脑袋，赶走眼前飞舞的苍蝇。

围栏以南的区域，朱特瓦人称之为卡姆（G/am），其他族群则称之为甘姆（Gam）。卡姆有个永久水塘，水塘周边的地方曾是某个朱特瓦游群的诺特尔。在干燥的冬季，这儿还曾接济过几个来自其他诺特尔的朱特瓦游群,他们只有季节性水源,旱季便不得不寻求外援。到了20世纪50年代,一小群胆大的赫雷罗人和博茨瓦纳农民也使用过卡姆的这个水塘。他们在博茨瓦纳找不到充足的水源放牧,便定期来到这里,把这里当作季节性的放牧点。

卡姆附近的奥米兰巴水源充足,植被丰富。卡姆不仅一度是朱特瓦人主要的狩猎区域,还是很多其他肉食动物出没的地方。1994年我第一次来到卡姆,当时周边的平原还生活着一大群自由奔跑的非洲野狗和鬣狗,偶尔还能见到花豹和猎豹。卡姆也有狮子出没,常见的是几头年轻的雄狮和一头年迈的狮子头领。这头老狮子孑然一身,看上去郁郁寡欢。年轻的雄狮每隔一阵就会向年迈的头领发起挑战,故此老狮子脸上满是搏斗时留下的伤疤。

现在20多年过去了,卡姆已从偏远的诺特尔变为尘土飞扬的乡野村庄。村中有些简单的商店,2013年还安装了太阳能电池组,通了电。发电装置周围安上了铁丝网,起到防护的作用。村里有1 800名居民,大多是在博茨瓦纳流亡近一个世纪的赫雷罗人,他们1993年被遣返回到纳米比亚。除此之外,也有些朱特瓦人仍在卡姆生活,他们通过替赫雷罗人放牛、做零工来换些牛奶、粥、酒和零钱。

除了夜间鬣狗偶尔吠叫,沙地上出现零星的爪印外,卡姆周围的灌木丛已没有大型肉食动物繁衍生息。这里也很难看到这些肉食动物的猎物:扭角羚、大羚羊、跳羚、大角斑羚和狷羚。反倒是卡姆周边的沙漠里，会出现牛、羊、狗和人的足迹。

欧洲与美洲的狼群曾被迫与农耕民族共同生活在一片土地上，卡姆地区的肉食动物也有相似的命运。

◆

在纳米比亚被殖民前，赫雷罗族群是最强大的民族。赫雷罗人的口述历史记录了他们如何在"数百年前"，从东部非洲的大湖迁徙而来，最终在约 17 世纪时赶着牛群抵达纳米比亚。赫雷罗人一到纳米比亚，就取代了当地的狩猎采集社群，夺取对该国中部地区的所有权。赫雷罗人以放牧为生，流动性很强。随着牧群规模不断扩大，他们沿着纳米比亚东西边界继续扩张，寻找新的放牧点和水源。有些赫雷罗人赶着牛群，沿着奥米兰巴往北边和东边前进，先来到奥马海凯，后又抵达了尼耶。但尼耶缺水，那里的朱特瓦人也很难对付。赫雷罗人觉得这些奥瓦库鲁哈人（Ovakuruha，意为"第一民族"，即原住民）比他们遇到过的其他族群都更危险，故此绕开了尼耶。

到了 19 世纪末，赫雷罗人要应付的，不仅是奥马海凯和尼耶的朱特瓦人，而且还有更棘手的麻烦。首先，一场瘟疫让他们的牲畜遭受巨大损失。其次，几年前德国人来到了纳米比亚，在海岸地区立足之后，便开始咄咄逼人地扩张势力，仿佛他们才是这地盘的主人。

在 19 世纪 70 年代中期前，英国、法国、荷兰、葡萄牙和后来的比利时国王利奥波德二世（Leopold Ⅱ）争相瓜分非洲时，普鲁士（Prussia）和巴伐利亚（Bavaria）还在为如何巩固德意志帝国而争论不休，无暇顾及争夺非洲殖民地。1871 年德国统一后，德国人才意识到自己竟错过了人类历史上规模最大的土地掠夺活动。德意志新帝国的第一任总理是奥托·冯·俾斯麦（Otto von Bismarck），他对殖民地的价值颇为狐疑，但德国媒体和大众并不这样想。于是，这位铁血总理不得不屈从于大众的意志，德国的殖民计划就此拉开序幕。

1882 年，德国海鸟粪废料商人阿道夫·吕德里茨（Adolf Lüderitz），从当地酋长的手里买下了纳米比亚南部一段荒凉的海岸线。两年后，俾斯麦为他提供了官方的保护，不久后德国便正式将此地命名为德属西南非洲。此时，其他殖民列强尚在私下窃笑，在他们看来，这片后来被称为骷髅海岸的地方只有一个用处：把叛变的船员扔在这里，让他们不是渴死就是饿死，反正活不长久。

德国人却将这片德属沿海领土作为切口，向南部非洲内陆继续深入。德国很快与多位当地酋长（其中有几位赫雷罗人）缔结了几项附加条约，随后便宣布，西南非洲整个海岸自北向南，从安哥拉共和国（Angolan）边境的库内内河（Kunene River）到奥兰治河（Orange River），都属于德国的保护国。短短 10 年间，德国对这片土地的影响已扩张到戈巴比斯等内陆地区，但仅在纳米比亚站稳脚跟，尚不能满足德国的殖民野心。

1903年，德皇决定将德国的主权扩大到赫雷罗人的土地上。赫雷罗人当时正称霸一方，于是，洛塔尔·冯·特罗塔（Lotha von Trotha）将军被德国特地派出，率领殖民地警备部队1万精锐前往西南非洲。

特罗塔将军在征服和治理殖民地方面很有一套，他轻而易举就扫清了德国殖民扩张的障碍。他扬言道："那些不肯服从的部落，如果不能买通，就血洗一途。只有将旧的打扫得干干净净，新的秩序才能建立。"

特罗塔将军迅速组织了军事进攻。德国人向赫雷罗人核心领地瓦特贝格（Waterberg）发起进攻，展开了一系列小规模的战斗和围攻，在加农炮和迫击炮的攻击下，赫雷罗人的防御体系很快就崩溃了。但特罗塔认为任务还远未完成，希望"清除"西南非洲所有的赫雷罗人。于是20世纪第一个有组织的种族灭绝计划就此启动。日后，这场清洗当然是臭名昭著。

计划制订后，特罗塔将军便放下狠话："赫雷罗人必须滚出这片土地，如果不肯，那就用炮火把他们赶走。在德国控制的地域内，只要发现赫雷罗人，无论是否携枪都一律枪毙。我们不要俘虏。对付赫雷罗人，就照我说的办。"

迫于德国迫击炮和加农炮的连续轰炸，再加上德属殖民地警备部队追击，赫雷罗人逃到了广袤而干旱的卡拉哈里沙漠，他们想要往东行进300英里，前往贝专纳保护国等英属殖民地。数百个赫雷罗人沿着艾塞布干河穿过了卡姆，进入博茨瓦纳。赫雷罗人的口述历史描述了他们穿越沙漠途中遭遇的一系列艰难险阻,其中不少人死在了路上。中途掉队的赫雷罗人,要么被杀死,要么被送进了严酷的集中营。集中营里,最臭名昭著的当数鲨鱼岛(Shark Island)。鲨鱼岛是纳米比亚海岸外的一片露头①(outcrop),因海鸟粪堆积而呈白色。约4 000名赫雷罗男女及儿童在此因饥饿而死。而德国人还从这些赫雷罗人的悲惨结局中获益,他们将尸体收集起来用于科学研究。优生学理论的先驱尤金·菲舍尔(Eugen Fischer)博士便颇具代表性,也是最大的受益者。他曾深入研究和应用这些尸体,并于1921年出版了巨著《人类遗传学和种族卫生学》(*Principles of Human Heredity and Race Hygiene*)。这部书使菲舍尔在"一战"后的德国名声大噪,赢来了一众声名显赫的粉丝,其中最有名的莫过于阿道夫·希特勒(Adolf Hitler)。1923年政变失败后,希特勒被关在兰茨堡监狱,过上了相当舒适的监禁生活。希特勒狱中阅读了菲舍尔的这部书,从中获取了不少灵感。他极端崇拜菲舍尔有关种族纯洁的观点,在坐上德国元首的宝座之后,立刻任命菲舍尔为柏林大学的名誉校长。

◆

1990年,纳米比亚脱离南非取得独立,新政府邀请以前逃往博茨瓦纳的赫雷罗后裔返回纳米比亚。许多赫雷罗人接受了这个邀请。

---

① 露头,地质学名词,指岩层、岩体、矿体、地下水、天然气等出露于地表的部分。——译者注

可是，纳米比亚政府找不到其他地方安置如此多的新移民，只能将迁入的赫雷罗人安置到卡姆地区。随返乡者归来的还有他们的牲畜。牲畜是赫雷罗人财力、身份和地位的象征。依照赫雷罗人的传统，从父辈那里继承的牛不能出售。这些牛的肉身中住着祖先的灵魂，如果为了区区利益卖了牛，便是对自家血统的亵渎。如果只图一时高兴便把牛吃了，则无异于嗜食同类。只有重大而庄严的场合才能屠宰祖传的牛，例如婚姻、出生、成年或死亡等事关血统传承的时刻。从母亲那边继承而来或购买得到的牛，可以赠送他人或用作交易，但人们通常也不愿这样做。过去80年间，这些曾经流亡的赫雷罗人都在博茨瓦纳西部过着清贫的生活，故此相当重视传统，神圣庄严的传统绝不可轻忽。他们下定决心重回纳米比亚，认祖归宗。对一无所有的他们而言，牛群便是一切。

然而，一旦第一批的2000头牛结束了检疫隔离，返乡的赫雷罗人便要面对一个大麻烦——卡姆的狮子等肉食动物，可不管赫雷罗的血统和传统。

雪上加霜的是，赫雷罗人和他们的牛群一回到卡姆，便赶上了3年干旱，整个奥马海凯北部地区都了无生气。政府和援助机构为当地居民钻孔取水竭尽全力。但一位年轻的牧民却为难地抱怨道："牛吃的可不是水啊。"赫雷罗人到来的第一年，人们还没敢往干旱上想，数千头饿牛就已将草地啃得干干净净。赫雷罗人养的山羊拨开骆驼刺的枝干，啃掉树枝间湿润的深色叶子。牛也不再单单吃草，从死去同伴的枯骨中吸吮磷酸盐、啃树枝，甚至连颜色鲜艳的塑料袋、废弃的衣服和其他垃圾也不放过，似乎从这些东西里也能获取营养。

牛大量饿死，还有些因啃食了毒叶木的绿叶和开花球茎（俗称"蛇头"）中毒而死。这些有毒的植物根系都扎得很深，对干旱的气候适应良好，春天的时候无论是否有雨，都生长得十分繁茂，好似植物界的海妖塞壬，勾引着赫雷罗人的牲畜。随着旱灾愈演愈烈，幸存下来的牛也不再四处游荡寻找牧草，而是望眼欲穿地盯着主人，仿佛主人能从土壤中变出绿色植物来。牧民们则在政府派驻机构的帐篷外来回踱步，打听政府承诺的大批饲料何时才能运达。

赫雷罗人等待着政府的救济，狮子、鬣狗等食肉动物却能以赫雷罗人的牲畜为食而不至于挨饿。其实，被食肉动物吃掉的牛远远少于病死、饿死或中毒而死的牛。卡拉哈里的食肉动物对吃的并不挑剔，很愿意清理死牛的尸体。而赫雷罗人发现沙地上有食肉动物的足迹，便认定是狮子杀死了他们的牲畜。

赫雷罗移民已习惯了沙漠生活的不确定性，但和其他人一样，也会对自己无能为力的状况倍感困扰。此时，人们不免更愿将自己的不幸归咎于直接且可控的原因。故此，赫雷罗人认为，烦恼的根源是卡姆的食肉动物，而非当地的雨神作怪。

在这些赫雷罗人看来，食肉动物的威胁已到了诡谲怪诞的程度——夜间常有狮子、鬣狗咆哮不休，不除不足以安定人心。但在纳米比亚，捕猎食肉动物必须获得许可，否则就违反了法律。于是，赫雷罗人便秘密地开始了保护牛群的行动。只要发现狮子、鬣狗或豹子的踪迹，他们就悄悄追踪，射杀这些动物。但赫雷罗人对付食肉动物的主要手段不够精准。他们在死牛尸体上下毒，食肉动物吃了尸体上的肉便会中毒。这样一来，不仅狮子，任何偶然撞见尸体的食肉动物，例如豺狼和秃鹰，都可能被毒死。

赫雷罗人消灭食肉动物的做法，本也不足为奇。自农业出现以来，全球各地的农民都会这么做。农业文明的出现，意味着要依据事物带来的是好处还是风险去重新定义它们。狮子、野狗和鬣狗这等不受欢迎的动物，自然被贴上"有害无益"的标签。

✦

如今，赫雷罗人已在卡姆生活了 20 余年，食肉动物的问题也早已解决。但他们仍然觊觎尼耶丰饶的草地，时不时地在防止动物翻越的围栏上挖出缺口，将牛群偷偷带进尼耶地界放牧。朱特瓦人不得不请求警察干预此事，还请当地的法律援助机构协助，以保护自己的土地。即便如此，也很难杜绝赫雷罗人非法越界的行为。尼耶地域广阔，当地小型的警察特遣队无暇顾及。朱特瓦人又很少愿意出面指认赫雷罗人的越界行为，甚至发现赫雷罗人越界，也不愿直接将其带到上级面前。最近，有些尼耶的朱特瓦人莫名其妙地染病和死去。

朱特瓦人认为这些都是赫雷罗人的巫术作祟。除了少数几个，大多数朱特瓦人都害怕赫雷罗人的巫术，不敢揭露他们违规的行为。

自从双方第一次打交道，朱特瓦人便被这些以放牧为生的邻居鄙视。朱特瓦人惧怕赫雷罗人的巫术，这也说明朱特瓦人处处受赫雷罗人压制。

"赫雷罗人见到朱特瓦人就当没看见，"尼耶南部村庄的一位诺特尔考西说道，"他们认为我们是丛林中的动物，喝牛羚的奶长大。他们认为夺走我们的土地和生命都是天经地义的事儿，没有什么好在意的。"过去，如果朱特瓦人反抗赫雷罗人的侵犯，往往会受到残酷的报复。这些冲突一般发生在远离行政中心的地方，很少有人向当局报告。只有极少的案件会引起当局的注意。1947年，一起案件引发了广泛的关注，当时24名赫雷罗男性杀害了2名朱特瓦成年男性、2名朱特瓦成年女性和7名朱特瓦儿童，并且玷污和肢解了他们的尸体。事件的起因是1名赫雷罗男孩被毒箭射杀，随后赫雷罗人为报复朱特瓦人而大开杀戒。有位赫雷罗口述历史学家曾告诉我，他的祖先逮着机会就会杀掉朱特瓦人和其他布须曼人，而且不以为意。他认为，赫雷罗人遭到德国的种族灭绝以及经受的种种苦难，都是因为杀害了很多布须曼人而受到的来自上帝的惩罚。

在朱特瓦人看来，毒药和巫术都是骗人送死的手段，因此，赫雷罗巫术的威胁和卡姆狮子的悲惨命运颇有相似之处。

朱特瓦人相信,在赫雷罗人眼里,自己的命不比所谓"毒虫猛兽"值钱。

卡姆赫雷罗人与尼耶朱特瓦人的矛盾,是农耕族群和狩猎采集社群间的典型矛盾。这样的矛盾普遍存在,南北美洲和东南亚等都曾经历过。只要农耕族群遇上了狩猎采集社群,农耕族群必定对狩猎采集社群百般嘲笑和蔑视。他们用"狂野""野蛮""危险""和动物一样""原始"等语汇形容狩猎采集者,并以此为由,合理化自己种族灭绝的行径和无良的殖民行动。

15
恐惧与农业

赫雷罗人返回卡姆，好似《圣经》重现。卡姆有位"先知"，名字恰好叫作约瑟法（Josepha），他最先提出了"先知"这个称谓。据说约瑟法与上帝"心意相通"，只要出个好价钱，他便能治疗艾滋病（AIDS）和高血压。他能给客户定制咒语，让他们诅咒别人；还能为候审犯炮制似是而非的说辞，以说服地方法官而减轻犯人将受到的刑罚。有人觉得约瑟法是个骗子，也有人觉得他确实颇具神通，能和基督教的上帝沟通。约瑟法告诉我，古代以色列人荒野流亡几十年后回归了应许之地，赫雷罗人回到卡姆同样也意义重大。

不论约瑟法是否真能感应上帝，将返回纳米比亚的赫雷罗人和《圣经》中的古代以色列人相提并论，其意义都不在于营造些许神圣的宿命感。赫雷罗人和古代以色列人都是自给自足的农民群体，在极受排挤的环境中挣扎生存。故此，能否对付食肉动物和其他毒虫猛兽是关系生死存亡的重大问题。自给自足的农民群体要熬过饥荒、长期营养不足和自然灾害等，面临的挑战比狩猎采集社群遇到的大得多。[1] 赫雷罗人和古代以色列人都认为，人是上帝按照自己的形象创造出来的，被赋予驯化和约束自然的神圣使命，否则自然便永远荒蛮，永远和人类作对。两个群体自然观的变化，源自新石器革命（即农业革命）。新石器革命指在相当长的一段时期内，全球各地的人类社群从狩猎采集生活向农耕生活的转变。这个变革导致人类重构自身与自然世界的关系，也标志着人类世[①]（Anthropocene）的到来。如果说人类今天的生理机能主要形成于狩猎采集时期，那么今天的行为方式、自我认知和世界观念，则很大程度上是农耕时期的产物，尽管农耕时代持续的时间比狩猎采集时期短得多。

◆

我们无法确定第一批狩猎采集者为何放弃了狩猎采集生活，转而投入辛苦的田间劳作。

新石器革命的发起者不可能无缘无故改变想法，步调一致地驯化各种动物和植物。农业革命必定经历了许多代人的漫长努力。最早的农民也并非自觉地拥抱农业，他们必然在气候和环境等因素的共同作用下，潜移默化地开始从事农业。

农业革命的发生必然由很多因素推动，但无法明确何种原因直接引发了这场变革。历史上，从狩猎采集社群向农耕

[①] 人类世指地球的最近代历史。人类世没有准确的开始年份，有些学者认为人类世开始于18世纪末人类活动对气候及生态系统造成全球性影响，有些学者则将人类世拉到更早的时期，如人类开始务农的时期。——译者注

民族的转变，在彼此没有关联的不同地点都不约而同地发生了。约1万年前，底格里斯河（Tigris River）和幼发拉底河（Euphrates River）洪积平原及周边地区的居民首先从狩猎采集者过渡到农耕民族，开始种植谷物、豆类，驯养绵羊、山羊和猪。随后，大约八九千年前，长江和黄河流域的狩猎采集者开始种植水稻和小米，养猪养蚕，发展农桑。其后5 000年中，新几内亚（New Guinea）高地的居民开始种植香蕉和甘蔗作物，美洲原住民开始种植玉米、豆类和木薯。最后大约4 000年前，生活在非洲中部和西部的人们开始种植高粱、山药和棕榈树。

无论哪里出现了农业，农作物都会从起源地迅疾向外扩散。驯化后的动物和植物在特定环境下才能顺利生长，故此农业最初沿着纬度传播。随着传播范围的不断扩大，人们发现了越来越多适合驯化的动物和植物。同时，农民总是自觉或不自觉地筛选更符合自己心意的植株或品种，因此已经驯化的物种也会变得越发高产。最早的农业在新月沃地①（Fertile Crescent）出现6 000年后，之后农业成为欧洲和中亚经济的主流产业。

◆

约1.2万年前，地轴方向又一次发生周期性改变，这宣告

---

① 西亚伊拉克两河流域连接叙利亚一带地中海东岸的一片弧形地区，为上古文明发源地之一。——译者注

了地球史上最近的冰河期结束。在冰河期进入尾声时，地球出现了持续数千年的气候波动。此后1 000年间，全球气温和湿度均迅速上升，气温比此前12万年间的最高值还高了近5摄氏度（9华氏度）。

生活在亚热带的科伊桑人等族群固然受到了气候剧烈变化带来的困扰，但其生存尚不至于受到威胁。而这种由于冰河时代结束导致的剧烈环境变化，却给生活在北半球的狩猎采集者社群造成了极大的生存困境。气候变暖之后，植物生长的环境变得更为温暖潮湿，科伊桑人以前用来果腹的植物消失殆尽，好不容易积累起来的植物知识都再无用武之地。同时，欧洲、大洋洲和美洲的许多哺乳动物也陷入绝境。例如，特别适合在寒冷环境中生存的猛犸象、剑齿虎和短面熊等大型哺乳动物，曾是数量庞大的物种，最终也全部灭绝。[2] 这些关键物种的灭绝还引发了环境的其他变化。在西伯利亚和阿拉斯加猛犸象灭绝后，被它们毁坏而无法生长的林地便开始重生。森林覆盖了本来暗黄的大片草地，林木深色的树叶吸收了更多太阳的辐射，使气温进一步提升。这些变化反过来创造了全新的自然环境，吸引了适应新环境的各种动物和植物在此安家。

在气候剧烈变化的时期，如果北半球的狩猎采集社群每周只工作15小时，那他们就根本无法生存下来。如果只花这么点时间觅食，那么饥饿会越来越频繁，社群终有一日会灭亡。要在这样不可预测的时期生存，韧劲和智谋就要遭受极限的考验。在食物来源很不稳定的情况下,为适应气候和环境的快速变化,狩猎采集社群不得不尝试新的生产方式。20世纪的朱特瓦人觉得捕猎大型动物(如大象)过于危险,为获取食物承担如此高的风险并不值得。远古时代的狩猎采集社群也是如此。但是气候和环境发生了巨大的变化,食物短缺,有些过去不愿承担的风险,如猎杀像猛犸象这样的风险,现在为了生存也必须面对。

捕猎猛犸象的行动风险极高,必须由团队合作完成,需要大家探索新的合作方式。把此前没有吃过的植物变成可口、易储存的食物,也需要人们尝试新的、更复杂的加工方法。可能正是在反复的探索之中,人们发现把小麦捣成细粉,再将细粉和水混合,烹饪后便可食用。但未经捣碎的谷物(如小麦)或有毒块茎(如木薯)将难以消化。

以前大自然资源丰饶,现在却不再慷慨给予,狩猎采集社群对宇宙秩序的看法也备受挑战。以前,他们觉得神灵和人类平起平坐,现在人类则要向高高在上的神灵祈求帮助。今土耳其戈贝克里·特佩[①](Göbekli Tepe)有一个巨大的石灰岩柱群,柱上刻有野生动物的纹样。一般来说,这种规模的建筑通常出现在农业社会,但证据表明,这个柱群由狩猎采集社群建造,建造的时间为狩猎采集社会晚期,或者由狩猎采集社会向农业社会过渡的时期。考古学家在遗址的废墟中发现了野

---

① 意为"带有肚脐的山丘",是土耳其东南部古城,该遗址被联合国教科文组织列为世界遗产。——译者注

生谷物和坚果的痕迹，还有瞪羚、野牛和野猪的骨骼。但在附近新石器时代早期的考古遗址中，并未出现任何驯养动物的证据。戈贝克里·特佩遗址可追溯到公元前 9600 年左右，此时距农业文化兴起尚有几个世纪。此遗址表明，这里的狩猎采集社群为了更好地生存下去，已开始试图掌控周围的环境，并发展出某些特定的文化形式。

农业革命的出现，也可能和狩猎采集社群更重视食物贮存有关。以前，狩猎采集者信任大自然，认为自然会源源不断地供给资源。如今气候剧变，他们对大自然的信任严重受挫，担心自己陷入有上顿没下顿的境地。如此一来，狩猎采集社群难以维持原来的"即时回报经济"，只能加倍努力，贮存更多食物以备后用。这个简单的变化就足以扭转狩猎采集社群体验和理解时间的方式。储存剩余食物，意味着要花大力气满足未来的需求，投入的精力甚至和满足当下需求相当。

北半球环境和气候的变化也为某些物种提供了恰到好处的生长条件，使特定植物的产出异常丰富。新月沃地一带气候逐渐转暖，原本寒冷的干草原生态系统转变为温暖的稀树干草原生态系统，大麦、小麦和豆类等野生谷物在这里茁壮成长，产量远超其他物种。

狩猎采集社群是机会主义者。一旦哪种植物或动物表现出不寻常的高产特性，他们就会利用这个特性。例如，如果无意中通过偶然的人为干预，顺利获得某种食物（如砍树的时候意外发现某种水果或坚果），那么毫无疑问，狩猎采集社群以后还会通过相同的方式继续获取这种食物。

我们可以拿曼杰提树（尼耶的狩猎采集社群重要的食物来源）举个例子。如果曼杰提树因气候变化而变得更加高产，或者因人们的修剪提高了产量，朱特瓦人便可能越发依赖这个物种，甚至在曼杰提树丛附近永久驻扎，赶走喜欢曼杰提果实的其他动物，并开始照料和培育这个树种。几代人下来，朱特瓦人就会慢慢形成有关曼杰提树种植、养护与收获的知识体系，并且随着时间推移越发完善这个体系。曼杰提树的成功种植经验也会让朱特瓦人意识到，卡拉哈里沙漠或许还有其他植物也适用相同的培育方式。

如果物种的繁殖能力是进化成功与否的判断依据，在过去1万年间，智人的繁衍生息简直就是天赐的恩典。未来的考古学家定会发现，人类世时期主宰地球的不止人类，还有成为人类主食的动物和植物。牛、山羊、绵羊、狗、猫、家禽、稻米、小麦和玉米等动植物现在无处不在，但如果没有人类帮助，这些物种本不可能幸存下来。

◆

当今，集约化农业技术生产效率极高。[3]美国只有不到2%的人口从事农业，便足以养活所有美国人并支持大量余粮出口。但现代农业技术的高产无法遮蔽一个严酷的现实：100年前，小农的生活极其艰难；即便今天，许多发展中国家的自给农民依然生活窘迫。尼耶周边的赫雷罗牧民和卡万戈谷农这样的自给农民，处境边缘化，生活尤为艰辛。

短期"季节性"的粮食短缺和偶尔出现的饥荒，都经常影响着狩猎采集社群和农民。狩猎采集的朱特瓦人常常抱怨自己的体重在旱季后期会下降。每当上一季的余粮告急，下一季的作物还未成熟时，全球的自给农民都得忍饥挨饿。无论是农耕社会还是狩猎采集社会，每到青黄不接的时候，人的体重就会出现季节性下降，幅度高达原来体重的7%—8%。这个降幅足以影响人的生育能力和总体的幸福感。

如果抛开某一季节周期，就更长的时间跨度而言，农耕社会比狩猎采集社会更易遭受反复且旷日持久的重度饥荒。⁴ 狩猎采集是风险相对较低的生活方式，因为狩猎采集者有许多不同的食物来源。面对周期性的干旱、洪水和其他异常气候，狩猎采集者只要利用自然环境自我调节的特性就足以应对。尼耶的朱特瓦人能接触到125种可食用的植物。这些植物生长的季节周期各不相同，在同样天气条件下会呈现不同的状态，在环境系统中的生态位①（niches）也有所不同。有些植物耐干旱，有些喜降雨，有些耐严寒，还有些爱酷暑。某些物种无法适应的天气，可能适合另一些物种生存。不仅植物如此，动物也一样。对狩猎的朱特瓦人来说，生存的风险大大降低。一场严重的干旱固然会大大削减卡拉哈里地区重要食用植物的总产量，但恶劣的生存环境会让动物放松对人类的警惕，聚

---

① 生态学名词，指生物在生物群落或生态系统中的作用和地位，以及与栖息、食物、天敌等多环境因子的关系。——译者注

集在永久水源或宝贵食源附近，这样就降低了朱特瓦人狩猎和觅食的难度。故此，朱特瓦人肉食的比例反而会在时节不好的日子里有所提升。

但农业社会仅以几种主食为生，一旦雨水不足或河流枯竭，就会严重减产。如果没有完备的应急措施，比如预留前一季的部分食物，或通过成熟的交易网络从其他地方获取食物，粮食一歉收饥荒就免不了。除了干旱，多数作物对害虫也十分敏感。只有雨水、土壤和阳光都给得恰到好处，作物才能茁壮生长。任何一个条件得不到保障，即便不出现饥荒，收成也定会令人大失所望。

此外，有利的因素越少，农民付出的劳作就越多。如果没有充足的雨水，不但农作物的产量降低，农民的工作量还得翻倍。直到现在，多数农业社会仍然依赖少数作物或牲畜，一旦疾病暴发，就会在密植的田地和挤挤挨挨的畜群中迅速蔓延，带给农民灾难性的后果。如19世纪晚期暴发的牛瘟（由麻疹病毒引起），已成为尼耶南边赫雷罗人的集体记忆，留下的阴影今天依然挥之不去。整个南部和中部非洲也形成了恐惧牲畜生病的心理，甚至到了闻风丧胆的程度。

麻疹这样的病毒性传染病，在缺乏免疫的牛群中致死率高达近90%。19世纪90年代，牛瘟曾横扫南部和东部非洲的牧群。牛瘟还通过水牛、长颈鹿和疣猪等野生动物传播，在整个非洲大陆迅速蔓延。埃塞俄比亚和坦桑尼亚出现了灾难性的饥荒。1896年，卡拉哈里地区便出现了牛瘟。在仅仅6个月内，赫雷罗 2/3 的牛死亡，赫雷罗人的经济也随之崩溃。牧牛经济崩溃之后，靠牛吃饭的赫雷罗社会也开始崩溃，曾经富有和强大的家族突然发现自己"落魄如布须曼人"。更糟糕的是，牛瘟之后，人类的疫病也接踵而至。营养不良的赫雷罗人免疫力低下，成为病毒绝佳的宿主。成堆的腐烂牛肉遍布乡村，这可能促使炭疽病菌滋生扩散，伤寒、疟疾和炭疽肆虐。有些当代赫雷罗口述历史学家认为，赫雷罗人的流亡主因并非本族头人领导无方，也非德国枪炮的巨大威力。他们坚称，若非牛瘟，赫雷罗人永远不会向德国人投降，更不会成为 20 世纪首次种族灭绝计划的受害者。

大规模的病毒性瘟疫会导致牲畜数量呈指数级下降，但农民面临的病毒威胁还不止于此。牲畜的养殖日益集约化，与人类的接触也越发密切，一些牲畜疾病也开始适应人类宿主。人类自古就对牛肉情有独钟，所以惹上了肺结核和麻疹。人类喜欢培根和鸡翅，于是每隔一段时间就会染上新型的流感毒株，造成可怕的后果。相比狩猎采集社群，新石器时代早期人类的营养水平总体上差了一截。这不单是因为偶尔的歉收，更因为新石器时代早期人类的饮食结构过于单一，往往只靠一两种碳水作物为生。单一的食物来源会导致全身维生素与矿物质缺乏，因此，疾病对这一时期的人类造成了巨大的打击。

农业社会在饥荒、疾病和自然灾害面前不堪一击，灾难性的社会崩溃会常常打断新石器时代扩张的进程。现代欧洲人的遗传史研究表明，在约 7 500 年前农业向中欧地区扩张，约 6 000 年前农业向欧洲西北部扩张时期,均出现了灾难性的社会崩溃。这两次崩溃可能均由疾病引起,当时的死亡率可能在 30%—60% 内,与 14 世纪席卷欧洲的黑死病的致死率相当。但是,新石器时代早期少而分散的欧洲人口可能不利于瘟疫的广泛传播。当时人口的大量死亡,很可能和不可持续的耕作方式、对少数动植物的过度依赖、长期恶劣天气(如持续的干旱、严冬和洪水)有关,或是上述三个因素综合作用的结果。[5]

◆

朱特瓦人等狩猎采集社群对生存环境始终保持坚定的信心,相较而言,新石器时代农民的生活却充满了恐惧:干旱、庄稼病害、虫害、盗窃、袭击、陌生人、饥荒、战争……甚至还有税收。故此,风调雨顺、收成不错的年景,农民便会将劳动成果作为祭品和贡品献给神秘莫测的神明,庆祝自己的好运。

新石器时代的农民明白自己生计脆弱,但并不甘心听天由命。他们有着强烈的自我意识,认为命运至少部分地掌握在自己的手上。如果事情搞得好,就能最大限度地降低风险,减少恐惧。于是,农民每天都要敬奉神明,更要努力劳作,生产更多的产品。这样看来,农民承担了部分创世者的工作,代替创世者行使其在地球上的职责。许多生发于农业社会的宗教,都倡导这样的观念。神创造宇宙,人则创造自己小小的世界,如家园、花园、村庄、牧场和水坝。在人创造的世界里,自然的力量不能肆意妄为,野性须接受驯化。

伟大宗教经典充斥着有关农业的隐喻,这也绝非巧合。犹太教、基督教共同的经典尤为如此,有关田地、农民、家畜、收成和牧羊人的寓言故事异常丰富。依据基督教的《圣经》所言,人类的终极命运便是"受眷顾的人,麦子将收进上帝的仓库;受诅咒的人,糠秕将扔进不灭的火中"(马太福音 3:12),这似乎提醒人们不要忘记恐怖的农业灾难。

狩猎采集社群将自己视为生存环境的一部分,而农耕社会则认为生存环境(或至少部分生存环境)和人类分离,人可以操控环境。一旦人类区分了生存环境和自身这两个概念,便以自身控制环境的能力为尺度,按重新组织和分类的概念系统重新描述周围的世界。农耕社会认为,如果没有人为干预,则整个世界是个"狂野的""未开化的",甚至危险的空间。农民觉得必须驾驭自然的力量,因为一旦自然未经许可贸然闯入已经驯化的空间,便会对其造成危害:犁过的田地里长出不受欢迎的植物,那便是杂草;农民的谷物或牲畜被不受欢迎的动物盯上,那便是害虫猛兽。农耕社会树立了自然/野生世界和人类/文化世界的对立。这种对立深入人心,因而在相当长的时期内,社会人类学家都将这一对立视作人类社会的普遍现象。

但人类世界和自然世界无法绝对分开。农民都知道,土地若无人照料,很快便会重新变成野地;某些荒野不太容易开垦，某些野生动物也不太容易驯化。新月沃地有许多适合驯化的动植物，随着时间的推移，自然世界和文化世界的分歧就根深蒂固起来。但在非洲、南美洲和东亚的热带地区，只有少数植物能成功驯化，可驯化的动物就更少了。因此，当地许多人通过狩猎获取蛋白质，他们对待身边动物的态度与狩猎采集社群比较类似。

优化、约束和控制生存环境，需要大量劳作，所需的精力远超狩猎和采集。播种前，要清理田地、犁沟施肥。幼苗萌发后，要浇水除草。作物生长的时候，要防止饿鸟和昆虫的侵扰。在卡拉哈里沙漠的边缘地带，甚至还要提防饥饿的大象。最后，要收割庄稼，搭建储存设施，此后便又开启新一轮的劳作。另外，农业还有许多次生的时间消耗：干完田里的工作，还要制造和修理工具，建造和维护农场的设施。除了农业，农民还要料理日常生活，如照顾婴儿、烧火做饭和打扫家园。由于收获有特定的季节，农业社会还需要建储备食物的设施和体系，把大量食物保存起来，以满足整个生产周期的需求，直至下一个收获季来临。

新石器革命带来诸多社会、经济和文化影响，其中"努力工作是美德"的观念最为根深蒂固，几乎已成为当今世界之共识。放眼全球，几乎所有社会都将工作看成人性的基本要素——与生殖的需求、陪伴的欲望同等重要。在许多社会里，工作定义了人的身份，在世界各地，工作也主导着政治。发达经济体的广播电视充斥着政客和普通民众的言论，宣扬"奋斗者"和"工薪家庭"的美德，谴责"逃避者"和"吃白食的人"过于懒惰。多数欠发达经济体则有各类专家顾问，投入大量精力，制定政策简报和宏伟计划，创造就业机会。因为失业率的上升意味着败选的风险，所以无论哪个派别的政治领袖都在鼓吹充分就业的理想。难怪凯恩斯认为，人类解决"经济问题"的渴望，无疑自"进化而来"，也是"人类所有冲动和本能"的总和。但凯恩斯并未意识到，人类向农业社会的过渡催生了经济问题，也正因为我们祖先制造了这个问题，解决它才成为一种执念。

在农业社会中，"辛勤工作必有收获"的道理固然颠扑不破，但农业革命的影响远不止于此。投入额外的劳动，便会提高生产力，这一事实成为农业经济的理论基础。这种经济模式驱使达·伽马和迪亚士等人南下探险，导致今天我们仍然执迷于生产和贸易。这个经济模式把努力工作定义为美德，将时间转化为商品，把物品变成了资产，将交易行为变为商业，渗透在现代世界的方方面面。

16
牧 牛 之 乡

尘土飞扬的戈巴比斯是纳米比亚奥马海凯地区的首府。这个小镇的边界有个非常显眼的公牛雕像。这座雕像和真牛一般大小，伫立在10英尺高的红砖基座上。公牛面朝东方，用渴望的眼神望着大草原。它的睾丸引人注意，正指下方的白色文字"牧牛之乡"。

今天，奥马海凯地区的铁丝网长达数万英里，将这片土地分割得支离破碎。最近这座雕像也被铁丝网围了起来，恰如其分地表明这里的居民都以畜牧为生。雕像之所以需要铁丝网的保护，是因为一天深夜，当地的高中学生们随意地破坏雕像的睾丸。而镇政府保护公牛雕像的坚决态度也并不出人意料。在很多方面，戈巴比斯仍是个种族分裂的城市，主要有两个族群，一方是讲南非荷兰语的白人牧场主，另一方则是赫雷罗牧民。这回，这个破坏行动激起了双方的愤怒，对牛的热爱将两个族群统一了起来。他们抛开分歧，决定采取措施保护雕像。

这座雕像是头白色的婆罗门牛（Brahman），是让戈巴比斯闻名于世的品种。公牛下巴和脖子上垂下的赘肉好似粗糙的皮革毯子，牛肩上方有一块巨大的瘤峰。这两个特征表明婆罗门牛有特别的血统，与欧美人熟悉的牛种大有不同。婆罗门牛强健耐热，耐粗饲，在牧草稀少的季节也能灵活觅食。白色婆罗门牛于20世纪50年代引入纳米比亚，通过与其他牛种杂交，培育出了能适应卡拉哈里艰难生活的杂交品种。[1]

牛的品种有许多，但都可追溯至共同的祖先——原牛。原牛是史前便已出现的巨型长腿牛。法国西南部拉斯科洞穴①（Lascaux cave）的公牛厅中，岩画里面就有栩栩如生的原牛形象，其大小与真牛相当。最后一头原牛死于1627年，但早在约25万年前，便有大批原牛在横跨欧亚北非的平原上吃草。原牛可谓成功的物种，地域分布极为广泛，并在不同地区分化出数个特有品种，普通牛（Bos taurus）便是其中之一。普通牛主要分布在非洲西北部和欧洲，是新月沃地早期农民驯化的牛种。今天，欧洲的许多牛种都携带着普通牛的基因，如阿伯丁·安格斯牛、荷兰牛和伊比利亚斗牛。约8 000年前，中亚地区驯化了原牛的另一亚种——瘤牛（Bos indicus）。婆罗门牛等牛种继承了瘤牛独特的生理特征，即肩部肥大的瘤峰和威严的赘肉。

在新月沃地出现农业数千年之后，牧牛人终于征服了卡拉哈里沙漠的奥马海凯。这样的情况在人类历史上屡见不鲜。

---

① 保存史前绘画和雕刻较为丰富的石灰岩溶洞，被发现于1940年，被誉为史前的卢浮宫。——译者注

牧牛人征服沙漠的故事，可以使我们深刻理解新石器革命何以不断扩张，又如何走出农业发源地远播世界各地，并在万年之后成为卡拉哈里沙漠的重要产业。这个故事还能揭示农业革命为当代社会、文化和经济带来的深远影响。

◆

与狩猎采集社群相比，新石器时代早期的农民有个巨大的优势。当时运不错、天气适宜、害虫受控、土壤肥沃之时，农业的生产力远高于狩猎和采集。因此农业社会人口增长的速度比狩猎采集社会的快得多，这也导致了供养这些人口的土地短缺。

此时，最为勤谨的农民也从实践之中得到了教训，明白同一块土地不能连年耕种，获得丰收。有人发现轮作和休耕有助于地力恢复。但大多数人在发现土壤肥力逐年下降之后，便又开始寻找新的耕地。早期牧民对土地的需求，超越了种植作物所需。在新月沃地，一英亩小麦的产量足够一大家子吃上一年。但同样一英亩地养一只山羊，恐怕撑不了一两个月，更别说养活牛群了。故此，农业人口越来越多，对空间的需求也越来越大。

新石器时代早期的农民若想靠辛勤劳作过上好日子，只有几条路可走。随着农业面临的挑战不断增加，对新发明的需求也越来越多，这激发了技术创新的动力。然而，狩猎采集社群很少面对新挑战，技术发展非常缓慢，需要数百代人的不断积累和改进。农民则需要不断研制新的工具,以应对灌溉、食品保存等各种新挑战。如此一来,新石器时代早期就出现了许多应用广泛的技术发明,如锄头、铁锹、陶瓷、砖块、金属制品和轮子等。

解决问题的新技术并非一蹴而就。技术革新需要不断积累的经验和知识、大量的实验,以及偶尔的灵光一现和少许的好运气。但倘若土地肥力尽失,长不出庄稼,即便有了伟大的技术发明,也于事无补。

成功的狩猎采集社会为维持平等,会刻意避免生产盈余,以免产生社会压力。但成功的农耕社会则恰恰相反。起初,食物盈余是饥荒和灾难时的保障手段。如若年景不好,是否有储存妥当的食物可能决定生死。但久而久之,农民便把盈余当作劳动的回报,觉得自己的劳作"赚到"了这些收益。人们甚至觉得,只要盈余足够多,他们便能最终换得自由,摆脱田间劳作的苦难。不过,早期农业社会难以积累如此多的盈余,人们便也只能想想罢了。

在保存食品的新技术和新方法出现之后,农民终于创造出实实在在的"财富"了——虽然当时并没有财富的概念。储存食物就是储存劳动。满筐的粮食确实能让人几顿饭菜不愁,即使一筐粮食也承载了人们辛劳的汗水。翻地、播种、打谷,无一不需要艰苦的付出。故此,人们便觉得劳动本身也是可以交换的东西。

于是,新石器革命促成了各种交换制度,这样一来,盈余便可在人之间流动。农耕社会发展的贸易和交换体系，不仅实现了实体商品的流通和聚集，也涉及了社会生活的抽象方面，如威望、爱情、天堂和运气。有些社会发展出创造、管理、分配盈余的体系。这个体系越高效，发展的脚步便越快，力量也越强大。于是其他社会也自然而然地借鉴成功社会的经验。

若盈余持续产生，农耕社会便渐渐出现了社会分工，且程度逐渐提高。起初，所有分工都与农业相关，例如，祭司负责祈祷风调雨顺，战士负责保护农民免受野兽和敌人侵害，工具制造商负责制造促进农耕的工具，建筑工人负责建造住所和粮仓，屠夫负责加工畜肉。如果社会生产力足够强大，可以供养的人数就会远超农民的数量，社会便会高度分化，出现商人、牧师、小贩、会计和工匠等职业。同时，盈余也会转化为债务、资产、货币等，而能控制盈余分配和流通的人则拥有了权力。

◆

农业不断向新地域扩张，主要的动力不是为了满足冒险猎奇的心理。某些地区，几代人下来，人口不断增加，便自发地产生了向外扩张的需求。历史上几乎所有规模庞大、进展迅速的扩张活动，都因抢夺资源引发。一旦某个地方已容不下过度增长的人口，唯一的出路就是寻找新的沃土。

新石器时期的考古研究和遗传史研究为新石器时代农耕民族的扩张提供了许多证据，此外，相对晚近的历史记录也能带给我们很多启示。有研究比对了欧洲早期农民和欧洲各狩猎采集社群的骨骼脱氧核糖核酸（DNA），结果表明，尽管农业的生产力更高，但狩猎采集社群并未受此影响转而从事农业。[2]相反，狩猎采集社群往往被入侵的农民取代，土地也被农耕族群占领。遗传数据只能让我们粗略地了解新石器时代农业扩张的历史，但基因研究表明，约9 000年前，新石器时代的农民曾沿着塞浦路斯和爱琴海群岛，由海上从中东向欧洲扩张。农耕民族在欧洲大陆南部站稳脚跟后，紧接着又向西部和北部进一步扩张，最终在欧洲发展出一系列差异巨大的农业社会。如果看一下19世纪和20世纪的历史，便会发现农民对待狩猎采集社群所为是多么血腥残酷。历史经验告诉我们，农业的早期扩张必然也是个充满血腥的过程。

农业在非洲的扩张，与欧洲早期农业的扩张非常相似。但非洲的农业扩张，其结果是单一族群的后裔在2 000年里占领了几乎整个中部和南部非洲。这个族群便是我们今天所说的"班图人"。"班图"本是语言学的术语，指班图语支，来源于词根ntu（即"人"）。现代班图语支约有650种亲缘关系密切的语言。以前，学界根据不甚可靠的口述历史、语言分布和考古证据等零散的材料，建构起有关班图人扩张时间和路线的诸多假说，它们缺乏系统性，也不够清晰。现在，基因研究提供了很多新的证据，使得班图人扩张的历史图景清晰起来。

研究表明，喀麦隆和尼日利亚边境郁郁葱葱的克罗斯河谷[①]（Cross River valley）可能是非洲新石器革命的发源地。这里没有小麦、玉米这样驯化的谷物品种，非洲最早的农民便把精力花在山药上。非洲的早期农民运气比不上新月沃地的农民，没有品种丰富的可驯化植物，但人口增长十分迅猛。早在约 7 000 年前，他们便开始向北部和西部扩张。此次移民的后代是现在说尼日尔-刚果语族[②]（Niger-Congo）语言的族群。

在约 5 500 年前，尼日尔-刚果族群的一支，即班图人，开始沿着热带雨林间的稀树干草原生态廊向东扩张。扩张的过程中，班图人为后世的许多王朝奠定了基础，而这些王朝也在社会、文化和经济方面各有千秋。班图人的扩张分两个阶段。第一阶段发生在约 3 000 年前，班图人向东迁徙，涌向非洲大裂谷的大湖地区，并在这里接触到一些具有亚洲血统的农耕民族，从他们那里学到了新技术，获得了已经驯化的植物品种。此后，班图人继续向南扩张，迁移途中族群逐渐分化，在沿途各处定居下来。故此，除了沙漠、雨林等不适宜发展农业的地方，到处都是班图人。

◆

约公元前 850 年，班图人来到今南非东开普省的大鱼河附近，暂时停止了扩张的脚步。此时，分布于非洲大陆各地的

---

① 西非河流，主要流经尼日利亚东南部。——译者注
② 尼日尔-刚果语族是非洲最大的语系，约有 900 种语言，使用人口有 2 亿多。——译者注

班图人已融合成数百个族群，这些族群各有独特的风俗、方言和法律，但又常常往来变动。这些族群还有相似的语言和相同的技术，经济模式也大体一致，因此，族群之间分分合合，在历史上形成了许多新群体，塑造了很多新文明，也导致了很多新王国出现。

提到非洲南部的大部分地区，比如马拉维（Malawi）、莫桑比克（Mozambique）和赞比亚等国家，我们能想到的便只有班图人。但有证据表明，科伊桑人也曾在这些地区生活过。只是除了岩画之外，他们几乎没有留下其他任何明显可考的遗迹，因此定居这里的科伊桑人可能为数不多。基因研究表明，现在这些国家人口的DNA确实有科伊桑人祖先的痕迹，但就算把这些人口全都加起来，总量也没有预想的多。

在南部非洲的有些地方，现在几乎只有班图人居住生活，却明显发现了有关科伊桑人的历史遗存。大量考古遗址表明，在班图人到来前，科伊桑人曾在这些地方生活。南非、津巴布韦和纳米比亚有数百个科伊桑人留下的岩画和岩刻遗址。非洲东南部的科伊桑人在某些班图族群的文化记忆中留下了深深的烙印，例如，南非早期殖民时代两个最强大的班图族群祖鲁人（Zulu）和科萨人（Xhosa）。祖鲁人、科萨人和其他牧民一样，看不起狩猎采集社群，在历史上却和科伊桑人往来密切，交往甚多。有些科伊桑语特有的喷音，甚至进入了祖鲁人和科萨人的语言。

科伊桑人对祖鲁人和科萨人的文化及语言产生了影响，

这表明基因研究揭示的信息和认识可能存在一定局限。语言和文化的融通也表明科伊桑人可能与其他族群也有出人意料的联系。在欧洲人登陆开普敦之时,当地的科伊桑人已在平原上放牧肥尾羊群和牛群。与北方的班图族邻居一样,这里的科伊桑人都是勤劳热忱的牧民,养的每头牛都有自己的名字。由于缺乏有效的证据,在11—20世纪漫长的时间里,非洲南部是否出现过讲科伊桑语的牧民尚无定论,这同时也引发了很多理论构想。有学者认为,科伊桑人在放牧和狩猎采集这两种生活方式之间摇摆不定。也有学者认为,这些牧民可能是来自东非的移民。而最简单方便的解释就是,生活在祖鲁人和科萨人附近的科伊桑人经由文化渗透接受了放牧的生活方式。

科伊桑放牧人的后代便是今南非西开普省的纳马人。一项针对纳马人基因组的新研究表明,纳马人的一小部分基因来自非洲东部的马赛人(Masai)等族群。例如,消化乳糖的基因便来自东非族群,故此纳马人的饮食中含有大量牛奶。或许在班图人扩张的数百年前,一小群亚非牧民便赶着牲畜,从非洲东部向南迁移到了这里。这群人后来被狩猎采集的科伊桑人同化,发展出半放牧的生活方式,最终迁入开普省。在所有科伊桑人之中,这种放牧的科伊桑族群独树一帜。[3]

考古研究表明,早在1 200—1 500年前,卡拉哈里沙漠的边缘地带可能出现过班图人。遗传学研究也显示,大约同一时期,卡拉哈里中部和东部地区的桑人基因库首次出现班图族的基因标记（在很多桑人族群中，这也是唯一的一次）。**4**班图族的先民来到卡拉哈里地区，第一印象必定感到非常荒凉，觉得以身试险没有必要，所以并未深入沙漠地带。虽然科伊桑人已在当地恶劣的地质和气候条件下顽强生存了近10万年，但农耕民族显然无法适应这里的环境。卡拉哈里核心地带以北是奥卡万戈三角洲，也是卡拉哈里地区仅存的湿地。起初，南下的班图人看到这片湿地，不免联想起北部非洲长着纸莎草的广阔洪泛区，必定觉得此处可以安居乐业。但他们很快便会发现这里的生活没有那么简单。芦苇丛和沙岛交错纵横，到处都是采采蝇、蚊子和携带疾病的寄生虫，人类和牲畜都深受其害。联结芦苇丛和沙岛的水道本是河马和巨鳄的家园，对侵入其领地的人类来说，危机四伏。直到今天，哪怕有了最先进的灌溉技术、精挑细选的种子和肥料，奥卡万戈三角洲的土壤状况仍然让最老练的农民头疼不已，无可奈何。

于是，班图移民只好在卡拉哈里沙漠边缘建起了村庄，种植庄稼，放牧牛群。拿博茨瓦纳东部的博苏茨威遗址（Bosutswe）为例。这个小村庄建于公元700年左右，直到16—17世纪都有人定居。考古学家在此发掘出了玻璃珠、铜首饰和泥塑工艺品，这些都证明博苏茨威和班图文明有密切联系。第一个千年之交，班图文明在南非的马蓬古布韦[①]

[①] 马蓬古布韦（1075—1220）是南部非洲成为殖民地前的一个国家。——译者注

（Mapungubwe）和大津巴布韦①（Great Zimbabwe）等地建立了许多城邦。但纵观历史，博苏茨威等村庄仍是边远落后的地方，这里的人一旦得到消息，找到机会，必会向东迁徙，以谋得贸易和发展的前景。

班图人在博苏茨威等小村庄定居的千年间，定然会时不时地进入沙漠，尤其是在雨季来临、降水充沛的时节，沙漠会变得非常诱人，难以抗拒。夏季短暂的降雨过后，大片的绿色长草就如海洋般涌现，零星的硬木林点缀其间。但雨季过去，便又是一个干旱的季节，如此往复，循环不已。此时，博苏茨威的班图人要么忙不迭地逃离沙漠，要么在沙漠中等待死亡降临，或者只好屈服于环境，放弃自己的牛群，采用布须曼人的生活方式——毕竟布须曼人已在沙漠中生存了上万年。这一回，科伊桑人的DNA又一次证明了两个族群的融合。有些朱特瓦人的基因有个遗传标记，表明1 200年前班图人和朱特瓦人曾有明显的基因混合。两个陌生的族群凑在一起，要是不起冲突的话，那很有可能通婚生孩子。但这个遗传标记也清晰地显示，班图人基因渗入的时间十分短暂，最后以失败告终。班图人很快销声匿迹，连同他们带来的牲畜也几乎没留下任何可考的遗迹。生活在农业定居点附近的其他布须曼人群体，如卡拉哈里中部的郭克韦克霍伊人和纳米比亚西北部的海阔姆人，也有类似的遗传标记，表明博苏茨威等地的班图

---

① 大津巴布韦文化是撒哈拉沙漠以南的非洲古代文明的杰出代表，得名于一组古代巨石建筑群遗址。——译者注

人基因也曾渗入，但这些布须曼族群和班图人的基因流动，则出现得更晚近，范围也更广泛。

◆

技术进步扫除了农业和商业发展的许多障碍，在卡拉哈里为牛群寻找水源的难事最终也通过技术解决了。到19世纪中叶，欧洲殖民势力在南部非洲不断扩张，部分牧民不得不进入卡拉哈里地区，在奥米兰巴周边碰碰运气。也有些牧民来到杭济附近，一条石灰岩山脊穿过那里的沙地，形成许多便于取水的天然水井。这些地方牧草固然充足，但旱季来临时仍然缺水。要在茫茫卡拉哈里沙漠永久定居，实数难上加难。

19世纪想在卡拉哈里沙漠定居的班图人恐怕难以想象，沙漠里那样难找的水源，现在情况已大有改观。沙漠地下几十英尺甚至几百英尺的深处藏着巨大的蓄水层。只会用手或铲子挖掘的人，自然觉得水源深不可及，但对生活在工业时代的工程师来说，这肯定不是问题。19世纪，钻井技术突飞猛进，欧洲各国和美国开始使用简易的冲击钻（这项技术中国使用得更早）在地面凿出狭窄的深洞。这些齿轮机器设计精妙，最初由人力驱动，后来由马驱动，最后发展为蒸汽驱动。冲击钻技术可以掘地300英尺，在美国白人向中西部地区扩张的进程中起了大作用。19世纪中叶，采矿人员将这些钻机引入南非，很快它们又为农民所用。不久以后，又出现了威力更强大的旋转钻机，以切割而非捶打的方式钻入地下。再后来，出现了多功能的便携内燃机，钻机的动力变得更加强大。

这样一来，奥马海凯最干旱的地方也能钻出水来，可朱特瓦人的命运却一片惨淡。以前，他们尚能赶走侵占水塘的小撮赫雷罗人。现在，他们得和资源充足、装备精良的农民、士兵和警察竞争。这些外来者为了自己和牲畜的生存，铁了心地想要占领朱特瓦人的土地，视原住民为眼中钉、肉中刺，便丝毫不奇怪了。

◆

对于奥马海凯的朱特瓦妇女来说，在 20 世纪三四十年代，旋转钻机在沙漠中打井的嘎吱声带来的可不仅是农民和牛群。

与大多数有文献记载的狩猎采集社群一样，未受外界影响的朱特瓦社群有清晰的性别角色。但朱特瓦人的性别差异并不意味着一个性别凌驾于另一个性别之上。品性才是决定个体在游群中的影响力的关键因素，性别这样的生理特征无关紧要。一个人要是富有魅力、坚忍不拔、能言善辩、见多识广、谦逊恭敬，便受人尊重。无论男女，都能担任治疗师（healer），也都可以成为诺特尔考西，即特定领地的权利人。

从传统上来看，朱特瓦人不会对结婚和离婚大惊小怪。一夫一妻固然是常态，但偶尔也会出现一夫多妻和一妻多夫的情况。大多数朱特瓦人认为，同时拥有两个或多个配偶，还要应付多家不同的姻亲，实在是个可怕的局面。但这样的事儿若是真的发生，人们也不会多加注意。父母有时会谈论子女中意的伴侣是否合适，但不会违拗和干涉子女的意愿。除了夫妻双方要相亲相爱，丈夫负责狩猎，妻子负责采集之外，朱特瓦人对"美好"婚姻没有明确的界定。若丈夫对妻子施暴，妻子就可以离开丈夫。若夫妻任意一方不忠，分手也很合理。除了婚姻中的性别角色，朱特瓦人没有任何性别偏见和关于性别的既定之规，也没有夫妻一方主导家庭事务的局面，因此乐意维持一夫一妻制，直到死去。朱特瓦人不把离异当作社会性的失败，所以离婚不会给朱特瓦人带来很多情绪困扰。

狩猎采集社群的性别平等也体现在日常的生活之中。显而易见，男性和女性都参与了觅食工作。同样，在决定何时何地扎营时，男性和女性的观点也都要考虑。

而白人农场主到来后，朱特瓦人的性别关系便开始转变了。

奥马海凯的白人农场主迫切需要朱特瓦劳力，而且只要男性。朱特瓦劳工的女性家属可能会分到些家务活，但大多情况下，她们只要坐在劳工的营地里，不惹麻烦就够了。白人刚来时，朱特瓦妇女还可以外出采集食物。但她们不能在农场的营地间走动，否则劳工营地附近的林间食物很快就被采摘一空了。同时，农场主送来一袋袋富含碳水的玉米粥，价格低廉，烹煮方便，虽谈不上美味但也能糊口。在农场里，除了生儿育女、烧火做饭，朱特瓦妇女很少参与劳动，以致地位骤降。农场主不会接纳与劳工没有明确关系的"流浪"妇女，女性只能依靠男性获取食物和栖身之所。

此外，白人农场主和赫雷罗人一样，对"合适"的朱特瓦女性自有一套看法，还常把她们幻想成容易到手的性对象。奥马海凯有几位农场主毫不掩饰地跟我说，"布须曼女孩""发情"时，根本无法抗拒男性的挑逗，或者只要朱特瓦男人有需要，她们就得提供性服务。

有些农场主会让朱特瓦妇女做地下情妇，只要给她们点食物或衣服，便能换来性服务。这样的关系注定以悲剧收场，修成正果的极为罕见。有些朱特瓦妇女和女孩面对农场主的强奸，毫无办法。奥马海凯各地都有些外貌特别的朱特瓦人，他们长着蓝色或绿色的眼睛、直发、大鼻子和浅色皮肤，这便是这些非正当性关系的证据。但凡有私生子出生，没有白人农场主会承认自己是父亲，尤其在种族隔离期间。相反，农场主会匆匆把怀孕或哺乳期的朱特瓦女人转移到其他地方，以免妻子和其他家人或政府当局发现自己行为不端。在种族隔离制度下，跨种族的性关系非但不为社会接受，而且违法。居住在赫雷罗村庄的朱特瓦妇女的情况更为糟糕，她们普遍被赫雷罗男人当作性玩物。在那里，强奸司空见惯，只要给朱特瓦女人点酒或者食物便能换来春风一度，即便今天仍然如此。

◆

农业革命为现代父权制奠定了基础。赫雷罗人和白人农场主对女性的看法，正是父权制的女性观。

随着农业社会出现和发展,性别角色发生了巨大变化。性别观念的转变和劳动分工的关联并不很大,男女体力的差异可能只起了次要作用。单就生产而言,有些农耕劳作确实需要消耗大量体力,故此自给农业稍稍偏向男性的价值。使用犁耕地需要强大的上肢力量,使用锄头翻地则男女都可胜任。故此,相较锄耕农业社会而言,犁耕农业社会的父权倾向普遍更为强烈。[5]

但农业社会的劳动远不止搬运重石和挖掘犁沟。在很多工作中,体力并未起到决定性作用,如制造工具、储存食物、生火做饭、放牧牲畜、饲养禽畜、播种收割等。无论男女,每个人都有大量工作可做。

农耕社会的工作量越来越多,需要更多更年轻的劳动力,生育的重要性便越来越突出。女性要照顾年幼的孩子,便只能待在家里或离家不远的地方。这样一来,她们胜任的工作便相当有限,无非是加工谷物、缝制衣服、烧火做饭、修理工具之类。于是,农耕社会普遍的性别分工模式便出现了,即女主内、男主外。若不是不断追求更多的农业产出,以及对未来的风险心存恐惧,就农业生产本身来说,男女分工并无必要。

生产力的提高也意味着社群规模和人口密度增大,于是出现了更为复杂、等级森严的社会机构去负责管理人们的行为、分配资源和应对风险。女性受制于家务,很少有机会到公共场合参与重要的活动。同时,由于家庭、村庄甚至村落联盟竞相争夺土地等资源,社群获取和分配资源的能力变得备受重视。相应地，具备强大的组织力、领导力和影响力显得非常重要。雄辩固然能影响别人，但争夺资源通常还得靠武力和战争，而男性显然更具优势。故此，社会生活演化的方向必然是男性的、公务的世界。随着时间的推移，男性主导的公共领域自然越来越重要，越来越复杂；女性则被困于家庭。她们别无选择，只能通过男性亲属间接地参与社会生活。

在所有的农业社会，商品和资源的流动都会塑造并影响社会权力和政治权力。赫雷罗人等非洲牧民将牛看成最重要的财富。男人娶妻越多，表明财富越多。牛便是娶妻的彩礼，可以换回女人。欧洲和亚洲社会则用象征性的货币作为交易的载体，货币代表着信用和债务关系。达·伽马和迪亚斯绕过好望角时，使用的便是金属铸币。农耕民族带来的牛群改变了朱特瓦人，将货币引入尼耶等地则为朱特瓦人带来了巨大的挑战。

17
上帝也疯狂

2003年7月,格考·佐玛[1](G/au ≠Oma)在外出查看珠鸡陷阱时死去。过了一阵之后,才有人意识到他失踪了。人人都知道,他每次去遍地垃圾的楚姆奎时,总要慢悠悠地在小镇外的灌木丛里晃上一阵子。格考和许多尼耶朱特瓦人一样患上了致命的抗药性结核病。得了这种病,肺部就慢慢变成一块充满血液和黏液的"海绵"。但其他结核病人死得无声无息,格考的死却成了"新闻"。几周之内,格考的讣告出现在世界各地的报纸上,包括美国的《纽约时报》和《华盛顿邮报》、英国的《电讯报》和《泰晤士报》,还有欧洲大陆和东南亚的许多非英语主流报纸。

20世纪80年代,格考是一位名满全球的电影明星,从洛杉矶到老挝,他的名字和照片出现在无数电影院的聚光灯下。格考真诚地笃信上帝,成名作《上帝也疯狂》(*The Gods Must Be Crazy*)是有史以来最出人意料的票房热卖大片之一。这部影片由一家名为含羞草影业(Mimosa Films)的南非小公司制作,1980年上映,预期受众本是南非白人。谁也没想到这部影片大获成功，上映当年便打破了当地的票房纪录。随后，该片译制成了英语，面向国际发行。起初，美国只有少数几家艺术影院上映了这部电影，但口口相传，电影的口碑越来越好，很快就全线上映。不到一年，《上帝也疯狂》广受欢迎，一度成为美国电影史上票房最高的外国电影，其后3年一直公映。这部惊喜之作在法国、中国（包括香港地区和台湾地区）和日本也很受观众欢迎。

《上帝也疯狂》的编剧、制片人兼导演加美·尤伊斯（Jamie Uys）抓住这波热度，很快创作了一部续集。续集不过是原作的老调重弹，因此票房不佳。《上帝也疯狂》已让尤伊斯赚得盆满钵满，他识趣地退出了电影市场，但也忍不住奇怪，上帝为何看上了《上帝也疯狂》，让这部布须曼人主演的低成本冒险喜剧片取得如此惊人的票房成绩。尤伊斯退出后，其他公司接过了接力棒，格考这个角色便出现在面向东亚市场的系列作品之中。于是，离奇得不忍直视的三部曲上映了，即《非洲和尚》（*Crazy Safari*）、《非洲超人》（*The Gods Must Be Funny in China*）（中国出资制作）和《香港也疯狂》（*Crazy Hong Kong*）。

《上帝也疯狂》的成功有几个因素。加美·尤伊斯的导演技巧毋庸置疑，格考也很有表演的天赋。他以前从未看过电影，却为大银幕而生。不过，电影最引人入胜的地方，在于简单而巧妙的设定，即从狩猎采集者的视角描绘现代性，嘲讽现代生活。

《上帝也疯狂》讲述了一个朱特瓦人的冒险经历。这个人叫基（Xi），由格考扮演。影片中，基一路寻找"世界的边缘"，想将一份没人要的礼物还给众神。这份礼物是一个玻璃可乐瓶。一架轻型飞机在"遥远的"卡拉哈里沙漠上空飞行时，可乐瓶被抛出窗外。电影中声音慈祥的旁白说道，布须曼人"完全与世隔绝，不知道世界上还有其他人"。基发现了可乐瓶，把它带回村里给家人看。人们对这个陌生的东西很感兴趣，很快就摸索出来几十种用途，比如处理皮带、捣碎块茎、吹奏音乐等。"这个瓶子比任何东西都更坚硬、更有分量、更光滑。"旁白解释道，"这是神明赐给布须曼人的最有用的东西，一件能真正节省力气的工具。"

问题是，布须曼人只有一个可乐瓶。很快，"所有人都要经常使用它。"在布须曼人的世界，本来万物取之不尽，样样皆可共享，突然这个小小的可乐空瓶成了万恶之源，勾起了人性中的贪婪、嫉妒和冲突。

为避免观众误解含糊不清的潜台词，电影前 10 分钟以纪录片形式呈现，对比了布须曼人平静的生活与都市的忙忙碌碌。正如旁白所说，布须曼人"一定是世界上最富足的人。他们的世界里没有犯罪，没有惩罚，没有暴力，没有法律，没有警察、法官、统治者和老板。他们相信众神提供的都是全世界最好、最实用的东西，世界上没有低劣和邪恶……"

"往南几英里，"旁白继续说道，"有一座巨大的城市。这里生活着文明社会的人类。文明人绝不改变自身以适应周边环境。他们反过来改变环境，让环境适应自己。故此，文明人建造了城市、道路、车辆和机器，架设电线，开动机器，这样便节省了自己的劳力。文明人无休无止。他们越是改造环境，想让生活更便捷，生活却越变越复杂。"

这部电影或许要刻意放低姿态，表演采用巴斯特·基顿① (Buster Keaton) 和查理·卓别林 (Charlie Chaplin) 式的肢体喜剧风格，以获得幽默的效果。平日里，南非白人和美国人若是听到"红色""毒害"等暗含社会主义意识形态的词定会嗤之以鼻。可电影开场那段颠覆现代性的旁白过后，观众则开心地哄笑起来。

《上帝也疯狂》可谓是"原始富足"最引人入胜的写照，当然也最为风趣幽默，但人类学家则很不满意，大多勉强把它当作一部虚构作品。1984年，与《上帝也疯狂》同期在美国主流院线上映的电影，还有《夺宝奇兵2之魔宫传奇》(*Indiana Jones and the Temple of Doom*) 和《终结者》(*The Terminator*)。这类电影都讽刺了以美国和欧洲各国为代表的现代生活，《上帝也疯狂》不过是其中的一部。理查德·李表示："《上帝也疯狂》赤裸裸地歪曲了当代桑人的形象，我感到非常震惊。"他补充道："说桑人至今未受现代文明的影响，真是个残酷的笑话。在拍摄这部电影时的纳米比亚，昆族桑人已经被迫接受了25年的文化渗透，以及南非军队10年来

---

① 巴斯特·基顿（1895—1966），美国默片时代演员及导演，以"冷面笑匠"著称。——译者注

的大规模强制征兵。"[2]

人类学家并非第一次看到好莱坞花里胡哨的宣传手段，也绝非最后一次见识。但他们对《上帝也疯狂》宣发时有意混淆事实和虚构的做法尤其不满，因此进行了尖锐批评。尤伊斯常在采访中表示，他在"偏远的灌木丛"中"发现"了格考，他是格考见到的第二个白人，第一个是个传教士。这简直是无稽之谈。自1961年麦金太尔在楚姆奎开设商店以来，尼耶地区便一直有白人居住。即便抛开这些事实不谈，尤伊斯第一次见到格考时，格考其实正在楚姆奎的学校里工作。那所学校很小，格考在厨房里帮工。《上帝也疯狂》另一个让人类学家诟病的地方在于世外桃源般的布须曼生活。电影里，不同种族和背景的人都能平等相处，这一幕显然过于理想化。事实上，这个地区的人仍生活在万恶的种族隔离制度下。人类学家的批评确实没错，但人们从电影里得到的启示则更加积极：种族包容和民族包容的世界比种族隔离更令人神往，而且可以成为现实。

尽管人类学家严厉批评《上帝也疯狂》，但我遇到的朱特瓦人都很喜欢这部电影，也不觉得电影中的朱特瓦人形象冒犯了自己。电影在楚姆奎广受欢迎，在楚姆奎自助商店的电视里循环播放了整整10年。

◆

格考结束自己的电影生涯后，又回到了离群索居的状态。1998年，我曾遇到过他。当时我正帮索尼影业（Sony

Pictures）的摄制组选角。他们要拍摄一部好莱坞大片，内容和纳米比亚的沙漠野马有关，需要一名朱特瓦儿童出演。后来这部电影颇为失败，未在院线上映，直接做成了视频发行。摄制组选中了一位楚姆奎的年轻女孩儿。我于是找到格考，问他是否愿意帮忙，向这女孩儿解释解释电影片场的生活到底是什么样。

想到格考的电影，我特地带了一瓶可乐作为礼物，他眼也不眨地接受了。

那时，格考住在楚姆奎主街旁一栋粉刷过的砖房里。在镇上的房子里，格考的房子算是建得晚的，但看起来也挺破旧。楚姆奎住上砖瓦房的朱特瓦人大多很少待在房子里，格考也不例外。他喜欢待在门廊的阴凉处，甚至睡在那里，房间反而成了华丽的储藏间。

格考生在博茨瓦纳，当时两国的边界还没有围栏，年幼时便迁到了尼耶。格考的家离巨型猴面包树猴布姆不远，往东几英里便是他住的村子。20世纪70年代，他搬到了楚姆奎。如今格考已经"退休"，便在楚姆奎安顿下来，长期居住。格考曾指着一辆辆破旧的丰田汽车告诉我，他有"自己的轮子"，可以随时去丛林打猎，这样的朱特瓦人可不多。但除了汽车、房子里光秃秃的水泥墙、各种各样的小玩意儿以外，格考和其他楚姆奎人过得没什么两样。他曾有几头牛，但下场都不太好。他解释道，自己不是个勤奋的牧民，牛都让狮子吃掉了。

外界传言，格考出演《上帝也疯狂》只得到2 000美元片酬，我便向他求证此事。出乎意料的是，格考滔滔不绝，把他拍摄《上帝也疯狂》和其续集得到的款项细细讲来。这些收入算不上什么大数目，但加起来也有近1万美元。如果再算上尤伊斯的含羞草影业每月给他的"养老金"，绝对比1万多得多。

我问格考，觉得自己被尤伊斯占了便宜吗？毕竟，尤伊斯和合伙人凭借《上帝也疯狂》赚了几百万美元。如果没有格考，他们一分钱也赚不到。格考耸了耸肩，说道，尤伊斯是"他的好朋友"，"他们曾一起走过很远的路"。此时尤伊斯已经去世几年，后来我才知道，尤伊斯去世后，他在含羞草影业的合伙人一直在打理格考的财务事务。

关于钱，格考也有一点抱怨。他比别人更有钱，所以别人都批评他自私，常常围着他，索要食物、毯子、酒和糖果。有时他受不了，便会"躲进灌木丛，避开他们"。

我问格考，对《上帝也疯狂》宣发材料有何看法，如何看待尤伊斯编造的故事，即格考遇到尤伊斯前没见过什么白人。这回，格考仍然说他并不介意。格考认为，这事儿也是电影剧本的一部分。而且，与他后来出演的电影续集相比，尤伊斯的说法远算不上古怪。

我本来想多和格考聊聊，但不知怎的，我们的关系并未如我期待的那般亲密。也许我无法将电影的角色和眼前坐着的人完全等同起来，也许是格考厌倦了粉丝的奉承，就像很多人类学家都跟他说含羞草影业占了他的便宜，他应该表达愤怒。所以我只和他简单地讨论了那个要演戏的女孩儿,还说了说拍摄计划。制片方会派飞机来接那个女孩儿,把她送到纳米比亚海港城市斯瓦科普蒙德(Swakopmund)郊外的片场。格考说认识那姑娘,还答应我在接她之前找个时间和她聊聊。

此后,我再到楚姆奎便没再刻意找过格考。不过他去世前,我们曾偶遇过几次,非常愉快地打了招呼。我最后一次见他,是在楚姆奎杂货店的门口。他告诉我,最近接受了一位澳大利亚传教士的洗礼。传教士在楚姆奎搞了个游泳池,"把他扔了进去"。他说受洗礼之后感觉好多了,希望自己死后灵魂能升天,不要在楚姆奎游荡,给活着的人添麻烦。

不久后格考就去世了。能皈依基督教得到精神救赎的朱特瓦人和海阔姆人不多,我只认识几个,格考是他们中间最早皈依基督教的,可是数月之后就死了。

外界并不知道格考的死因。肺结核和贫困高度相关。格考死于肺结核的事实让我后悔未能好好了解他。人们认识的都是电影中的基,而格考的故事却无人知晓。

◆

把格考泡到便携泳池里,他的灵魂就能升天。可《上帝也疯狂》里的基,魂魄却时时徘徊在楚姆奎的朱特瓦人身边。游客们来到这个小镇,本以为能看到穿着皮内裤的猎人兴高采烈、随意地剥着扭角羚皮,或者看到叽叽喳喳的妇女们拿着大袋大袋的草原食物。然而,事实令他们大失所望。基的魂魄还游荡在尼耶的"活着的博物馆"里。这个博物馆实际是个旅游村,位于楚姆奎以北 20 英里。不明就里的游客来到这里,付了钱,便有人带着参观草屋、采集食物、展示追踪动物的技巧——他们对布须曼生活方式的期待稍稍得到满足。基的魂魄光顾最为频繁的还得是那个叫诺马(Nhoma)的村庄。诺马村就在尼耶管理委员会外,是楚姆奎旅馆(Tsumkwe Lodge)以前的经营者专门打造的模拟村庄,村里精心保存了传统的狩猎采集生活,以让游客获得更好的旅游体验。这个村庄全无实际用途,纯为满足游客而建。

这一切的目的就是赚钱,而赚来的钱一到手又会花掉。除了组织商业狩猎、销售工艺品和采摘魔鬼爪(又称南非钩麻,是药用植物),尼耶朱特瓦人无法提供别的商品和服务,再就只能做些不需要技术的苦力活儿。而尼耶对非技术性劳动的需求不大,要想找到这类工作,就得背井离乡,到别的地方去。可是纳米比亚的就业率一直徘徊在 50% 左右,尼耶朱特瓦人没有技术,要想在人生地不熟的环境中找到工作,实在不是件容易的事。

多亏有了基的魂魄,朱特瓦人才有了一份特殊"差事"可干,那便是"扮演布须曼人"。

登图依(Den/ui)是尼耶最热闹的村庄之一,住着 80 多个人,其中就有尼耶最著名猎人——图依·纳卡安(/Ui N!a'a)。图依是个传奇人物,健美的腿部肌肉在尼耶远近闻名。2015 年 11 月,我曾前往登图依。当时,村子里几乎空无一人,所有的棚屋都空空荡荡,年久失修,茅草一团团地从屋顶上掉下来,树叶散落在杳无人迹的沙地上。

图依解释道,除了他的家人和少数几人之外,登图依的所有居民都去了埃林迪(Erindi),雨季才偶尔回来。埃林迪是纳米比亚最大的"私人野生动物保护区",里面有个专为游客而建的村子,村子里都是茅草屋。除了登图依,还有一两个村子的居民也几乎全都离去,也去了埃林迪。到了埃林迪的村民,就得"按传统生活方式",住在茅草屋构成的村子里,形成一个"布须曼部落"。埃林迪还给这个部落起了个神秘的新名字——"茨威茨威"(CwiCwi)。每月月底,这些朱特瓦人会得到一笔少得可怜的报酬,但领工资的时候可不能让游客们看见。埃林迪的经营方还提醒游客,桑人属于"游牧文化……完全依靠土地生活",要了解布须曼人的生活,就要"尊重桑人到处游动的生活方式"。而朱特瓦人则要穿上传统的皮围裙,不能向游客索要小费或接受小费。

图依不想离开登图依,不肯搬到埃林迪。他在尼耶狩猎,引导游客,偶尔给摄制组帮忙,帮野生动物管理部门追踪动物,生活也过得相当不错。

纳米比亚还有个类似迪士尼乐园的地方,那就是首都温得和克附近的恩坎库兹(N/aankuse)农场兼野生动物保护区。恩坎库兹名声很大,由好莱坞巨星安吉丽娜·朱莉(Angelina Jolie)和布拉德·皮特(Angelina Jolie)捐建,里面的食肉动物特别驯顺。尼耶也有不少人在恩坎库兹工作。恩坎库兹的工资比埃林迪的高，它还为雇员提供职业培训。资助恩坎库兹的基金会为居住在这里的朱特瓦孩子提供教育机会，还给赫雷罗兰的朱特瓦人开设了小型诊所。因此比起埃林迪，朱特瓦人更喜欢恩坎库兹。

我遇到过不少在这些旅游景点工作过的朱特瓦人，每个都牢骚满腹。但是在尼耶，发牢骚再平常不过。在这些朱特瓦人的牢骚中还夹杂着明显的自豪感，仿佛世界各地的人都该来看看他们，哪怕这意味着自己得扮演传统的朱特瓦人。每年，听说埃林迪或恩坎库兹招募了朱特瓦人去表演，其他朱特瓦人便会排着队等着接替位置的机会。在当下这个品牌效应比商品本身更有影响力的世界里，狩猎采集社群的历史是朱特瓦人唯一拿得出手的"资产"。他们不明白自己怎么就成了一个文化品牌，但这些都不重要。

基的魂魄还以其他方式在尼耶游荡。现在，来到尼耶的外乡人要给朱特瓦人拍照，肯定就会有人上来讨钱。朱特瓦人都觉得，外乡人个个都不缺钱，尤其是外国白人。显然，白人游客大多非常富有。来到楚姆奎的游客都开着花哨的四驱车，带着装满啤酒和肉的冷藏箱，穿着干净的衣服，用着昂贵的手机。因此，耳边只要听见快门声，朱特瓦人就会开口要钱，如果讨不到钱，定然怒气冲冲。

◆

《上帝也疯狂》最为震撼的一幕出现在电影片尾。镜头中，基抛下一捆现金，钱币就像干枯的落叶一样，很快被风吹散。宣传这部电影时，尤伊斯称，格考第一次收到演戏的报酬时，也做出了同样的反应，他只好为格考买了 12 头牛作为报酬。尤伊斯的话当然不可信。格考和当时的尼耶朱特瓦人一样，也许不太懂钱，但他们无疑知道金钱有价值，明白有钱能使鬼推磨的道理。格考明白钱的效力是间接的，钱和电影里的可乐瓶一样，带来的每个好处背后都藏着沉重的代价。

以尼耶当地的标准看，《上帝也疯狂》剧组发给朱特瓦演员的报酬相当可观。电影拍摄期间，南非军方正在尼耶征兵。与参军拿到的报酬比，拍电影赚的钱根本算不上什么。

1979 年南非军方到来以前，尼耶唯一的资金来源便是政府和教会，流入的现金微乎其微，直接受益的人数也很少。无论现金，还是用现金买来的食品、烟草和毛毯等，都很就消散在社群之中不见了。

军方到来之后，尼耶发生的巨大变化，在其他族群中间却闻所未闻。短短 6 个月间，尼耶 18—35 岁身体健全的朱特瓦男性，几乎尽数参军。楚姆奎也从一穷二白一下子变得腰缠万贯。

第一批朱特瓦新兵穿上卡其色军装时，南非军方就已经确立了同工同酬的原则，只是要落实到位尚需几年时日。此前，南非的军饷一直按种族分配。白人士兵的收入高于同级的印度士兵和混血士兵，而印度士兵和混血士兵的收入又高于黑人士兵。但是，南非军队的"敌人"喊出的口号是"为种族平等而战",战争又在不断升级。南非军方担心自己依赖的兵源造反,站到自己的对立面,故此军饷的"去种族化"便成为当务之急。

南非军方驻扎尼耶期间,当地约有1 000名成年朱特瓦人。任何时间内,在军队服役的朱特瓦人都有150名左右。除了各种战斗奖励,所有现役军人每月都能拿到600美元。按照2015年的标准,这个收入相当于每月约2 000美元。尼耶的朱特瓦人没有固定的日常开支,如租金、学费或水电费。此外,军方还向尼耶的军人家庭提供玉米粥、油、糖和肉等配给食品,朱特瓦人也不必在食物上花费很多。故此,军人的收入都可自行支配,但只有极少的士兵能存下钱。许多朱特瓦士兵从军需部长手上拿到鼓鼓囊囊的棕色信封后,不出几个小时就把大部分工资花光。军需部长的车一走,许多朱特瓦士兵就去了酒馆,待到半夜清醒过来,总是发现自己口袋空空,好像前一个月的兵都白当了,别的全都想不起来。

朱特瓦士兵也不会把钱全都花在买酒上。衣服、毯子、陶器、刀具、五金、农具、电池和各种小玩意儿在楚姆奎的小商店里都卖得很好。许多士兵还购买了收录机等"奢侈品"。有些头脑比较好的士兵买了摩托车,但尼耶的道路太过崎岖颠簸,摩托车不够坚固,加上朱特瓦人驾起车来随心所欲,最后多数摩托车都成了躺在路边生锈的残骸。

家人们有时会要求朱特瓦士兵买这买那,他们有时感到不满,但通常都会拿出很大一部分收入来养家。20世纪80年代初期，每个朱特瓦家庭都拿到了军饷，金钱成为变革的动因，也成为朱特瓦人和强大的外部力量来往的手段之一。这些外部力量对朱特瓦人产生了越来越深远的影响，朱特瓦人应对的方式却寥寥无几。大量资金流入尼耶后，产生的影响却和"物以稀为贵"的经济原则相悖。在尼耶，钱赚得越多的人反而把钱看得越重。最富有的人对钱最痴迷，最缺钱的人却对钱不屑一顾。朱特瓦人常常互送物品和礼品，金钱却大不一样，它是完全独立的力量，与支付者、接受者都没有关系。况且所有尼耶以外的人也都痴迷于金钱，可见金钱的力量有多么强大。至此，金钱几乎渗透了朱特瓦人生活的方方面面。

现金突然涌入也在朱特瓦社群引发了很多问题。比方说，金钱应该像肉、食物或私有财产一样共享吗？如果能，共享多少？和谁共享？将金钱作为埃科扎罗是否合适？这些问题都没有妥善的解决方案。

高度工业化的经济体对这些问题的回答没有明确的共识，形成左右两派不同的政治倾向。朱特瓦社群也一样。尼耶地区大多数没有现金收入或收入很少的朱特瓦人觉得有钱人显然有义务把钱平均地分给大家，但赚了大钱的人越来越觉得钱都是他们赚来的，自己当然可以随意支配。

朱特瓦社群缺少应对金钱或重新分配金钱的既定规则，现金的流入带来许多问题。在游群生活中，嫉妒成功地维持着微妙的平等关系，但现在单靠嫉妒显然解决不了问题。误解的旋涡越来越大，借贷被当成礼物，礼物被当成借贷。尼耶的朱特瓦人频繁地指责别人自私自利、挥霍无度和盗窃财物，每个人都被人冒犯或惹恼过。社会气氛越来越糟糕，许多人借酒浇愁，试图以买醉忘却金钱惹来的麻烦，结果却引发了很多斗殴事件。

在军方统治楚姆奎的10年间，这些问题一直是当地苦难的根源，而它们造成的压力被其他问题进一步放大了。例如，楚姆奎的朱特瓦人大多只能依赖政府的食物救济；政府计划将尼耶改造为野生动物保护区；周围的世界变化太快，朱特瓦人跟不上时代而产生了深刻的存在焦虑。这些问题交织叠加在一起，让朱特瓦人的日子越发不好过。唯一的好事儿是尼耶的朱特瓦士兵不像其他地方的布须曼士兵那样承担很多作战任务。1989年在联合国的监督下，南非军队收拾行装撤出了布须曼地，来自军队的金钱骤然枯竭，与当年现金突然涌入的时候一样。

过去10年间流入这个小镇的数百万美金一下子就消失殆尽了。有些士兵买下了牛和汽车，但大部分的钱都落入楚姆奎店铺的经营者手里。士兵们大肆挥霍，商贩们则赚得盘满钵满。而此时士兵失去了收入，除了少数例外，其他商贩一见没钱可赚，便都收拾了剩余的货物离开楚姆奎到别处寻找商机。

军方突然撤离造成的大规模经济缩减若是发生在世界其他地方，必定会被视作经济灾难，然而尼耶的朱特瓦人感受到的宽慰多于焦虑。有些人觉得，那些由军饷引发的问题，终于可以消失了。

◆

现在，流入尼耶朱特瓦人手中的资金比驻军期间少得多。资金的来源是尼耶管理委员会。委员会雇用了十几名朱特瓦人并给他们发放工资，还通过出售大象狩猎权每年给朱特瓦人现金分红。尼耶也有一些朱特瓦人在政府工作。少数人比较幸运，工作很有意思，比如在朱特瓦语小型广播电台担任主持人、在学校教书、帮助自然保护部门追踪迷途的大象等。但大多数工作都很枯燥乏味，比如收集垃圾、在路边修剪灌木丛、擦洗地板等。提供旅游服务、制作手工艺品和偶尔的影视拍摄项目也能赚些钱，但不足以维持生计。目前，朱特瓦人最重要的收入是60岁以上人群才能领取的国家养老金，每月可以领50美元左右。但尼耶达到退休年龄的那代人都不知道自己确切的出生年份，也不会数数。纳米比亚独立后给国民发放了身份证，但朱特瓦人的年龄一栏，其实都是胡乱填写的。因此，是否到了领养老金的年纪，全靠运气，就好比买彩票。

金钱是尼耶经济版图的重要一环，但那里"制造"出来的钱很少。朱特瓦人认为金钱本就是从外面来的东西，钱一花掉，就神奇地回到了它来的地方。与军事占领时期相比，朱特瓦人如今更习惯与金钱共存。拥有大量财富的人仍然招人嫉恨，但人们也接受了金钱与礼物、食物不同的事实，不再期待共享金钱了。加入福音派教会的朱特瓦人虽然数量很少，但在逐渐增加。教会的规矩中，有一条便是戒酒。但对其他人来说，发放薪水和养老金的日子依然是放肆饮酒的日子。发钱的日子里，朱特瓦人狂吃狂喝，又唱又跳，当然也免不了口角，甚至动起手来，偶尔仍有受伤流血的情况出现。

朱特瓦人固然习惯了金钱，但仍觉得金钱是明显充满矛盾的神秘力量。他们想不明白：为什么有些工作比别的工作更赚钱？为什么商品的价格总是莫名其妙地上涨？钱到底是从哪里来的？

数十年前，货币经济便出现在朱特瓦人社群之中。有关钱的问题确实让朱特瓦人颇为困惑，但如今已经比军事占领时期好多了。现在，朱特瓦人已经明白钱的问题都没有简单的答案，故此不再纠结，也不在这方面浪费时间了。

◆

我只见过一个能把钱的来源讲得头头是道的朱特瓦人，那便是老恩格纳。他借用了骗子豺狼的故事来表达自己的观点。骗子豺狼是他最喜欢的角色，是个带有神话色彩的普通朱特瓦人。骗子豺狼生于始源时代，那个时代人类和动物的身份不断切换，故此他既是豺狼，又是人类，靠自己的机智活了下来。但是，骗子豺狼生活的始源时代不是大多数朱特瓦创世故事中的始源时代，而是白人农场主和赫雷罗人统治朱特瓦人的初时代。

以下便是恩格纳的金钱故事：

骗子豺狼骑着驴子走了很久，感到很疲乏，于是决定停下来煮些肉吃。肉在锅里炖着，这时他看到几个赫雷罗人走了过来，便马上用沙子盖住了火，这样他们就看不见自己在炖肉。

赫雷罗人走到跟前，骗子豺狼便说道："你们这些黑人看好了，这是个神锅，不必生火就能做饭，但得这样打它三下。"

豺狼抓起鞭子，把锅抽了三下。啪——啪——啪！随后，他掀开锅盖给赫雷罗人看，肉还在锅里咝咝作响。

"给我1 000美元，我就把锅卖给你们。"豺狼说道。

"这锅确实不错。"赫雷罗人表示。他们给了豺狼1 000美元，拿着锅走了。

赫雷罗人走了一会儿，觉得肚饿。于是拿出锅，在锅里放了些生肉，用鞭子抽了三下。但他们掀开锅盖，发现肉还是生的，于是又打了几遍，可肉还是生的。

"我们上当了！"赫雷罗人喊道，"这头豺狼，这个布须曼人，是个骗子。"于是他们回过头去找豺狼算账。豺狼看见赫雷罗人回来，吓坏了，赶紧把卖锅的钱藏在驴子的肛门里。

赫雷罗人走到豺狼面前，厉声说："豺狼，这个锅没有魔法。锅还给你，快把我们的钱还回来！"

"不行，"豺狼回答道，"锅现在是你们的了，反正钱我已经花光了。"

正在这时，驴子放了个屁，豺狼藏的钱从它屁股后喷了出来。豺狼犹疑了一瞬，随后便笑了。

"你们看这头驴，"豺狼说，"这驴也有魔法。喂它吃草，它就会拉出钱来。你们再花1 000美元买走这头驴，它就能拉出更多钱！"

"原来是一头神驴啊！"赫雷罗人恍然大悟。他们又给了豺狼1 000美元，带着驴子走了。他们一走，豺狼带着钱赶快逃走了。

恩格纳说他可不是朱特瓦人的伊索（Aesop），也没有用寓言传播智慧的职责。他坚称自己的故事不是寓言，没有任何意义，追问这些故事的内涵都是徒劳。"只是些故事罢了。"他总说。

恩格纳的大部分故事，确实如他所说，没有什么内涵。我们很难从朱特瓦人的传统民间故事中挖掘出任何潜在的信息，况且恩格纳认为，这种过度解读也很不老实。

这个有关金钱的故事却不同寻常。我们不必过度解读故事情节，便能理解故事的含义。比如，金钱由魔法创造，招摇撞骗能得到金钱，金钱能激发人的贪婪、暴力、恐惧、占有欲和愤怒，金钱往往来得不很体面，常常裹着肮脏的屎……

最能触动我的是，恩格纳等人讲述的所有始源时代的故事里只有这个能和卡拉哈里沙漠之外的人产生强烈的共鸣。我认为，这个故事的动人之处在于它蕴含着人们近来经历的东西，是普世的、跨越文化和地域的经历。这个故事的隐喻放在很多场景里都能成立。例如，可以把"魔法锅"换成"次级贷款"（或任何宽松信贷产品），把"驴子"换成"抵押支持债券"，把"驴粪"换成"承诺收益"，把"豺狼"换成"华尔街银行家"，把"赫雷罗人"换成"普通的蠢人"，我们就凑齐了次贷金融危机的所有要素，可以回顾和分析那场始于2007年的灾难了。魔法锅就是濒临崩溃的经济体，无论我们如何狠狠抽它，都无法实现增长。驴子则是中央银行，用"量化宽松"的方式制造神奇的金钱。这个故事适用的场景可谓无穷无尽。

如果将恩格纳魔法锅的故事解读为一场金融危机的寓言，我们就不难理解货币问题为何既困扰着朱特瓦人等世界经济体系的边缘人，又困扰着货币化的发达经济体。现代经济体中的人们其实没有很多钱，但仍然觉得自己用钱明智，善于赚钱。只有极少数人能够提供令人信服的答案，讲清楚金钱从何而来、什么因素决定金钱的价值、什么是经济增长这类问题。同样，也极少有人能自信地讲出通货膨胀、债券收益率、利率、货币政策、市场波动、越来越复杂的衍生金融工具都是怎么回事。自认能回答金钱问题的人已然不多，而观点又分歧很大。如果他们能达成共识，如果经济学是一门硬科学，制定具有可预测结果的经济政策就容易得多了。

18
应许之地

坤的双手仍不停忙碌。她和丈夫最近开始为马和驴子制作绳索辔头。他们捡来别人扔掉的玉米粥包装袋，小心翼翼地拆出塑料纤维，再把它们编成绳索，做成辔头，整个过程堪称从无到有。2014年4月我来到她家，门外的一根树枝上便挂着几个做好的辔头，上面嚼子、鼻箍、马勒子和缰绳一应俱全。坤告诉我，有些辔头已经卖给了赫雷罗人。但这天早上，她一直忙着给我的孩子们织帽子。

20世纪90年代中期，我帮助斯昆海德安置营的妈妈们创建了一个编织帽子的项目，坤在里头最为积极。这些朱特瓦妈妈们把长期累积的创造力和艺术技巧倾注到帽子中，织出了美丽、多彩、复杂且匀称的图案。她们的技巧让人惊叹，也让人心生敬意。她们没有基本的数学技能，不会数针脚，不能识文断字，无法在纸上绘制设计图，却创造出如此复杂的设计，让人难以理解。于是我问坤，她们如何能织出这么好的帽子。坤轻描淡写地说，帽子不用她们费心，它自己就织了出来，图案也不用她们算，它自己便算了出来。

最耗费她时间的还是菜园。去年 11 月我来时,斯昆海德正经历着 1994 年以来最严重的干旱,是个暴土扬尘的地方。12 月下旬干旱结束,雨水倒一直很充沛。这次坤把我带到她的菜园。为防止牛群糟蹋,坤给菜园细致地围上了木栅栏。菜园里色彩丰富,绿色、花色、白色、紫色、橙色掩映成姿。她带我穿过一片玉米地,每棵玉米秆都被即将成熟的玉米压弯了,像是在探出头来看我们,很快就可以采摘。玉米背后是一排排整齐的洋葱,从卡拉哈里红色的沙地里破土而出。园里还有刺梨、青豆、木瓜等。南瓜长得最引人注目,颜色尚青,周围满是叶子和枯黄的花朵。虽然还没成熟,但已经长到卡车轮子一般大了。我在卡拉哈里从未见过这么好的菜园。

如今的斯昆海德几乎家家户户都有个菜园。别家的菜园也都种得不错,但只有坤的称得上蔚为壮观。坤仍然受不了无所事事地混日子,但如今她对别人的懒散不再像以往那样看不过去。她劳作时,哪怕有人到她院子里闲逛她也不再说他们的坏话。

"现在的生活很好,昆塔,"坤说道,"能生活在斯昆海德,我们已经很幸运了。"

现在,斯昆海德有了安定祥和的气氛。20 年前,这里是个饱受饥饿、暴力和危险困扰的难民营,目之所及一片荒凉。后来,这里慢慢变成一个村庄、一个社区、一个家。大概众神对此处也颇为赞赏,这里的雨水有所增加,干旱的频率降低了。

和我初来时相比，斯昆海德的许多方面都发生了深刻变化。2007年，政府正式任命克阿克艾为奥马海凯朱特瓦人的"首领"。其实10年前，他便受居民推选担任了这个职位。克阿克艾为斯昆海德的朱特瓦人树立了好榜样，自2011年起，这里实行了"全面禁酒"，一改过去每周都发生争吵和斗殴的局面。新萌生的节制精神，促使居民们关闭了斯昆海德唯一一家酿酒企业。他们坚决地表示，如果斯昆海德有谁还想过过酒瘾的话，就必须跑到20英里外的埃普基罗去喝。许多居民跟着克阿克艾，走上了"耶稣之路"。他们兴高采烈地唱着圣歌，一起祷告，有时甚至聚在一起"说方言"[①]（speak in tongues），就像不时来访的阿非利卡青年传教士那样。

现在，斯昆海德安置营的中心地带盖起了6排简易的混凝土砖房，房子不大，但排列整齐，就像荒郊野外突然出现了一个超现实的迷你住宅区。水塔建起来了，井眼上也安装了新水泵，由几个大型太阳能电池板提供电力，电池板会随着太阳的移动变换方向。斯昆海德接上了国家电网，所以有些房子通了电，有些房子还通了自来水。

除了基础设施有所发展，这里的居民经济上并不比一二十年前宽裕，但生活的满意度提高了。现在，许多开发项目让当地人忙个不停。像坤这样的女性会为度假旅馆的纪念

---

① "说方言"指信徒处在狂热的、半歇斯底里的状态下，口里喃喃道出没有意义的字句。许多基督徒主张"灵恩运动"，大力提倡"说方言"，认为"说方言是得救的证据""说方言是圣灵充满的证据"。——译者注

品商店供应串珠首饰。部分男性在农场的旧棚屋中做金属加工，比如焊接水盆或水箱，干活干得不亦乐乎。这些项目虽然带不来多少收入，但大家干活也都不很辛苦。现在居民再也不用担心被农场主赶出家门，故此都能安居乐业，很有安全感。如此一来，如果农场有合适的工作或者居民们需要现金的时候，他们也愿意到农场做些季节性的工作。有些朱特瓦人甚至成了专家。我的养兄弟卡利（//Kallie）对马非常了解，在温得和克附近一个高档种马场谋得了差事。卡利的小侄子雅各布斯（Jacobus）英语说得还算过得去，便在南边的野生动物游猎场做起了"布须曼向导"。

斯昆海德的朱特瓦人大多仍依赖政府配给的食品和救济品。几年前，德国驻纳米比亚大使馆向大部分家庭每家捐赠了两三头牛，但 2013 年的一场大旱死了很多牛。不过朱特瓦人也不很介意，因为干旱的几个月里，他们都在处理死牛的尸体，每个人都能吃上牛肉。

尽管斯昆海德的朱特瓦人大多满足于现有的生活，他们也清醒地意识到，自己是少数的幸运儿。纳米比亚现共有 20 多个迁置项目，主要保障布须曼人的利益，而斯昆海德安置营是发展最为成熟的一个，也是资源配置最好的安置营。许多非政府组织都积极参与斯昆海德的发展，2007 年总统也曾访问这里，引发了一波投资热潮。多数安置营问题重重，规模也不够大，无法为居民提供足够的安全感。而纳米比亚没有土地的布须曼人只有不到 5% 生活在安置营里。纳米比亚和邻国博茨瓦纳的布须曼人生活仍然十分艰难。有些布须曼人受了教育，在新时代开始了新生活。但总体上看，布须曼人仍是南部非洲生活环境最糟糕的族群，相比其他族群，他们的境况天差地别，令人瞠目结舌。

大概为了不让我们忘记布须曼人所受的苦难，正当我惊羡于坤的南瓜时，消息传来，埃帕科镇（Epako）又发生了一起惨案。埃帕科镇是奥马海凯最大的布须曼人定居点，地域广阔。受害者和凶手是一对朱特瓦父子，二人醉酒之后发生了口角，便酿成了悲剧。

"为什么这些杀人案中被杀的都是自己的家人？"我一边想着一边问出了声。

"杀自己家人？"坤反诘道，"怎么，难道你还想杀别人不成？"

◆

纳米比亚和南非许多乡镇有漫长的种族隔离历史，现在，它们把专制秩序和反乌托邦精神奇妙地混合在一起，埃帕科镇也是一样。埃帕科镇在戈巴比斯东面约 2.5 英里的地方，算是与戈巴比斯原来的"白人专区"保持了安全的距离。当年，埃帕科镇的居民们要每天艰难地步行到白人家里打扫卫生，照顾白人的孩子，或者在白人开设的商店、修车铺里干体力活儿。

20 世纪 60—70 年代，埃帕科镇建了些只有一间屋的房子，如今已十分破旧，独立之后又建了些新房子。种族隔离时期，不同地块的房子里住着不同族群的人，形成了几个"地段"。推行种族隔离制度的人坚持要各族群保持"文化"差异，这意味着让各族群的人分开住是不够的。他们还不让各个文化背景的人相互往来。尽管现在种族隔离制度已废除，人们想住在哪里都可以，但镇上不同族群聚居的地方仍保留了独特的文化氛围。

赫雷罗区和达马拉区（Damara）是埃帕科镇最大的族群聚居地，此外还有奥万博区和茨瓦纳区。赫雷罗区秩序比较好，也更富有，有些房子还安装了卫星天线。达马拉区则更为随性，路上多是驴车，没有几辆汽车。人们买不起塑料椅子，就把油漆桶倒扣在地上当凳子坐。镇上的人家都会打扫自家的院子，但院子里都光秃秃的，没有花花草草。镇上也没有单独的布须曼区。

20来年前，埃帕科镇只住着两户朱特瓦人，他们守在小镇外围临时搭起的棚子里。那时，朱特瓦人认为乡镇是危险之地，是戈巴人（即黑人）的地盘，因此都尽量避开乡镇。到了20世纪90年代末，越来越多的农场主解雇了农场的"剩余"劳力，埃帕科镇的朱特瓦人开始慢慢增多。第一批到达的朱特瓦人占据了赫雷罗区、奥万博区和茨瓦纳区间的空地，管这个临时社区叫"请勿打架区"（Please-Do-Not-Fight）。无处可去的布须曼人越来越多，纷纷涌入此地，"请勿打架区"也越来越拥挤、动荡。因此，小镇北部边缘的沙漠里，悄悄出现了一个新的棚户区。棚户区里杂乱无章地搭起了一些临时的房屋，沙地上纵横交错的小路好似蛛网，将这些房屋连在一起。大家把这个地方称为普拉克斯多普（Plakkersdorp），即"铁皮镇"。

到了新千年之交，铁皮镇看上去仍然是个临时落脚的地方。聚居这里的朱特瓦人从未过百，且常常流动。这一带的农场里有许多可让朱特瓦人临时落脚的地方，一直延伸到赫雷罗兰，铁皮镇不过其中的一个。

如今又过去了15年，铁皮镇虽然还在，但已改了名字，看上去也多少像个稳定的居住区了。这地方现在被称作迦南（Kanaan，即迦南的南非荷兰语拼法），得名于《圣经》之中的"应许之地"。迦南现在已有3 000多口人，大约半数是朱特瓦人，其余家庭也是贫困的农村人口。奥马海凯的商业农场生产越来越高效，经营越来越现代，这些人因无法适应而被淘汰。

迦南虽然还比较乱，但比原来的铁皮镇好得多。戈巴比斯政府为使这里尽量整洁有序，划定住宅地块，用推土机在沙地上开出了道路。这里的房子都用镇上和附近捡来的废品临时搭建，哪怕看上去稍微体面一些的房子也是如此。最好的房子的材料是从城东废弃工厂的墙上扯下的波纹铁皮。但波纹铁皮不够用，得配合其他材料，如塑料板、硬纸板。这些材料经不起夏天的烈日暴雨，几场雨之后就会变形。任何方便获取的材料都可以用来建房，例如黏土和金合欢木，还好以前小镇周围到处都是金合欢树。最近，荷兰的一个小镇与戈巴比斯结成了姐妹城镇，向迦南捐赠了12个独立式旱厕，安装在这片区域各处。

迦南的居民常年食不果腹，许多人患有腹胀、疥疮、结核病和一系列其他疾病。迦南的朱特瓦人与楚姆奎、斯昆海德的一样，现金收入的来源主要是国家养老金。但迦南地区达到领取条件的人很少，一份养老金又要养活很多口人，每个月刚发下来没多久就花光了。迦南不是政府规定的安置区，居民没有资格获得同等的外部支持。这里的朱特瓦人觉得，住在斯昆海德的都是幸运的特权阶层。

迦南的居民也并未坐以待毙，不少人都积极寻求生路，有些人在镇上找到了不需要技术或者只需少量技术的工作。还有些人则乞讨、借债，为赫雷罗区和达马拉区经济稍好的邻居做短工以养活自己。每个迦南人都想谋得一份稳定安全的工作，但纳米比亚年轻人的失业率接近60%，戈巴比斯经济停滞不前，工作机会实在太少。

迦南的朱特瓦人处在城市食物链的底端。全世界无权无势的底层人都会把自己的不满发泄在其他人身上。迦南也一样，每天都有醉酒斗殴，持刀捅人的事情也很频繁，人们对此都已麻木。

◆

最近去迦南，我都小心地把卡车停放在妥当的地方。当地朱特瓦人有关塔拉诺亚（taranoa）的传闻愈演愈烈，让我心烦意乱，备受困扰。"塔拉诺亚"是赫雷罗语，意为"给我小心点"。这是当地俚语，指在埃帕科镇横行霸道的黑帮分子，他们常在管理薄弱的地方抢劫路人，为非作歹。

埃帕科镇的年轻人无所事事，便凑在一起形成帮派，结伴抢劫。这些帮派不仅有兄弟情义，还有了共同的目标。入了帮派的年轻人，聚在非法经营的啤酒馆里，打量着来往的行人。有时他们和其他帮派杠上，朝着对方耀武扬威，大喊大叫；有时纠缠上路过的女学生，让她们对自己"示爱"。埃帕科镇出现最久的帮派叫作"G帮"，核心成员是几个男孩，几年前在当地的中学一起上学，成员都有不同的民族背景，种族背景也各不相同。G帮的对手是斯昆梅克帮（Skoonmakers，即"清洁工"），主要是达马拉人，常常骚扰赫雷罗区边缘地带的居民。赫雷罗区也有帮派，叫作斯克菲尔斯帮（Skoffels，即"洗牌者"），他们谁的麻烦都敢惹。

埃帕科镇的大多数黑帮成员都是虚张声势的，很少好勇斗狠。但话不能说得太绝对，有时他们也会下狠手。酷日炎炎的11月，成群的失业青年带上刀具和酒水出门，凑在一块儿绝出不了什么好事。最近，斯昆梅克帮便干了一件骇人听闻的事儿。上次我来埃帕科镇时，便听说他们阉割了G帮的一个男孩，把他的睾丸切下来，扔给镇上的狗。

所有帮派都盯上了朱特瓦人。为安全起见，发放养老金的日子，朱特瓦人都要结伴领取，如果一人独行，就得把钱和买来的食物藏好悄悄回家,以免路上被抢。朱特瓦妇女和女孩晚上去迦南外面的草地小便时,也会遇到强奸和骚扰。

埃帕科镇的朱特瓦人虽不堪帮派侵扰,但尚未成立任何自己的帮派。每次我去迦南,总有一群打着赤脚的朱特瓦孩子跟在我身后。他们从没出过埃帕科镇,衣衫褴褛,瘦骨嶙峋,猛兽般理直气壮地向我讨钱。我不给钱,他们连眼皮也不抬一下。10年前的朱特瓦人身上根本不可能有这些孩子那样的气势。要不了几年,这帮长在街头的朱特瓦小混混,也会组建自己的帮派。

孩子们偶尔会逛到戈巴比斯的镇中心,那里有一条四车道的主干道,两边种着棕榈树,看上去和周围的环境格格不入。主干道向东通往卡拉哈里沙漠腹地,向西通往纳米比亚的首都温得和克。主干道两旁的街镇有一片一片的住宅,到处尘土飞扬,房子都是带波纹铁皮屋顶的砖房。戈巴比斯好像凄凉的郊区,在埃帕科镇的居民看来却是一派繁荣景象。来到此处的朱特瓦孩子饿着肚子,胆子却很大。他们往往能躲开看门狗,翻越铁丝网,偷走食物和晾衣绳上的衣服。偷东西会让他们的肾上腺素飙升,但所获比在夏普莱特(Shoprite)超市或壳牌加油站外乞讨所得多得多。

◆

戈巴比斯的经济主要依赖当地的农场主,他们是本地商店里的常客,每次都大包小包地买了东西,运回农场。镇上所有商店都集中在主干道边上，绵延半英里。这些商店一应俱全，有几家小面包店，有五金店售卖工具、盐砖、汽车零件、柴油发电机、钻孔泵、剥皮刀和弹药，有肉店，有卖廉价服装的小店，还有街头小贩叫卖香烟和电话卡——小贩的香烟居然可以拆成一根一根地卖！这里还有一家私人医院，墙上刷着艳丽的粉色，后边正对着镇上的公墓。医院的入口不止一个，以供不同"品质"的顾客出入。镇上还有修车铺和物价低廉的连锁超市。最近，戈巴比斯新开了几家"中国商店"，老板都是广东移民。商店里堆满了打折的雨伞、帐篷、玩具、手机充电器，还有"索泥"和"松上"牌的山寨电视机。这些冒牌电视仿佛一接上电源就会冒出火花。

埃帕科镇的居民来到戈巴比斯的商店只能买得起日常的必需品，其他商品都只能看看。戈巴比斯的店主和所有生意人一样，想尽办法诱惑顾客冲动消费。如果顾客有工作，那就给他们赊账。花哨的广告让顾客觉得只要买下合适的假发、运动鞋、手机或含糖饮料，就会获得极大的满足。货架上的商品琳琅满目，让人眼花缭乱，顾客往往会买下本来不打算买的东西。人们搞不清自己的心智被什么邪恶的力量扰乱了，有时便嘟嘟囔囔地抱怨，大概是某种巫术让他们花了不该花的冤枉钱。

埃帕科镇的居民大多忌惮店主的巫术，但店里的商品实在太诱人。然而，迦南的朱特瓦人大多什么都买不起，对他们而言，商店里的灯红酒绿属于另一个世界，自己则被排除在外。

与安置营里的朱特瓦人不同，迦南的朱特瓦人缺乏安全感。迦南虽然处于城镇的边缘，但并未远离尘嚣。迦南人谁都不觉得吃不饱的原因是食物匮乏。从迦南出发，走不了多远就有五六家商店，店里的货架被食物压得吱呀作响。附近还有食品批发商，仓库里堆满了成吨的牛奶、糖、面粉等食品。

小镇的物资固然比丛林多得多，不过，你若是没有钱，那就另当别论了。迦南的朱特瓦人想不明白，身边有这么多食物，他们为何还徘徊在饥饿的边缘。

迦南朱特瓦人对食品的认识远超布满红土小路的"应许之地"，引起许多人的共鸣。自农业革命以来，人类第一次进入了食物丰沛的时代。我们生产的食物足以让地球上的每个人都吃得好，大多数人的营养状况比农业出现以来的任何时期都好。可是，全球范围内食物浪费严重，平均每人每年约浪费 440 磅（约为 200 千克）食物。每年浪费掉的食物，足以养活 50 亿人口，只能被填埋进垃圾场。这种情况已经持续了相当长的一段时间。

◆

这样的迦南，不是 1930 年凯恩斯设想的经济乐土。凯恩斯的经济理论和狩猎采集社群的生活状态存在矛盾，朱特瓦人不需要先进的生产力便过上了"富足"的生活。今天，凯恩斯幻想的迦南并未出现，朱特瓦人却在支离破碎的迦南过得水深火热。凯恩斯若泉下有知，不知会做何感想。凯恩斯承认资本主义是个丑陋的手段,但最终利大于弊,它能实现济人利物的目标。凯恩斯心中的"经济问题"非资本主义不能解决。

凯恩斯建构其理论之时区分了人类的"绝对"需求和"相对"需求。凯恩斯认为,绝对需求是美好生活的基本要素,包括充足的食物、洁净的水、舒适的住房、管理得当的公用事业、全民医疗保健、高效的交通基础设施等。他对比了绝对需求与相对需求,认为相对需求能"满足人们对优越感的渴望",只有"觉得要高人一等,比身边的同伴更优越"时,人们才会去满足相对需求。

凯恩斯指出,技术进步和生产力提高后,大部分本该由人完成的工作将实现自动化,比如汽车工厂里永不停歇的机械臂,人们满足绝对需求的成本将大大降低。绝对需求顺利满足后,人们真正重视的东西就会自然而然地发生变化,认识到"贪婪是恶习,高利贷是罪孽,拜金令人憎恶"。

凯恩斯的绝对需求理论源于他对美好生活的憧憬,这一憧憬的基础是工业时代的社会奇迹和他在剑桥大学的舒适生活。现在看来,要定义绝对需求,不能简单地自问我们需要什么或想要什么。定义绝对需求的关键在于理解可能性的边界。我们生活在狭小且拥挤的星球上,谁都不想要一个会吞噬自己未来的乌托邦。如果每人都像欧美人那样消耗大量能源与资源,人类的未来必然是毁灭。

生活在全球最富裕国家的人,绝对需求基本都能满足。如果这些国家的资源能分配得更均衡一些,每个人的绝对需求都能满足好几遍了。我们吃穿不愁，住在暖和的房子里，家里设施齐全，生活舒适、便利。我们的吃穿用度大多都不在本国生产。本国人口中只有 10% 在第一产业和第二产业就业，剩下的人口，都将自己的生产力和创造力投入广大的服务业，甚至有人会反思自己的工作到底有什么意义。发达国家的民众容易将制造业就业的萎缩归咎于全球化、新移民或荒诞不经的阴谋论。但事实是，生产力提高和技术进步才是就业机会减少的罪魁祸首。未来受到影响的也不仅是制造业的岗位。最近牛津大学的经济学家开展的一项研究指出，未来 20 年内，美国近一半的工作岗位将面临自动化和信息化的挑战，最危险的岗位覆盖交通和物流领域的大部分岗位、大量"办公室和行政支持岗位"，以及"美国过去几年里大量增长的服务业岗位。"[1]

即便如此，我们离凯恩斯的乌托邦似乎还很遥远。不管主流经济学家和政府的政治立场偏左还是偏右，考虑的都是同一个问题：如何能同时保住经济增长和就业率？当然他们也在不停争论，辛苦赚来的财富多少应投入公共福利，多少应存起来留待日后使用。但直面真正挑战的政客则寥寥无几：人类如何适应后工作时代（post work world）？

马歇尔·萨林斯曾指出，狩猎采集社群通过减少欲望实现通往富足的"禅道"，其态度和凯恩斯颇为相近。凯恩斯认为，待到人类的绝对需求得到充分满足，人类的物质欲望便会大大减少，人类内在的本能将得到激发。我们一直渴望解决他所说的"真正的问题——生活、人际关系、创造、行为和宗教的问题",这足以分散我们对任何"残存"的工作本能的注意力。凯恩斯"精神本能第一性,生产本能第二性"的观点在经济学家中可谓独树一帜。多数经济学家将工作看成人类社会性的基本要素,将经济学看作"解读和操控日益复杂的生产活动"的科学。这种人性观是自由市场资本主义的人性观。不仅凯恩斯反对这种人性观,对自由市场持批评态度的马克思也反对这种人性观。和前后几代经济学家一样,马克思认为人类的本性是以一种有利于社会和个人满足的方式自发和创造性地生产。马克思指出,人生来渴望生产,他坚信资本主义剥夺了人从生产中获得的深刻的满足感,故此反对资本主义。马克思的共产主义理想和凯恩斯的"后工作时代乌托邦"不同。马克思认为,共产主义实现后,人人都继续工作,同时人人都拥有"生产资料",便可从工作中获得更为深刻的满足感。

狩猎采集社群的历史表明,人们不劳动也能过上满足充实的生活。这样看来,马克思和新自由主义经济学家对人性的看法都有问题。

但事实果真如此吗?为什么我们难以接受狩猎采集社群的原始富足呢?

一方面,狩猎采集社群的"原始富足"既不是一套思维方式,也不是特定意识形态的经济方式——狩猎采集社群没有写出一份"原始共产主义宣言"。狩猎采集经济的基础在于对自然环境的信心、猎人和猎物的共情、即时回报、不计过往不念将来的时间观念、由嫉妒和关爱共同塑造的人际关系。

另一方面，在实现凯恩斯乌托邦愿景的道路上还有另一个更为根本的障碍。狩猎采集社群的原始富足模式并不是简单地基于他们需求少、易满足的特点。更重要的是，狩猎采集社群中谁也没比谁更富有、更强大。倘若后工作时代的先决条件是平等主义，那便难以实现。

现在的南部非洲，只有极少数的布须曼人能够较容易地满足绝对需求。他们的营养条件大多不如狩猎采集时代。贫困还导致了生理和社会心理上的许多长期困扰。当然，布须曼人现在的绝对需求也和狩猎采集时代的大不相同。

斯昆海德的朱特瓦人情况要好一些。但绝对需求得到满足、对安置营发展也满意的那一小部分人，仍普遍存在不满的情绪。他们不但长期受到专制压迫，还受制于其他族群对布须曼人的偏见。资源的分配，尤其是土地分配极其不公平。随着布须曼人进入了更为广阔的社会现实，以往在游群生活中常见的嫉妒情绪现在则投射到更为广阔的社会背景上，包括他们无法直接接触的人和事。

自独立以来，纳米比亚的治理堪称典范。独立后，纳米比亚确实发生过这样或那样的问题，但根源往往是管理能力不足或资源短缺，而不是出于不良的意图。纳米比亚和其周边的南非、博茨瓦纳一样，是全球最不平等的5个国家之一。许多发展中经济体的不平等主要源于统治阶级贪污腐败，纳米比亚的不平等却是经济增长的必然结果。最终，大量财富集中在少数人手中，半数人口处于社会底层，而布须曼人则是底层中的底层。

生活在斯昆海德的朱特瓦人也感到不平等问题非常突出。全球各地生活在平均线以下的底层人民都面临着同样的问题，这个问题也有共同的原因。如果别人的生活更加充裕，朱特瓦人便无法接受小康的生活。这表明，凯恩斯的理论可能本末倒置。当下，富足的生活其实已经到来，但若要让人们心满意足地接受现状，仅靠压制努力工作的欲望，抑制和周围人攀比的冲动，是无法做到的。解决之道在于消灭不平等，以及不平等引发的嫉妒和愤怒。

◆

5年前的朱特瓦人认为手机是难以负担的奢侈品。那时，只有城里人才用手机。赫雷罗人外出时常故意把手机别在腰间，让别人看见，这样做无非是向同龄人炫耀，或是向中意的姑娘显示自己是个成功人士。斯昆海德和楚姆奎的夜幕降临时，乡间能听到的只有笑声、闲聊、争吵，还有猫头鹰的鸣叫、昆虫飞行时的嗡嗡声以及狼的呼号。

如今夜幕降临后，此起彼伏的已是手机的铃声。许多人还不习惯用正常的音量与远处的人对话，通话时经常大声交谈。无线通信公司在纳米比亚各偏远地区安装了手机信号发射塔，制定了特殊的通话套餐。除了最穷的少数人，大家都能用得起手机。朱特瓦人也以惊人的速度掌握了这项新技能。在相对繁荣的斯昆海德，大多数家庭都拥有手机。尼耶朱特瓦人有手机的不太多，楚姆奎基站信号能覆盖的人群更少，但当地人也普遍认为手机是当代生活的必需品。成年朱特瓦人大多未受过教育，记住电话号码和手机菜单这等抽象的符号学问题对他们来说却是小菜一碟。手机的设计确实影响顾客的购买决策。戈巴比斯卖得最火的手机产自中国，售价仅和一大包玉米粥差不多，内置了可充电的手电筒。

5年前，如果我有个问题要问楚姆奎或斯昆海德的朋友，要么得找人帮我传话，要么得花上好几天亲自上门。现在我只要坐在剑桥的办公室里，就可以给他们发短信、打电话，还可以在脸书上留言。现在社交媒体上来自博茨瓦纳和纳米比亚的年轻桑人（主要是男性）也逐渐增多。有人将社交媒体作为政治宣传的平台，但大多数人和美国的同龄人一样，用社交媒体分享自拍，转发三观相合的链接，或被猫咪的短视频逗得大笑。

在网上分享生活对这些布须曼青年来说乍看是个大进步，但其实没什么了不起。传统朱特瓦人没有公共空间和私人空间的概念，几乎所有的社会生活都在公开场合进行。在游群内部，每个人都对别人的事一清二楚。即便现在过上了定居生活，朱特瓦人的时间大部分也都花在公共场所，自己的小屋或房子几乎只用来存放衣服和贵重物品。现在的青年人常常要在独立的环境下学习和工作，网络社区反而能为他们提供些许慰藉。

以前,很难想象朱特瓦年轻人会如此迅速地接受数字革命。难怪现在迦南再也没有恩格纳这样旧时代的人物了,剩下的只有老人。奥马海凯最后一代狩猎采集者早已不在。现在,如果我问起新时代和旧时代的朱特瓦人有什么区别,得到的答案让我越来越觉得自己是旧时代的人类学家。如果我问朱特瓦人和别的族群有何区别,人们的第一反应是朱特瓦人"穷"而别的族群"富"。

祖父母辈朱特瓦人"活在当下"的笃定也早已不复存在。现在,朱特瓦人也会讲述自己的历史,那便是他们如何被边缘化的过程。这段历史的开头便是朱特瓦祖先的土地被侵占。现在朱特瓦人也关注未来。迦南的朱特瓦人大多不觉得未来生活会变得更好,但都心怀希望。最近,有些迦南人搬到了戈巴比斯附近的新安置营。父母常常讨论,如果孩子能完成学业将会如何如何,但他们尚不知道如何才能阻止孩子辍学。这让我不禁想到,这个世界上的所有人都已经是新时代的人了。父母曾教导孩子如何成长,现在他们需要依靠孩子来指导和帮助他们接受新科技、使用新的交流方式。

现在,朱特瓦孩子的梦想是他们的父母那辈人想都不敢想的。孩子们梦想拥有自己的汽车,拥有可以称为家的地方,永远都不会饿肚子。但他们尚不确定这些美梦是否会成真。他们能确定的是10年后的世界将与现在不同,就好比现在的世界与父辈、祖辈年轻时的世界大不相同。新时代的生活在方方面面都不可预测，随时在变化。

　　新时代成长起来的朱特瓦人若是能坦然接受自己处在一个瞬息万变的世界，生活是由不可预测的旋涡和潮流所塑造，那么他们可能会在这个想法中得到一些安慰：人人都处于一个新时代的开端，将不再受制于经济问题，农业革命培养的生产思维也将过时。此时，我们必须向朱特瓦人的祖先学习，明白自己已经创造了富足的生活并应感到满足。此外，除了劳作，我们也应看到其他事物的价值。削减工作量或许是个很好的起点。出生在第一世界的千禧一代生活富足，无忧无虑，比起干一行、爱一行，他们更愿意爱一行才干一行。这将引领新的潮流。

延 伸 阅 读

和本书主题相关而又有趣的新材料,可在出版原创研究的学术期刊上找到。在互联网时代,搜索、访问优质的研究材料十分容易,但有时会需要付费。这里建议的补充读物,不止针对学术界的读者,大部分普通读者都可获得。此处把推荐的延伸读物按宽泛的主题分类,这些主题都和书中重要的内容联系密切。

凯恩斯的乌托邦与原始富足社会

约翰·梅纳德·凯恩斯那一代人,出现了许多杰出的经济学家,留下了许多精彩的著作和评论。凯恩斯的经济学乌托邦愿景只是其中的一部分。《我们孙辈的经济前景》出自选集《劝说集》(John Maynard Keynes, *Essays in Persuasion*, New York: W. W. Norton, 1963, pp. 358–73),直到近年才开始受到重视。罗伯特·斯基德尔斯基(Robert Skidelsky)与爱德华·斯基德尔斯基(Edward Skidelsky)的著作《金钱与好的生活》(*How Much Is Enough?: Money and the Good Life*, New York: Other Press, 2012; New York: Penguin Books, 2013),出色地介

绍了凯恩斯对未来的乐观愿景，并就我们如何实现类似的目标提供了一些有趣的想法。

深入挖掘任何人类学书库，都会发现大量关于"原始富足"的文献。虽然现在这个概念不像从前那般在主流社会人类学界受欢迎了，但马歇尔·萨林斯的《石器时代经济学》（*Stone Age Economics*, New York: de Gruyter, 1972）仍像刚出版时那样引人注目。萨林斯是文化人类学最有洞察力的元理论家之一。在网上稍稍搜索一下就会发现，从崇拜旧石器时代的"原始主义者"，到新时代的经济学家，萨林斯的观点被各种团体广泛采纳。

最近，在对原始富足的讨论中，比较有趣的人类学贡献分别是大卫·卡普兰（David Kaplan）撰写的《"原始富足社会"的阴暗面》（*The Darker Side of the "Original Affluent Society"*），发表于《人类科学杂志》[*Journal of Anthropological Research* 56, no. 3 (Autumn 2000): 301–24]；努力特·伯德－大卫（Nurit Bird-David）的文章《超越"原始富足社会"：文化主义改革》（*Beyond "The Original Affluent Society": A Culturalist Reformulation*），发表于《当代人类学》[*Current Anthropology* 33, no.1 (February 1992): 25–47]。

有关布须曼人的人类学文献

人们经常开玩笑说，有关布须曼人的论文和书籍比现存的布须曼人还多。这么说虽然有些夸张，但有关布须曼人的学术文献确实非其他领域可比，而且产生了大量评论文章。

许多有关布须曼人的早期人类学著作往往基于殖民偏见，而非与布须曼人的长期接触。伦敦经济学院的人类学家艾萨克·沙佩拉（Isaac Schapera）在著作《南非的科伊桑人：布须曼人和霍屯督人》（*The Khoisan Peoples of South Africa: Bushmen and Hottentots*, London: Routledge, 1930）中，首次对布须曼人进行了全面的人类学概述。这本书已有些年头，书里有些精彩的图片，一般只能在学术图书馆找到。该书是人类学发展史上一座迷人的里程碑。

阿伦·巴纳德（Alan Barnard）的《南部非洲的猎人和牧民：科伊桑民族的比较民族志》（*Hunters and Herders of Southern Africa: A Comparative Ethnography of the Khoisan Peoples*, Cambridge, UK: Cambridge University Press, 1992）一书，对科伊桑人的概述更为实用。巴纳德提出，不同科伊桑人之间"深层结构"的语言和文化具有连续性。巴纳德还有一部作品值得一提，即《人类学和布须曼人》（*Anthropology and the Bushman*, Oxford, UK: Berg, 2007）。这是一部记录布须曼人的人类学历史研究书籍。如果对2006年以前所有有关布须曼人的主要人类学工作感兴趣，或者对布须曼人人类学领域的诸多重要辩论感兴趣，巴纳德的成果是宝贵的初级读物。他的书里还提供了大量的参考书目。

马蒂·亚斯根瑟（Mathias Guenther）的《骗子与变相者：布须曼宗教与社会》（*Tricksters and Trancers: Bushman Religion and Society*, Bloomington: Indiana University Press, 2000）把布须曼人看作更广泛的文化群体。该书是关于布须曼人宗教信仰和仪式的综合叙述，是作者从自己的研究和对学术文献的仔细回顾中提炼出来的，叙述深入细致，内容丰富详尽，对读者的理解能力有一定要求。

大多数布须曼人的经典民族志都以朱特瓦人为研究对象（详见下节）。也有几个重要的特例，最突出的是乔治·西尔伯鲍尔的专著《卡拉哈里沙漠中部的猎人和栖息地》（*Hunter and Habitat in the Central Kalahari Desert*, Cambridge, UK: Cambridge University Press, 1981）。西尔伯鲍尔研究博茨瓦纳卡拉哈里野生动物保护区的郭克韦克霍伊人，他在那里实地生活和工作的时间比 20 世纪任何布须曼人种学者都多。他还担任了贝专纳保护国的"布须曼族群调查官"，在卡拉哈里最艰苦、最干旱的地区生活和工作了很多年。在所有人种志中，我最喜欢西尔伯鲍尔的这部。

朱特瓦人

理查德·博沙·李的 *The Dobe Ju/'hoansi*（Belmont, CA: Wadsworth, 2013）最初以 *The Dobe !Kung* 为名出版。从 1984 年第一版以来，李就定期更新和修订。现在这本书已有了第四版，仍然是大学人类学课程的主要书目。这本书通俗易懂，清晰明了，介绍了朱特瓦人传统狩猎和采集的生活方式，也介绍了他们在过去半世纪中经历的转变。该书从一部更广泛、更冗长的专著中提炼出来，原书为 *The !Kung San: Men, Women, and Work in a Foraging Society*（Cambridge, UK: Cambridge University Press, 1979）。李的写作思路十分清晰，在人类学者中十分罕见。这本书堪称人类学研究的经典之作。

罗娜·马歇尔写过两部有关朱特瓦人的人种志 *The !Kung of Nyae Nyae*（Cambridge, MA: Harvard University Press, 1976）和 *Nyae Nyae Kung: Beliefs and Rites*（Cambridge, MA: Peabody Museum of Archaeology and Ethnology, 1999）——在人类学经典作品中，也占有特殊的地位。她的写作更加娴熟，记录了朱特瓦人在与外界持续接触前在尼耶的生活。罗娜·马歇尔的作品在这一领域无与伦比。

理查德·博沙·李和艾文·德沃（Irven DeVore）编撰的 *Kalahari Hunter-Gatherers: Studies of the !Kung San and Their Neighbors*（Cambridge, MA: Harvard University Press, 1976）大致介绍了哈佛卡拉哈里研究小组（和其他学者）开展的研究工作。这部著作包括许多研究者的论文，涵盖了朱特瓦人生活的许多方面，如儿童早期发展、空间组织和动物行为。

作为哈佛团队最早的成员，梅根·比泽勒（Megan Biesele）现在仍在卡拉哈里沙漠工作。她是朱特瓦语最熟练的人类学者之一（而我是最差的），受到当地人的认可。比泽勒最著名的作品是有关民俗和宗教实践的专著，即 *Women Like Meat: The Folklore and Foraging Ideology of the Kalahari Ju/'hoan*（Johannesburg: University of the Witwatersrand Press,

1993）。这部书主题繁多，复杂难懂，但对渴望全方面了解朱特瓦人的读者而言，非常值得一读。比泽勒的另一本书 *Healing Makes Our Hearts Happy: Spirituality & Cultural Transformation Among the Kalahari Ju/'hoansi*（New York: Simon & Schuster, 1997），还有两位合著者理查德·卡茨（Richard Katz）和维娜·圣丹尼斯（Verna St. Denis）。该书展示了萨满传统如何帮助朱特瓦人了解他们周围不断变化的世界，并证明了文化形式可重新构想和振兴，以应对不断变化的环境。

对尼耶历史感兴趣的读者，可阅读罗伯特·希区柯克（Robert Hitchock）和梅根·比泽勒合著的 *The Ju/'Hoan San of Nyae Nyae and Namibian Independence: Development, Democracy, and Indigenous Voices in Southern Africa*（New York: Berghahn, 2010）。这本书简单概括了尼耶近期历史和朱特瓦社区组织的演变。

在关于朱特瓦人的书籍中，玛乔丽·肖斯塔克（Marjorie Shostak）的 *Nisa: The Life and Words of a !Kung Woman*（New York: Vintage, 1983）是最不寻常但最有启发性的一本书。这本书是一部传记式的人种志，记录了20世纪晚期朱特瓦人生活发生巨变时，一个朱特瓦女性的生活经历。肖斯塔克还写了一部极具个人色彩的续集 *Return to Nisa*（Cambridge, MA: Harvard University Press, 2000），但这本书在她去世后才出版。肖斯塔克在1991年诊断出患有乳腺癌后，重新踏上了探访妮萨（Nisa）的旅程，一直持续到1996年她因癌症去世。这本书记录了肖斯塔克重访妮萨的旅程。

有关布须曼人的畅销书籍

除了劳伦斯·凡·德·普司特的作品外,关于布须曼人和朱特瓦人的通俗文学作品也很丰富,如《卡拉哈里的失落世界》和 The Heart of the Hunter,以及伊丽莎白·马歇尔·托马斯的《与世无争的人》和《来时之路:第一批人类的故事》。

经验丰富的英国记者桑迪·盖尔(Sandy Gall)客观地描述了南部非洲历史上遭受的苦难,出版了 The Bushmen of Southern Africa: Slaughter of the Innocent(London: Pimlico, 2001)。书中记录了他在 20 世纪 90 年代末进行的一次研究旅行。在那次旅行中,我向他介绍了老恩格纳和克阿克艾。他大量借鉴了罗伯特·戈登(Robert Gordon)等人的优秀历史作品,结合一些当代报告文学,生动流畅地阐述了布须曼人被剥削的历史。

几乎没有其他关于布须曼人的畅销书能再现劳伦斯·凡·德·普司特作品的诗意和文笔,或者体现伊丽莎白·马歇尔·托马斯作品的温存和共情。威勒米恩·勒·鲁(Willemien Le Roux)的 Shadow Bird(Roggebaai, SA: Kwela Books, 2000)也许算个例外。这本书结合了凡·德·普司特的诗意和马歇尔·托马斯的坦诚与同情。勒·鲁在卡拉哈里沙漠长大,成年后一直和布须曼人生活在博茨瓦纳的杭济、奥卡万戈三角洲以及更偏远的地方。本书部分是人物传记集,每个故事都基于和她一起生活和工作过的人。这本书描述真实，笔触优美，富有同情心和洞察力。

勒·鲁一生大部分工作都致力于帮助布须曼人发出自己的声音，找到自己的代表。在与艾莉森·怀特（Alison White）合编的文化和口述历史书籍 *Voices of the San*（Roggebaai, SA: Kwela Books, 2004）中，勒·鲁贡献了很多材料和想法。这本书由布须曼人的数百条评论汇编而成，他们来自各个语言社区。评论按主题分类，记录了布须曼人生活和历史的照片与艺术品也穿插其中。

另一本由研究布须曼人的人类学家所写的书也饱含情感，其作者是汉斯·约阿希姆·海因茨（Hans Joachim Heinz）。海因茨是个臭名昭著的风流鬼（与三个女人结婚的同时，和第四个女人同居），也是前纳粹士兵（现在已改过自新），还是昆虫学家和人类学家。*Namkwa: Life Among the Bushmen*（Boston: Houghton Mifflin, 1979）这本书记叙了他和寇族女性 Namkwa 的爱情故事，尖锐生动，又令人心酸。海因茨 80 多岁的时候和我成了朋友，在 3 年多的时间里，我拍摄了他长达几个小时的采访视频。2001 年，他在睡梦中被人砍死。当时他睡在自己小屋的阳台上，那幢小屋建在博茨瓦纳马翁（Maun）附近的塔马拉卡内河（Thamalakane River）河堤旁。

代表自己：桑族作家

在浩如烟海的桑人文献中，人们最常忽略的也许就是桑族作家的作品。桑人社区的教育系统难以满足桑族学生的特殊需求，故此桑人的识字水平很低。尽管如此，每年完成学业的桑人越来越多，有些人甚至完成了大学学业。还有些人在学术刊物上发表了关于桑人问题的文章，并与其他人合著论文。据我所知，目前只有来自博茨瓦纳的夸人（Kua）奎拉·基马（Kuela Kiema）写过一本书 *Tears for My Land: A Social History of the Kua of the Central Kalahari Game Reserve, Tc'amnqoo*（Gabarone, Botswana: Mmegi Publishing House, 2010）。这本书值得一读，但很难买到，只在博茨瓦纳发行。最近，来自博茨瓦纳杭济区的年轻桑族活跃分子乔布·莫里斯（Job Morris）领导了一项合作倡议，旨在发展桑族青年网络（San Youth Network）。这是一项在线倡议，年轻的桑族活跃分子在上面就与他们相关的问题发表文章。

桑人还贡献了许多发展报告、地图和口述历史数据库，此外，还有大量口述历史文献，如 *Voices of the San*。参与这些工作的许多桑人都来自发展伙伴关系组织，如克鲁组织大家庭（Kuru Family of Organizations）、卡拉哈里人民基金会（Kalahari Peoples Fund）和尼耶发展基金会（Nyae Nyae Development Foundation）。在桑人创作的自我代表作品中，最丰富的是艺术作品。桑族艺术家的作品已在全球展出，为一些世界顶级展览增色不少。自20世纪90年代初起，博茨瓦纳德卡尔的克鲁艺术项目（Kuru Art Project）等一系列项目就一直持续向外界展出。桑族艺术家更擅长艺术创作，而非文字表现，他们贡献了众多美丽而富有力量的作品。这些作品强有力地表达了桑人的精神，为他们提供源源不断的力量。

历史、考古和"卡拉哈里大辩论"

"卡拉哈里大辩论"始于 1989 年。不久前，埃德温·威尔姆文森（Edwin N. Wilmsen）出版了一部长篇巨著 *Land Filled with Flies: A Political Economy of the Kalahari*（Chicago: University of Chicago Press, 1989）。该书是一部艰涩难懂、充满争议的作品，指出理查德·博沙·李等人的作品毫无可靠性可言。这本书甫一出版，便引发了一场激烈的辩论，参加辩论的人常常言辞刻薄。这场辩论在前沿人类学期刊《现代人类学》（*Current Anthropology*）上持续了多年。威尔姆文森指责李及其同事无能。李和同事反过来指责威尔姆文森夸大其词，故意曲解和捏造事实。对这场辩论感兴趣的读者，最好跳过辩论本身，读一读阿伦·巴纳德在《人类学与布希曼人》（*Anthropology and the Bushmen*）中的总结。尽管颇具争议，但威尔姆文森的工作还是给布须曼人人类学研究带来了一个有价值的新视角，并鼓励研究人员更多关注塑造当代布须曼人世界的复杂历史力量。

这场辩论之后出现的最重要的著作是罗伯特·戈登的 *The Bushman Myth: The Making of a Namibian Underclass*（Boulder: Westview, 2000），该书第二版由他与斯图尔特·舒尔托·道格拉斯（Stuart Sholto Douglas）合著。这本书记录了纳米比亚等

地的布须曼人所遭受的残暴行为，读起来令人沮丧，如鲠在喉。

若想全面阅读布须曼人的历史概况，但又想读起来更容易、不那么痛苦的话，可参阅安迪·史密斯（Andy Smith）、坎迪·马尔赫比（Candy Malherbe）、马特·根特（Mat Guenther）和彭妮·贝伦斯（Penny Berens）合著的 *The Bushmen of Southern Africa: A Foraging Society in Transition*（Athens, OH: Ohio University Press, 2000）。

岩画艺术

布须曼人的岩画艺术启发了大量文学作品。戴维·刘易斯－威廉姆斯（David Lewis-Williams）是这一领域最著名的作家。作为学者，他首次提出布须曼岩画不是原始的表现，而是丰富的象征传统。刘易斯－威廉姆斯写了很多书，包括最近出版的 *The Mind in the Cave: Consciousness and the Origins of Art*（London: Thames & Hudson, 2004）和一本口袋读物 *San Rock Art*（Auckland Park, SA: Jacana, 2011）。通过这两本书，可以很好地了解他的观点。

对艺术本身感兴趣的读者，可阅读帕特里夏·文尼科姆（Patricia Vinnicombe）的 *People of the Eland*（Johannesburg: Wits University Press, 1976）。这是一部很好的入门作品。它的侧重点是南非的岩画艺术，而非纳米比亚的。

如今，措迪洛山已经成为世界文化遗产，游客若想一睹其风采，已经比十几年前容易许多。许多有关措迪洛山的文章都发表在一些不知名的学术期刊上。幸运的是，最近由亚历山大·坎贝尔（Alec Campbell）、拉里·罗宾斯（Larry Robbins）和迈克尔·泰勒（Michael Taylor）合著的一本书 *Tsodilo Hills: Copper Bracelet of the Kalahari*（Lansing: Michigan State University Press, 2012）很好地介绍了措迪洛山的考古情况，也为那些希望自己探索这一遗址的人提供了指南。

人类起源和遗传学

尽管遗传学家对桑人有独特的兴趣，但在过去 10 年里，尚未有著作综述日益丰富的桑人基因研究成果。但这并不意味着可用的信息资源很少。大多数相关领域的重要发现和假说都发表在《自然》或《科学》等主流期刊上，也可在网络开放平台上搜索，一般出版物也在广泛引用这些发现，如科普杂志和报纸等主流出版物。对此感兴趣的读者可参看后"注释"中的信息，其中已提供了相关领域领军人物的一些论文，如宾夕法尼亚大学的莎拉·蒂什考夫教授（Sarah Tishkoffat）和乌普萨拉大学（Uppsala University）的卡莉娜·施莱布斯（Carina Schlebusch）的研究成果。

越来越多的流行文学作品开始广泛关注人类进化、基因研究等新领域，其中最著名的是斯蒂芬·奥本海默（Stephen Oppenheimer）的 *Out of Eden: The Peopling of the World*（London: Constable & Robinson, 2004）和斯宾塞·韦尔斯 Spencer Well 的 *The Journey of Man: A Genetic Odyssey*（New York:

Random House, 2003）。虽然随着基因组研究的快速发展，这两本书已有些过时，但还算是很好的入门书籍。

马丁·梅雷迪思（Martin Meredith）是一名历史学家兼记者，而非遗传学家。他最近出版了 *Born in Africa: The Quest for the Origins of Human Life*（New York: PublicAffairs, 2011）。这本书内容较新，并且很容易就能买到。

如果你对狩猎、肉食和火焰在人类进化中的作用感兴趣，理查德·华厄姆的专著 *Catching Fire: How Cooking Made Us Human*（New York: Basic, 2009）是一本有趣且有启发性的读物。书中详细描述了狩猎在人类发展中的作用。罗伯特·阿特里（Robert Ardrey）的 *The Hunting Hypothesis: A Personal Conclusion Concerning the Evolutionary Nature of Man*（New York: Atheneum, 1976）虽然时日已久，但书中概述的内容，对该领域的当今的主流观点仍有影响。唐娜·哈特（Donna Hart）和罗伯特·萨斯曼（Robert W. Sussman）在 *Man the Hunted: Primates, Predators, and Human Evolution*（Cambridge, MA: Westview, 2005）一书中，对人类作为猎人的进化过程提出了一个有趣的观点。他们认为，我们进化成如今的模样靠的不是我们作为猎人或觅食者的经历，而是作为猎物的经历。

令人惊讶的是，人类学家很少研究猎人在狩猎时的行为和感受。拉内·维勒斯（Rane Willerslev）是一名虔诚的猎人，他在 *Soul Hunters: Hunting, Animism, and Personhood Among the Siberian Yukaghirs*（Berkeley: University of California Press, 2007）

一书中，对西伯利亚猎人与猎物的共情提供了独特的见解。这本书还向读者展示，靠土地为生的生活方式如何塑造了人们对自我和周围世界的感知。

南非进化生物学家路易斯·利本伯格（Louis Leibenberg）一生致力于研究猎人的追踪行为。他的著作 *The Art of Tracking: The Origin of Science*（Cape Town: New Africa Books, 2012）阐述了他的主张，即从动物足迹推断出动物行为，进而追踪到动物，这一过程所需的智力和创造力，丝毫不亚于物理学家或数学家。该书收入了利本伯格亲自精心制作的艺术作品。利本伯格讨论的虽然是个和智人物种同样古老的话题，但该书是个全新的尝试。CyberTracker 是作者成立的组织，在它的官网上可以免费阅读这本书。

新石器革命

新石器革命不仅为农民带来工作，也为作家创造了工作的机会，有关农业革命这一伟大变革的著述数量庞大。如同有关古代狩猎采集社群的研究一样，许多有关新石器革命的重要理论产生于当代基因研究出现以前。如果想了解这一领域的最新研究，需要浏览学术期刊。

近年来有关新石器革命影响的著作，最著名的是贾雷德·戴蒙德（Jared Diamond）大受追捧的 *Guns, Germs, and Steel: The Fates of Human Societies*（New York: W. W. Norton, 1999）。戴蒙德把新石器时代描述为"人类历史上最大的错误"。最近，戴蒙德出版了 *The World Until Yesterday: What Can We Learn from Traditional Societies?*（New York: Penguin, 2012）。在书中，他比较了"部落"居民与"现代"人的生活方式。该书内容广泛，探讨了从暴力到肥胖等各种问题。但对大多数人类学家而言，作者对部落社会和现代社会的比较过于笼统，而且许多主张也不符合事实，特别是有关狩猎采集者和农民的部分。但是总而言之，该书仍然值得一读。

有些学者的观点与戴蒙德的 *Guns, Germs, and Steel* 相似，认为新石器革命是人类集体历史中不可避免的不幸转折，如尤瓦尔·诺亚·赫拉利（Yuval Noah Harari）最近的畅销书 *Sapiens: A Brief History of Humankind*（New York: Harper Collins, 2015）。

史蒂芬·米森（Stephen Mithen）的 *After the Ice: A Global Human History, 20,000–5000 BC*（London: Weidenfeld & Nicolson, 2003）内容繁多，但通俗易懂，探讨了推动新石器革命的可能因素。这本书是历史趣闻的宝藏。

卡尔文·马丁·路德（Calvin Martin Luther）在 *In the Spirit of the Earth: Rethinking History and Time*（Baltimore: Johns Hopkins University Press, 1993）中，对狩猎采集社群的赞颂没有特别严格的科学依据，但描述了人类从狩猎采集向农耕过渡带来的影响，笔触富有诗意，颇为引人入胜。另一部富有诗意的重要作品是休·布罗迪（Hugh Brody）的 *The Other Side of Eden: Hunters, Farmers, and the Shaping of the World*（New York:

North Point, 2000）。该书探讨猎人和采集者最终如何输给农民。这本书引用了大量布罗迪研究因纽特人的成果。

交换与分享

长期以来，人类学家一直热衷研究交换和分享。这是人类学成果最为丰硕的领域之一，产生了一些真正有创造性的作品。

延迟回报经济和即时回报经济假说由伦敦经济政治学院荣休教授詹姆斯·伍德伯恩提出。他的观点在论文 *Egalitarian Societies*［发表于 *Man, the Journal of the Royal Anthropological Institute* 17, no. 3 (September 1982): 431–51］中得到清晰的体现。另一篇突出反映狩猎采集社群平等主义的论文是理查德·博沙·李的 *Reflections on Primitive Communism*，收录于 *Hunters and Gatherers* 第一卷 *History, Evolution and Social Change* (Oxford, UK: Berg, 1988)。此书由蒂莫西·英戈尔德（Tim Ingold）、戴维·瑞奇斯（David Riches）和詹姆斯·伍德伯恩（James Woodburn）共同编著。

在所有研究朱特瓦人的人类学家中，保利娜·维斯纳（Polly Wiessner）对交换的研究最为精妙。她还解开了埃科扎罗礼物交换系统的一些谜题。维斯纳是朱特瓦人研究领域最杰出的人类学家之一，人类学界希望她能撰写一部完整的人种志。遗憾的是，她的工作成果只出现在学术期刊上，但人类学教科书和课程材料中有大量引述。维斯纳有一篇题为 *Risk,*

Reciprocity and Social Influences on !Kung San Economics 的文章详细介绍了她的工作。该文收录于埃莉诺·利科克（Eleanor Leacock）和理查德·博沙·李编著的 *Politics and History in Band Societies*（Cambridge, UK: Cambridge University Press, 1982）。

当前面临的问题

如果读者想了解布须曼人当前面临的问题，市面上有不少出版物。在几乎所有重要指标上，纳米比亚和博茨瓦纳的桑人都是当地所有族群中最差的，并且和其他族群的差距巨大。但是今天，与布须曼人相关的问题常常刊登在全国有影响力的英语报纸上，如纳米比亚的 *Namibian* 和博茨瓦纳的 *Mmegi*。这些报纸可在网上找到，也会进入档案。

除了报纸报道，还有相当多的学术和应用文献涉及土地权利、社会歧视、教育和发展等问题。人类学者中，罗伯特·希区柯克的应用研究最受瞩目。

与桑人社区和组织合作的非政府组织也是了解布须曼人当前面临问题的绝佳资源。20世纪90年代后期，桑人组织蓬勃发展，后被纳米比亚法律援助中心（LAC）取代。目前LAC已成为最为活跃的桑人组织，其围绕土地、环境和发展项目的研究很多，均可在其网站上查阅。我在1998—2001年间领导了欧洲委员会的研究项目 *The Regional Assessment of the Status of the San in Southern Africa*。该项目在同类研究中最为全面，历时3年完成，涉及6个不同国家。这份研究报告篇幅很长，内容专业化，数据已有些陈旧，但也能提供很多信息。我的同事兼朋友尤特·狄克曼（Ute Dieckmann）对该报告的纳米比亚卷进行了详细的更新，于2013年出版，也可在LAC网站上免费获取。

过去20年间，在布须曼人研究领域讨论最为广泛的是博茨瓦纳卡拉哈里中部野生动物保护区内郭克韦克霍伊人、郭卡纳克霍伊人（G//anakhoe）和巴卡拉哈迪人（Bakgalagadi）的非法迁移问题。这一事件能引起公众关注，几乎全靠英国组织"国际生存者"（Survival International）组织的努力。这一事件牵涉甚广，持续时间甚长，但问题的根源在于博茨瓦纳政府对布须曼公民采取了强硬的、家长式的态度。学术界和主流媒体都有大量相关报道。当年博士生朱莉·泰勒（Julie Taylor）写了一篇很有价值的综述，内容亦涉及许多其他文献，感兴趣的读者可参考朱莉·泰勒（Julie Taylor）的"Celebrating San Victory too Soon?: Reflections on the Outcome of the Central Kalahari Game Reserve Case", *Anthropology Today* 23, no.5 (October 2007): 3–5。

卡拉哈里地质学、生态学和地理学

有关卡拉哈里沙漠和奥卡万戈三角洲的书籍可供茶余饭后消遣。随手一翻，书中就可看到随风旋转的沙丘、横冲乱撞的大象和满身尘土的狮子。在学术界，地质学家、研究生、环境学家等也撰写了成百上千篇技术调查报告、博士论文和期刊论文。然而，相关的研究都非常零散，分散在各个领域，尚未出现全面介绍卡拉哈里的地质或环境历史的重要著作。对卡拉哈里地质学和地理学感兴趣的读者而言，可参阅戴维·托马斯（David S. G. Thomas）和保罗·肖（Paul A. Shaw）的 *The Kalahari Environment*（Cambridge, UK: Cambridge University Press, 1991）。该书是相关主题最好的入门读物。

如今，有关南部非洲本土植物利用的研究越来越多，也越来越详细。遗憾的是，大部分文献都发表在只有内行才懂的期刊和论著里，而这些研究的主要目的是探讨如何将这些资源商业化。阿诺·勒弗斯（Arno Leffers）的 *Gemsbok Bean &Kalahari Truffle: Traditional Plant Use by Ju/'hoansi in North-Eastern Namibia*（Windhoek: Gamsberg Macmillan, 2003）是个例外，此书精美地展示了朱特瓦人常用的各种植物。

纳米比亚历史

自 1990 年独立以来，纳米比亚的史学发展迅猛，出现了许多专著和论文，有关近代殖民历史的研究尤多。马里恩·华莱士（Marion Wallace）和约翰·基纳汉（John Kinahan）的著作 *A History of Namibia: From the Beginning to 1990*（New York: Columbia University Press, 2011）清晰而生动地概述了从史前时代到后殖民时代纳米比亚的历史，并为有兴趣进一步阅读的读者提供了大量参考资料。

如果读者对纳米比亚早期殖民史感兴趣，大卫·欧卢索加（David Olusoga）和卡斯帕·埃里克森（Casper W. Erichsen）的 *The Kaiser's Holocaust: Germany's Forgotten Genocide and the Colonial Roots of Nazism*（London: Faber & Faber, 2010）介绍了 20 世纪首次种族灭绝的悲惨过程。

电影和摄影作品

自从劳伦斯·凡·德·普司特的 6 部系列剧集《卡拉哈里的失落世界》于 1956 年在英国广播公司首播以来，布须曼人和朱特瓦人就一直是广受欢迎的电影题材。与流行文学一样，电影制片人常忽略布须曼人当下生活的苦难，沉迷于幻想的世界中。我曾担任一些纪录片的顾问，也看过许多纪录片，有些甚至全程都皱着眉头看完。这些纪录片毫无歉意地展现了布须曼人的神秘世界。

约翰·马歇尔的代表作 *A Kalahari Family*（2001）堪称巨作。此作品将约翰母亲和妹妹的著作改编为视听叙事，充满力量，发自肺腑，细致入微，为文字叙事注入了生命。这部电影可通过学术机构获得，也可在纪录片教育资源网站上购买观看（但价格贵得令人瞠目结舌）。

福斯特兄弟（Foster Brothers）制作的电影《伟大的舞蹈：猎人故事》（*The Great Dance: A Hunter's Story,* 2000）聚焦博茨瓦纳卡拉哈里沙漠中南部的寇族猎人。电影记录了猎人奔跑狩猎的过程，画面极美，还捕捉到了猎人和猎物之间非凡的共情。电影的拍摄极具表现力，只是偶尔奇怪的评论稍微偏离了电影的整体基调。

在南非，有关布须曼人的图书是狩猎小屋中除咖啡桌和精美明信片的主要组成部分。布须曼人的神话显然很畅销。在网上，布须曼人的商业形象大多以舞台展示出现——穿着传统服装狩猎和采集，看起来毫无生气，但依旧很受欢迎。尽管如此，有些记者拍摄了有关布须曼人的精彩摄影书籍。保罗·温伯格（Paul Weinberg）是一位南非摄影师，他断断续续地记录了尼耶的生活，拍摄了一组动人心弦的照片，记录了特定时期内此地发生的巨大变化。温伯格已经出版了几部照片集，并举办摄影展。温伯格的 *Once We Were Hunters: A Journey with Africa's Indigenous People*（Amsterdam: Mets & Schilt, 2000）和更新的 *Traces and Tracks*（Johannesburg: Jacana Media, 2017）收录了他许多好作品。其他摄影师的作品只能在网上找到，但也值得一看。如摄影师阿德里安·阿尔比布（Adrian Arbib），他为本书提供了一些图片。

致　　谢

许多人以不同方式帮助我完成了这本书，包括朱特瓦人、同事、朋友、纳米比亚的官员、我的家人等，我无法一一感谢。我希望这本书最后的呈献抵得上你们提供的帮助。如果不幸让你失望，我就请你喝一杯。

书中，我将一系列彼此关联甚少的想法串联起来，这是个不小的挑战，幸运的是，许多人给了我帮助。特别感谢奥利维娅·贾德森（Olivia Judson）帮助我完成了最初的写作计划；感谢福乐尔·代·维利尔斯（Fleur de Villiers）直率的建议；感谢米歇尔·法瓦（Michelle Fava）提供的绝美地图和鼓励；还要感谢我父母对手稿的建议。我要感谢布卢姆斯伯里出版公司（Bloomsbury）的编辑团队，以及我在伦敦的文学代理公司格林 & 希顿公司（Greene & Heaton）。我还要感谢梅根·劳斯（Megan Laws）、阿德里安·阿尔比布（Adrian Arbib）、希拉·库尔森（Sheila Coulsen）和保罗·温伯格（Paul Weinberg），感谢他们允许我使用他们的美丽照片。

最后，即使有些人不需要我的感谢，但我也要向许多桑人表示我永远的感谢。在过去的 25 年里，他们不仅容忍了我的存在和唠叨，还像朋友一样接纳我，像邻居一样欢迎我。

注　释

1　劳作的回报

1. 本章凯恩斯的观点均来自 "The Economic Possibilities for Our Grandchildren" (published in J. M. Keynes, *Essays in Persuasion,* New York: W. W. Norton, 1963, 358–73)。
2. Richard B. Lee and Irven DeVore, *Man the Hunter* (Chicago: Aldine, 1968).
3. Richard B. Lee, *The !Kung San: Men, Women and Work in a Foraging Society* (Cambridge, UK: Cambridge University Press, 1979).
4. Sherwood Washburn, foreword to Richard B. Lee and Irven DeVore, eds., *Kalahari Hunter-Gatherers: Studies of the !Kung San and Their Neighbors* (Cambridge, MA: Harvard University Press, 1978).

2　母　亲　山

1. Joseph K. Pickrell, Nick Patterson, Chiara Barbieri, Falko Berthold, Linda Gerlach, Tom Güldemann, Blesswell Kure, Sununguko Wata Mpoloka, Hirosi Nakagawa, Christfried Naumann, Mark Lipson, Po-Ru Loh, Joseph Lachance, Joanna Mountain, Carlos D. Bustamante, Bonnie Berger, Sarah A. Tishkoff, Brenna M. Henn, Mark Stoneking, David Reich, and Brigitte Pakendorf, "The Genetic Prehistory of Southern Africa." *Nature Communications* 3, article no. 1143 (October 16, 2012): 114; doi:10.1038/ncomms2140.

2. Hie Lim Kim, Aakrosh Ratan, George H. Perry, Alvaro Montenegro, Webb Miller, and Stephan C. Schuster, "Khoisan Hunter-Gatherers Have Been the Largest Population Throughout Most of Modern-Human Demographic History." *Nature Communications* 5, article no. 5692 (December 4, 2014).

3 海边的冲突

1. 参见 E. G. Ravenstein, trans., *A Journal of the First Voyage of Vasco da Gama* (Cambridge, MA: Cambridge University Press, 2010), 1497–99。
2. Adam Smith, *An Inquiry into the Nature and Causes of the Wealth of Nations*, vol. 1 (London: W. Strahan, 1776).

4 殖民者

1. Noel Mostert, *Frontiers* (London: Jonathan Cape, 1992), 110.
2. R. Raven-Hart, *The Cape of Good Hope, 1652–1702: The First Fifty Years of Dutch Colonisation as Seen by Callers* (Cape Town: A. A. Balkema, 1971), 205.
3. Mostert, *Frontiers*, 115.
4. Ibid., 117.
5. Ibid., 118.
6. Robert Moffat, *Missionary Labours and Scenes in Southern Africa* (New York: Robert Carter, 1843), 54, 59.
7. Thomas Smith and John O. Choules, *The Origin and History of Missions: A Record of the Voyages, Travels, Labors, and Successes of the Various Missionaries Who Have Been Sent Forth by Protestant Societies and Churches to Evangelize the Heathen* (New York: Robert Carter, 1846).
8. James Chapman, *Travels in the Interior of South Africa Comprising Fifteen Years' Hunting and Trading; with Journeys Across the Continent from Natal to Walvis Bay, and Visits to Lake Ngami and the Victoria*

*Fall*s (London: Bell and Daldy, 1868).

9　*Beeld* (newspaper), Johannesburg, March 27, 1994.

5　活 在 当 下

1　James Woodburn, "Egalitarian Societies." *Man, the Journal of the Royal Anthropological Institute* 17, no. 3 (1982): 431–51.

6　通往楚姆奎的路

1　Schoeman, undated memorandum, Namibian National Archives.

8　食　　物

1　也称为蒙刚果树，曼杰提树（Schinziophyton rautanenii）在非洲中部和南部的半干旱温带地区生长良好，且在北卡拉哈里区域异常多产。

2　2015年伦敦帝国理工学院开展了一项研究，结果表明全球肥胖率在1975—2014年间增长了两倍，全球肥胖总人数从1975年的1.05亿增至2014年的6.41亿，增长超过5倍。该研究还发现，肥胖与财富之间存在一定关联。美国是全球最富裕的国家，也是肥胖率最高的国家。在美国，临床诊断为肥胖的人数多过体重正常的人数。世界卫生组织2011年提供的数据是68.6%的人口，即逾2/3人口，都属超重范围。世界卫生组织还指出，即便欧洲人不像美国人那么容易肥胖，欧洲的肥胖率也在以同样的速度增长：欧洲人约有一半超重，1/5被临床诊断为肥胖。参见 M. di Cesare, J. Bentham, G. H. Stevens, B. Zhou, G. Danaei et al., "Trends in Adult Body-Mass Index in 200 Countries from 1975 to 2014: A Pooled Analysis of 1698 Population-Based Measurement Studies with 19.2 Million Participants." *Lancet* 387, no. 10026 (April 2, 2016): 1377–96。

3　参见 Herman Pontzer, David A. Raichlen, Brian M. Wood, Audax Z. P.

Mabulla, Susan B. Racette, and Frank W. Marlowe, "Hunter-Gatherer Energetics and Human Obesity." *PLOS ONE* 7 (July 2012): e40503; doi:10.1371/journal.pone.0040503。

4　参见 Polly Wiessner, *Population, Subsistence and Social Networks Among the Ju/'hoansi (!Kung) Bushman: A Twenty-Five-Year Perspective*. Unpublished manuscript, Windhoek, June 1998。

9　猎象行动

1　高尔顿和安德森在非洲的探险旅行见高尔顿著作《热带南非探险之旅》(*Narrative of an Explorer in Tropical South Africa*, London: John Murray, 1853)。该书描述详细，可在网上免费阅读。另见安德森的论文 Explorations in South Africa, with Route from Walfisch Bay to Lake Ngami, *Journal of the Royal Geographical Society of London* 25, no. 25 (1855): 79–107，以及著作 *Lake Ngami: or, Explorations and Discoveries, During Four Years' Wanderings in the Wilds of South Western Africa* (New York: Harper & Brothers, 1856)。

2　David S.G. Thomas and Paul A. Shaw, *The Kalahari Environment* (Cambridge, UK: Cambridge University Press, 2010), 214.

3　Noel Mostert, *Frontiers* (London: Jonathan Cape, 1992), 113.

4　David Livingstone, *Missionary Travels and Researches in South Africa* (London: John Murray, 1912), Chapter 8.

10　尖峰角

1　Kyle S. Brown, Curtis W. Marean, Zenobia Jacobs, Benjamin J. Schoville, Simen Oestmo, Erich C. Fisher, Jocelyn Bernatchez, Panagiotis Karkanas, and Thalassa Matthews, "An Early and Enduring Advanced Technology Originating 71,000 Years Ago in South Africa." *Nature* 491 (November 22, 2012): 590–93; doi:10.1038/nature11660.

2　同1。

3 Lucinda Backwell, Francesco d'Errico, and Lyn Wadley, "Middle Stone Age Bone Tools from the Howiesons Poort Layers, Sibudu Cave, South Africa," *Journal of Archaeological Science* 35, no. 6 (June 2008): 1566–80. Marlize Lombard, "Quartz-Tipped Arrows Older than 60 ka: Further Use-Trace Evidence from Sibudu, KwaZulu-Natal, South Africa." *Journal of Archaeological Science* 38, no. 8 (August 2011): 1918–30.

4 Peter Mitchell, "San Origins and Transition to the Later Stone Age: New Research from Border Cave, South Africa." Southern African Journal of Science 108, nos.11–12 (December 2011): 5–7.

5 C. S. Chaboo, M. Biesele, R. K. Hitchcock, and A. Weeks, "Beetle and Plant Arrow Poisons of the Ju/'hoan and Hai//om San Peoples of Namibia (Insecta, Coleoptera, Chrysomelidae; Plantae, Anacardiaceae, Apocynaceae, Bursera?ceae)." *ZooKeys* 558 (February 1, 2016): 9–54.

11 神明的礼物

1 Juli G. Pausas and Jon E. Keeley, "A Burning Story: The Role of Fire in the History of Life." *BioScience* 59, no. 7 (July 2009): 593–601; doi:10.1525/bio.2009.59.7.10.

2 Herman Pontzer, "Ecological Energetics in Early Homo." *Current Anthropology* 53, no. S6, Human Biology and the Origins of Homo (December 2012): S346–58.

3 人类进化的研究涉及很多领域，基因研究是个全新的视角，可揭示肉食和烹饪对人类进化的影响。近年来，一项灵长类比较基因组学研究表明，煮熟后的食物会影响基因表达，而受影响的基因"在人类基因组中带有正向选择信号"。这项研究表明，在早期原始人类的基因中，与烹饪相关的进化便已存在。与目前已经明确的最早的考古证据相比，这种基因的进化要早得多，且这种进化有可能极大影响了现代智人的进化过程。参见 Rachel N. Carmody, Michael Dannemann, Adrian W. Briggs, Birgit Nickel, Emily E. Groopman,

Richard W. Wrangham, Janet Kelso "Genetic Evidence of Human Adaptation to a Cooked Diet." *Genome Biology and Evolution* 8, no. 4 (April 13, 2016): 1091–1103; doi:10.1093/gbe/evw059。

4 联合国粮食及农业组织（简称"粮农组织"）估计，全世界约 1/5 的温室气体来自肉类行业，且全世界粮食产量的 40% 用于喂养牲畜。粮农组织还指出，全球约 1/3 的不冻土地被家畜和家畜饲料占用，这侵占了其他物种的生存空间和栖息地。在新石器革命时期，全球人类的所有总生物量占陆栖哺乳动物生物量的 0.001%。约 200 年前，人类和家畜占全球所有陆栖哺乳动物生物量的 10%—12%。如今这个占比为 96%—98%。

5 L. Cordain, S. B. Eaton, J. Brand Miller, N. Mann, and K. Hill, "The Paradoxical Nature of Hunter-Gatherer Diets: Meat-Based, yet Non-Atherogenic." *European Journal of Clinical Nutrition* 56 (March 2002), Suppl. 1: S42–52.

13　肉食和平等

1 Richard B. Lee, *The Dobe Ju/'hoansi*, 4th ed. (Belmont, CA: Wadsworth, 2013)，57.

2 英国官方定义的贫困标准是收入为中位数的 60% 以下。占领运动发生期间，贫困标准是年收入 1.4 万英镑（约合 2.3 万美元）以下。在纳米比亚，同样的收入足以让一个家庭轻松跻身中产阶级。在中非共和国，这样的收入能让你成为小资精英。发达国家每年收入 1.4 万英镑的家庭在生活上确实会有些困难，但这些困难都是相对困难，而非绝对困难。

15　恐惧与农业

1 J. C. Berbesque, F. W. Marlowe, P. Shaw, and P. Thompson, "Hunter-Gatherers Have Less Famine than Agriculturalists." *Biology Letters* 10 (January 8, 2014); doi:10.1098/rsbl.2013.0853.

2 S. A. Elias and D. Schreve, "Late Pleistocene Megafaunal Extinctions." (Royal Holloway, University of London, Egham, UK, 2013). Elsevier B.V. 版权所有。

3 一个世纪前的农民,难以想象今天的低质农田都有如此高的产量。据美国农业部报告,截至新千年之交,美国奶牛的平均产奶量接近 1950 年的 2.5 倍。报告还称,同一时期每英亩玉米的产量增加了 2 倍。发展中国家自给农民比例固然高得多,由于技术发展,粮食产量也在过去 30 年间大幅增长。参见美国农业部官方网站。

4 J. C. Berbesque, F. M. Marlowe, P. Shaw, and P. Thompson, "Hunter-Gatherers Have Less Famine than Agriculturalists."

5 Stephen Shennan, Sean S. Downey, Adrian Timpson, Kevan Edinborough, Sue Colledge, Tim Kerig, Katie Manning, and Mark G. Thomas, "Regional Population Collapse Followed Initial Agriculture Booms in Mid-Holocene Europe." *Nature Communications* 4, article no. 2486 (2013); doi:10.1038/ncomms3486.

16 牧牛之乡

1 O. Mwai, O. Hanotte, Y-J. Kwon, and S. Cho, "African Indigenous Cattle: Unique Genetic Resources in a Rapidly Changing World." *Asian-Australasian Journal of Animal Sciences* 28, no. 7 (July 2015): 911–21.

2 E. Fernández, A. Pérez-Pérez, C. Gamba, E. Prats, P. Cuesta, J. Anfruns et al., "Ancient DNA Analysis of 8000 B.C. Near Eastern Farmers Supports an Early Neolithic Pioneer Maritime Colonization of Mainland Europe Through Cyprus and the Aegean Islands." *PLOS Genetics* 10, no. 6 (June 5, 2014): e1004401. H. Malmström, A. Linderholm, P. Skoglund, J. Storå, P. Sjödin, M. T. P. Gilbert, G. Holmlund, E. Willerslev, M. Jakobsson, K. Lidén, and A. Götherström, "Ancient Mitochondrial DNA from the Northern Fringe of the Neolithic Farming Expansion in Europe Sheds Light on the Dispersion Process." *Philosophical Transactions of the Royal Society*

B: Biological Sciences 370, no. 1660 (January 19, 2015).

3 Per Sjödin, Himla Soodyall, and Mattias Jakobsson et al., "Lactase Persistence Alleles Reveal Partial East African Ancestry of Southern African Khoe Pastoralists." *Current Biology* 24, no. 8 (April 2014): 852–58.

4 J. Pickrell, N. Patterson, C. Barbieri, F. Berthold, L. Gerlach, T. Güldemann, B. Kure, S. W. Mpoloka, H. Nakagawa, C. Naumann et al., "The Genetic Prehistory of Southern Africa." *Nature Communications* 3, article no. 1143 (October 16, 2012): 114; doi:10.1038/ncomms2140.

5 Alberto Alesina, Paola Giuliano, and Nathan Nunn, "On the Origins of Gender Roles: Women and the Plough." *Quarterly Journal of Economics*, first published online February 19, 2013; doi:10.1093/qje/qjt005.

17　上帝也疯狂

1 格考·佐玛在电影中使用了虚构的名字，现实生活中也一直使用含羞草影业编造的名字"恩特索"。这说明电影制作人对他们的明星漠不关心。在其他出版物中，格考有时被称为格高科马，拼写使用的是祖鲁人的喷音正字法（但其实拼错了）。

2 Richard B. Lee, "The Gods Must Be Crazy but the Producers Know Exactly What They Are Doing." *Southern Africa Report* (June 1985): 19–20.

18　应许之地

1 Carl Benedikt Frey and Michael A. Osborne, "The Future of Employment: How Susceptible Are Jobs to Computerisation?" Oxford Martin Programme on the Impacts of Future Technology, September 17, 2013. http://www.oxfordmartin.ox.ac.uk/downloads/academic/The_Future_of_Employment.pdf.

译 后 记

本书作者人类学者詹姆斯·苏兹曼曾长期在布须曼社群中工作生活，对布须曼人的传统和现实，有相当敏锐的观察和深刻的理解。本书既是对作者亲历的重现，也是对人类学调查的补充和思考。书中没有对传统狩猎采集社群猎奇式的浪漫想象，也没有对南部非洲传统部族的刻板印象，不妄下断语，也无高高在上的傲慢与偏见。作者的笔触写实而克制，字里行间却流露出真挚深沉的同情与悲悯，体现了人文学者的深厚素养与功力。

本书翻译工作历时 3 个月，华东理工大学外国语学院的孙霓、毛瑞霆、李炎潞和丁淼同学参与了初译和一校，史洁老师带领山东师范大学的何倩、李梦娇和王萌萌同学完成了本书的样译工作。译者在尊重原文的基础上，尽可能使用流畅的汉语再现原文，力图提升中文读者的阅读体验。中国读者对南部非洲和布须曼人，大多知之甚少。译者以注释的方式补充了必要的背景信息，便于读者理解。译文如有错漏，由译者负责，敬请广大读者批评指正。

赵宏
2022 年 9 月 30 日